始 于 一 页 ， 抵 达 世 界

献给加布

推荐序

如钻如铁，如酒如药

民谣在她那里，不是小清新，也绝非岁月静好，

她的人生坚硬如钻、光芒四射，

而她的歌声如同美丽而易碎的碗，碗里装的是烈酒和药。

——如果世界依然没有变好，那后来者还要像她一样继续歌唱吗？

琼·贝兹七十七岁了。

七十七岁这一年，她不但发了唱片，还开了全球巡回告别演唱会。她明确表示，这是她此生中最后一次巡演。"我会带着一张让我骄傲的美好专辑上路。"她说。

为了一睹昔日民谣女王的光辉，我们飞去了马德里——她告别巡演的最后一站，并且选了一个很好的位置，票价比起去年看的 U2 乐队的现场便宜多了，窃喜之余，也有点伤感：琼姐姐唱得太久了，估计很多年轻人都不知道她了，要不然，告别演出的最后一场，怎么也

得选伦敦 O2 体育馆或者纽约麦迪逊广场花园那样的大场地啊！不过马德里皇家歌剧院规格也很高，是西班牙传统的老牌演出场所，伊莎贝拉二世时期的风格，跟琼·贝兹的气质很匹配。

演出直接开始，没有常规的宣传片、没有主持人，就是琼姐姐一人抱把吉他，上来几个简短的和弦，开口就唱。六十年前，她在波士顿哈佛广场咖啡馆里刚出道时，应该也是这般简单的模样，那种无所求的自信，"仿佛对着上帝歌唱"般的坦然与自如，既是一种天赋，又带着多少掌声和非议打磨抛光出的钻石的光芒。

唱了几首歌之后，鼓手、键盘、女声伴唱上来了，全场气氛开始热烈起来，但乐队很简约。鼓手只是踩着底鼓，简单地打着通鼓，连镲片都没安装。键盘手一会儿弹钢琴，一会儿弹主音吉他。乐队没有多余的炫技，整体突出琼·贝兹的歌唱。

琼姐姐翻唱了鲍勃·迪伦的那首《宝贝，那不是我》（It Ain't Me，Babe），紧接着就唱了她给迪伦写的那首著名金曲:《钻石与铁锈》（Diamonds and Rust），把这两首歌放在一起，大概她如今仍对迪伦有话要说。

演出渐入佳境，有嘉宾助场，是西班牙的一位男歌手，跟她合唱了一首西班牙语歌曲。琼姐姐籍贯墨西哥，说西班牙语就像我说沈阳话，我猜因此她把最后一场演出留给了西班牙。琼姐姐有着强烈的族群意识，除了唱歌，她的很多精力都用于为种族平等而奔走呼吁，她主张歌唱并且行动。但是，鲍勃·迪伦不这么想，鲍勃·迪伦认为:其实你谁也改变不了。他也不想影响和改变谁，甚至拒绝别人往他身上贴"抗议歌手"的标签。

后来，琼姐姐竟然翻唱了莱昂纳德·科恩的《苏珊》(*Suzanne*)，还有她年轻时爱唱的黑人蓝调名曲《日升之屋》(*House of the Rising Sun*)。她年轻时是天使般华丽的高音，唱这歌有些稚嫩，现在嗓音有点磨砂了，唱这首歌火候正好。

老朋友们都没来，披头士(The Beatles)风流云散，马丁·路德·金和乔布斯已逝，鲍勃·迪伦和保罗·西蒙没露面，属于他们的黄金年代已然消逝，唯有歌声回响，而岁月的痕迹如同饮锈般，暗藏在那歌唱里。

琼姐姐返场了七八首歌，从约翰·列侬的《想象》(*Imagine*) 到保罗·西蒙的《拳击手》(*The Boxer*)，还有她年轻时就爱唱的犹太歌曲《多娜多娜》(*Donna Donna*)。到后来，她的嗓音有些疲倦，毕竟是七十多岁的人了，透过结了冰花的玻璃，六十年的人和事一幕幕看过来，也该疲惫了。

演出结束后，观众们迟迟不愿离去，堵在剧场的后门，盼望她能出现，有要签名的，有要说上一句话的。等了好久，琼姐姐没出来。告别就要彻底点，坚决地谢幕转身，拖泥带水的离开不是她的风格。

好在，我们现在可以开始读这本书了，听她讲那过去的事情。我读完了，很好看。关于遇见迪伦的那一章，她说迪伦有一双跟上帝一样苍老的眼睛。有关马丁·路德·金的那一段里，她唱着歌把马丁·路德·金叫醒，他醒来，说道：我一定是听到了天使的声音，再给我唱一首吧，琼。还有，越战期间，她曾亲身去了河内，目睹战争的残酷，躲空袭跑警报，回去便写下了那首悲怆的反战歌曲:《此刻你在哪里，我的儿子?》(*Where Are You Now，My Son* ?)。

"再给我唱一首吧，琼。" 民谣在她那里，不是小清新，也绝非岁月静好，她的人生坚硬如钻、光芒四射，而她的歌声如同美丽而易碎的碗，碗里装的是烈酒和药。现在碗空了，曲终人散了，她会有些许空虚寂寞吗? 如果世界依然没有变好，那后来者还要像她一样继续歌唱吗?

或许答案依旧在风中飘呢。

周云蓬

写于大理

2019 年 9 月

导　言

她的歌唱至关重要

"每当人们看到我时，会走过来，谈谈发声的事，百分之九十九的情况下，他们会谈到行动主义（activism），"琼·贝兹对于自己非凡人生中最广为人知的两个方面解释道，"而且他们的话令我十分感动。他们会谈到我的行动主义在他们的生活中如何发挥作用，如何帮助他们从人生旅途的一个点走到另一个点。"

"军人们的故事最为感人，"她继续道，"还在越南或另一个战区时，他们费劲千辛万苦才能拿到一张专辑，因为这是违禁的。他们描述自己在深夜播放专辑，以及这对他们来说意味着什么。对某些人来说，这是他们能够离开军队的原因之一；而对另外一些人来说，这就像某种止痛膏，帮助他们度过那段时光。每当听到这类故事，我就很高兴有我的存在。"

你读到的这本琼·贝兹坦诚、全面的自传，最初出版于1987年。1960年发行第一张专辑时，她才十九岁，而二十五年之后，在费城为"义助非洲"慈善演唱会开场的她，已经不仅仅是"在那里"，而是无处不在。她与马丁·路德·金一起在密西西比州和亚拉巴马州游行，即便身怀六甲，仍旧在伍德斯托克音乐节的百万观众面前表演。在马丁·路德·金1963年的华盛顿游行中，她演唱了《我们将得胜》。

几十年来，贝兹一直在各地旅行，哪里最需要她，她就去哪里，而且会尽最大的努力。她的名字与非暴力主义的榜样，如马丁·路德·金和甘地，一起被人铭记在心。除了媒体上偶尔冒出来的片面刻板的评论，如说她是受左派蒙骗的傻子，贝兹已经证明，任何政权，不管属于什么政治派别，只要未能达到文明的道德标准，自己就是它们的肋旁之刺。

贝兹还在书中叙述了二十世纪七十年代后期，她因批评越南政府违反人权，与美国左派发生的一场论战，这应该让那些否认贝兹恪守原则的人摒弃他们错误的想法。如果说是她的价值观引导她去访问越南北部，当时那里正经历着战争中最致命的炸弹袭击（本书中十分引人入胜的部分），那么同样的价值观不会允许她赞成战后任何政权残暴地对待自己的人民。对贝兹来说，对的就是对的，很简单。

鉴于以上种种原因，谈到贝兹时，我们很容易被她的行动主义所吸引；全世界成百上千万处于绝境之中的人，有理由庆幸她为他们"在那里"。多年来，她最过人之处在于无人能及的奉献。正如在二十世纪七十年代时她直率地说："仅仅做音乐对我来说是不够的。如果我的生命中不是行动和音乐并行，那么那些声音再动听，也与这个世纪唯一、真正的问题毫不相干——我们如何制止人们自相残杀，我又该如何用生命帮助人们停止杀戮？"

但贝兹为自己贴上了歌手的标签，而这个标签低估了她卓越的才华。本书的第一句话就是"我生来就有天赋"，而且很多方面贝兹的确认为唱歌是理所应当的，因为这是天赋使然。她称其为"声音"，如她所言，这是不带个人色彩的说法，好似她是偶然才有的。贝兹接着说："谈及天赋，我几乎毫不谦虚，但极为感恩。正因为是天赋，不是我自己创造的，所以也不是让我引以为傲的事情。"这个"声音"仅仅是她生命中的一个礼物，几十年来，她从未对之过多思考。无论何时只要她开口唱，她相信声音就在那儿。相比之下，她的行动主义构建了一系列道德准则，使她有意识地选择表明立场，更成就了一连串非凡的"让我引以为傲的事情"。

　　然而，轻看贝兹身为艺术家的重要性，也是严重的错误行为。在美国民谣界，她是关键人物，是她把民谣带给了庞大的主流听众群体。此外，她还向听众引荐过许多卓越的歌曲创作者，最著名的便是鲍勃·迪伦。更不用说，她与迪伦之间的一段历史，也构成了本书最扣人心弦的篇章。贝兹的影响早已延伸至民谣世界之外。当吉米·佩奇[1]组建齐柏林飞艇乐队（Led Zeppelin）时，他让罗伯特·普兰特坐下，并为他弹奏贝兹那首撕扯灵魂的《宝贝，我要离开你了》。佩奇解释说，这首歌曲用声音解读年代久远的事件，时时萦绕在他心头，他认为这是乐队声音概念的一部分。齐柏林飞艇乐队把这首歌收录在他们具有开创性的首张专辑中。

　　现在，贝兹兴致极高地把一些人写进书中，大部分是男人，他们和她相交多年，尽管都说憎恶她的政治活动，却情不自禁爱上她的歌。多年来，一系列五彩缤纷的形容词似乎专为她的声音而生——"水晶

---

[1]　吉米·佩奇（1944— ），英国音乐人，齐柏林飞艇乐队主音吉他手及乐队领袖。

般清澈""银铃般清脆""令人脊柱发麻"仅是表面。但这些词语证明，要找到一种语言来充分表达她的歌声所具有的影响力，实属不易，尤其在第一次听到的时候。

除了政治活动和甘愿为信仰反复冒生命危险，贝兹的声音似乎总意味着什么。早期，她的声音给人的第一印象是强有力的，因为她音调纯净，发出的高音可攀升至阳光明媚的高地，颤音则青春有力，抓住了文化本身带有的情绪。她歌声中透出的渴望和疼痛，听起来像是对一个更美好世界的憧憬。她的歌唱至关重要。

琼·贝兹在音乐界横空出世时，还是一位少女，人们印象中的六十年代亦尚未成形。有些事，依然悬而未决。艾森豪威尔两届总统生涯的终结，让人清楚地意识到一个时代结束了，他的"二战"英雄主义荣誉徽章仍然熠熠生辉，但不知为何，突然成了遥远时代的遗物。不管后来发生的许多历史如何让我们重估约翰·肯尼迪的总统任期，他的竞选和当选都如同子弹一样，用新的能量以及对新的可能性的理解，穿透了这个国家。

历经了五十年代的平静之后，一切似乎危如累卵。反核运动使世界面对的问题清晰起来——它不再只是政治问题，而是关乎地球存亡的问题。传统左派人士借人权运动的道德力量发出挑战：你站在哪一边？这些发展营造了一种氛围，能让贝兹的声音以前所未有的方式引发共鸣，为时代提供了一个声道。

民谣就在这个时候复兴了，贝兹扮演了至关重要的角色。这次复兴完全陷入了席卷全国的各种政治辩论之中。"从没有一个好的共和党民谣歌手。"1962年，贝兹无所顾忌地对《时代》杂志说道，但党派政治活动只是故事的一小部分。五十年代还发生了另一个重要变化。民谣音乐家们把自己定义为摇滚乐的对立面，他们认为摇滚乐幼稚、愚蠢且粗俗。贝兹也经常在自己的演唱会上对这种不成熟的音乐表演开玩笑。

对更严肃的年长者和同时代的人来说，摇滚乐似乎遥远且无足轻重，却也促成了贝兹的崛起，令她即刻被人接受。如果只从表面看，摇滚乐不过是激发出一种真实的青年文化——拒绝父母们的索求。直到几年后，这种突破带来的真正影响才清晰起来，而这种音乐再一次打击了保守派。人们对新鲜事物的渴望显而易见。反叛是时代精神的一部分，摇滚乐则将其强化。

琼·贝兹登场了。尊重传统和老一辈艺术家是民谣界非常看重的一点，但在这个特定时刻，贝兹的年轻被正面看待。她的女性身份也起了一定作用，尽管最初不是在女权主义的层面。她的崛起也为无数女民谣歌手铺平了道路，但这一点的重要性直到后期才体现出来。那时候，她的女性特质被理解为既天真又不可能天真。贝兹没有"垮掉派"故作的虚无主义，她只是向那些人借鉴了视觉风格的某些方面。也因为她的一切叛逆似乎被主流认可，她就像一位去上大学的女儿或妹妹，最后成长为严肃而犀利的人。人们认为，像她这样的年轻女性应该在大学校园的女生联谊会中嬉笑打闹，或为婚姻做准备（或两者都是），她却觉得要带着坚定的信念唱歌，勇敢地发言：我们必定生活在危机四伏的时代——极可能产生变革的时代。

就连她美貌的类型似乎都恰逢其时。与同时期许多流行歌手和好莱坞明星不同，她长得不像五十年代里胸大、洋娃娃般的女性。她身材纤瘦，看似柔弱却坚强。人们对她爱赤足评论颇多，而那再次表明了她的天真（有某种微妙的性感），但也拒绝了传统概念中女性应有的举止和展现自我的方式。她的头发长且密，柔软发亮，只是简单的中分，没有过多装饰，这是一位有要事在身的魅力女人的发型。

甚至她那略深的肤色也令她与娱乐圈（这个词，不用说，是那时的贝兹所鄙视的）里同时期脸色苍白的女性不同。她在加州长大，遗传自父亲的墨西哥血统是个严重问题。还是少女时，贝兹的妹妹——更白皙的蜜蜜，会避免被人看见和她在一起，免得被骚扰。但第一张专辑发行后，贝兹一夜成名，她那具有异域风情的长相似乎更诱人，美国人这才开始意识到这个国家是由多个种族构成的。有时她看起来像印第安人，这也唤醒了年轻人对另一种文化的狂热探索。

除了天赋外，简单地说，贝兹还代表了一种新的性感符号，她让民谣与政治都变得时髦而撩人。全国的年轻女性都把头发烫得像她的一样（当然，贝兹自己却想要鬈发）。1968 年，贝兹大方展现自己的魅力：她和两个姐妹宝琳和蜜蜜，为一张反征兵的海报做模特，上面写着："女孩对勇于说'不'的男孩说'我愿意'！"这次巧妙的尝试重新定义了何谓"阳刚之气"——在反战抗议者试图带来的反主流文化的新世界里，赢得女孩芳心的不再是肌肉男，而是抗议者与和平主义者。

然而，贝兹的行为引起了妇女解放运动参与者的愤怒。他们正准备从显眼的抗议者，尤其是左派性别歧视者中，寻找目标和机会发作。四十年后，后女权主义那一代才最终为贝兹辩白：2008 年总统竞选时，四个布鲁克林女人做了一张模仿贝兹姐妹姿势的海报，上面的标语写道："女孩要对选奥巴马的男孩说'我愿意'。"

但是把琼·贝兹推到全民关注的位置以及1962年《时代》杂志封面的这股社会潮流，也给她施加了巨大的压力。本书最扣人心弦的一面是，贝兹坦露说让她极度痛苦的不安全感已达到一定程度，以至她的声音偶尔听起来刺耳且无趣。例如，她写道，漫画家艾尔·卡普（Al Capp）在他畅销的连载漫画《莱尔·阿布纳》中攻击她，称她为"琼妮·芬妮"（Joanie Phoanie）。在这部自传中，贝兹回忆起琼妮·芬妮的形象："邋遢，虚伪，娱乐圈里的荡妇，经常坐在豪华轿车里四处旅行，在'一万美元一场的演唱会上，唱反对贫穷和饥饿的歌'。她发行过一些专辑，如《听起来像芬妮的就是琼妮》，其中收录了《放下武器吧，麦克纳马拉》《把另一张征兵卡烧了！》《和越共一起跳康茄舞》等歌曲。"

法兰克·辛纳屈也遭到了卡普的讽刺，他私底下给卡普打电话说，自己十分喜欢他的讽刺漫画，还送了几瓶香槟做礼物。相比之下，贝兹介怀于心，极为恼怒。"要么出于无知，要么心怀恶毒，"那时她抱怨道，"他把追求和平等同于支持共产主义、越共和麻醉剂。"对于这点，卡普反驳说，贝兹需要"记住'抗议'不是抗议歌手的专属。当她反对别人的抗议权利时，她是在破坏整个游戏规则"。

毫无疑问——卡普的讽刺本质上是冷嘲热讽。他是右派中回应反战运动的重要声音，反战运动令理查德·尼克松和斯皮罗·阿格纽入主白宫，卡普的事业却陷入各种被曝光的性丑闻的水深火热中。（显然，对年轻人道德的鄙夷未能阻止这位已婚漫画家在高出场费的大学讲座之旅中对女学生动手动脚。）且不说这些，在二十年后的这本书中，贝兹重新审视了她对卡普的回应。"回头看当时的困难和处境，我觉得很好笑。"她写道。

她接着承认："那时我的愤怒来自财富带来的羞愧感，虽然我将绝大部分钱都捐了出去。在内心深处，我觉得自己应该一无所有。这正是他刺痛我的地方……卡普先生让我相当困惑。很遗憾他没能活着读到这段话。这会令他发笑的。"

我们当中有些人从未冒过贝兹所冒之险，也未面临她频频遭受的真实人身危险，很难想象她对任何事都没有安全感。在舞台上表演，对着摄像机发言，贝兹似乎总是应付自如，甚至有时她的沉着冷静还会让人生厌。年纪尚轻，她看起来为何这般坚定？为何她甘愿冒生命之险？

当然，这些问题是我们为尴尬的失败所找的借口——我们不愿意大胆发言，即使形势摆明需要我们大声呼吁，或者当原则处于紧要关头，我们无法应付自如，也做不到不逃离危险去直面危机。在这些方面，贝兹都树立了无人能及的榜样。正如1987年她在《滚石》杂志中所说，她代表着那些愿意"追随信仰"的人。

但这不意味着她没有与内心的恐惧搏斗过，本书极其生动地展现了这场持久的斗争。她直率地探讨一生都在对抗的、让她瘫软的舞台恐惧症，她称这种直率为"神经质般的诚实"。她还感到，无论自己如何努力支持非暴力运动及其他尊奉的理想，不知为何，似乎总是不够。另外，她也感到在一些最重要的关系中她是不足的，这种感觉令她无法释怀。在与抵制服兵役者大卫·哈里斯的婚姻中，她力图做完美的家庭主妇，这种努力令人心酸，震惊了那些视她为"尖声抗议的泼妇"的人，比如艾尔·卡普。

"我很努力想要做个好妻子。"她写道。当一群女权主义者来拜访她，让她把市场里抵制兵役的海报扯下来时，她讲述道："我不停地在厨房跑前跑后，为她们准备三明治和柠檬水，她们却用手肘推搡对方，怒气冲冲地瞪着天花板。"

结果是，六十年代多变的文化价值观不仅让贝兹个人困惑，更让几百万人困惑，而那些人却指望像她这样的人物给他们指引方向。"结婚后我想做个完美的家庭主妇，穿围裙的人却公开说：'去你的家务活！'"她现在大笑着说，"我不知道该怎么想。我看我母亲做了她该做的事，我猜当时我觉得那也是我该做的——就在这时那些人却说'这是一种糟糕的、浪费生命的方式'！"

之后，她对自己的公众生活也进行了类似的重估。在本书所记录时期的最后部分，比起思考自己在与漫画家的那场争吵中是否表现得体要更严肃，贝兹重新审视的并非她支持的很多事业，而是自己在政治生活中的行事方式，以及在心理层面，行动主义如何成就了她。时至今日，她仍在自省。

"我必须止住为别人做事的瘾。"贝兹说，如今她的家坐落于帕罗奥尔托城外的山里，"这是我的瘾。它不是酒精。它不是毒品。在某种程度上相当于性，如你可以从书中推断出来的。但这种瘾真的能让我继续向前，继续活跃在第一线。"

"现在如果我想出去为这个世界做些什么，都是有所选择的。"

她接着说，并举她 2005 年在公众集会上的表演为例，当时是在得克萨斯州的克罗弗德（时任总统布什的家乡），为了支持辛迪·希恩，她的儿子在伊拉克战争中被杀害了。"我知道我在那里能最大限度地行善，"她解释道，"但狂热这一因素已经消失了。"2008 年，贝兹也积极地支持总统候选人贝拉克·奥巴马，那是她第一次这般支持一个竞选政治职务的候选人。

贝兹极力表明，她过去所支持的诸多理想的价值，不会因自己的复杂动机而贬低。"关键在于，我得接受其中的一个疯狂元素——让我上瘾的部分，"她说，"我无法自拔。我无法阻止自己。同时我要说，我庆幸做了那些事，对我和其他人都有意义。"

近些年，贝兹过着更为平静的生活，而且，她现在六十八岁了，家庭已经和"声音""行动主义"一起位列人生要事的行列。她的父亲和妹妹蜜蜜都是本书中的重要人物，书首次出版后，他们就去世了。她的母亲仍然健在，现住在贝兹名下的一栋房子里。关于她的姐姐宝琳，自传中一个更为疏远的人物，贝兹说自己"越来越了解她，我生命中的那个阴影也越发清晰。我希望找到方法，在我今后要做的事中更多地提到她"。

回看她前面四十多年走过的路以及这本书，贝兹相信她已经学会将自己视为大千世界的一部分，而不是世界的中心人物。"《纽约时报》上给这本书写书评的女士说我有'前哥白尼'式的生活观，"她咯咯地笑着，回忆道，"我不得不问其他人这是什么意思，但这个评价让我发笑，因为她说得很对。正因为我的名声，我的生活观就是'我是宇宙的中心'。这令我思索。但那是我更早以前的生活，感觉不像现在的我。"

本书出版后的这些年，她和儿子加布（他的父亲是贝兹的前夫大卫·哈里斯）的关系变深了。"之前我以为我在保护自己的儿子，所以尽量不在书中写到他，不让他过多地在公众面前曝光，"她说，"后来，我后悔没有更全面地描绘他的形象。现在，加布是我生活中极为重要的一部分。有时在路上，我们一起玩打击乐，我常常感觉，'能和我儿子一起出游真是太酷了'！外出离家那些年之后，还能跟他一起逛街，简直像置身天堂一样。那时我们一起狂欢。他的生活很美好——有美丽的妻子和漂亮的孩子——我也能参与其中，跟他一起享受那种生活。"

贝兹愈是对自己的政治行动主义有鉴别力，愈是全力以赴地献身于艺术。事实证明，过去的十五年里，她在这个领域尤为硕果累累。一些专辑，比如《为他们敲响钟声》（1955）和《大吉他上的黑色和弦》（2003），都是很有力量的音乐表达，把贝兹和年轻一代的歌曲创作者连接起来——其中有蓝色少女合唱团（Indigo Girls）、理查德·辛德尔、娜塔莉·麦钱特和达尔·威廉斯——他们都受到了贝兹的影响。她去年发行了《明天之后》这张扣人心弦的专辑，由史蒂夫·厄尔制作，还获得了格莱美奖"当代民谣"类的提名。

另外，贝兹越来越为她声音的天赋感恩，并成功地用行动使声音之美永驻。"如今，我的事业已超过我的生命在此刻所能企及的，"她说，"我必须感谢我的经纪人马克·斯佩克特，以及他在过去二十年里为之所做的一切。当然，史蒂夫·厄尔在《明天之后》那张专辑中做得也很好。还要感谢我的声乐指导。我的意思是，现在我的声音比几年前更好了。"

"我生命中的这个部分令我惊讶，它在一直变好，"她继续说道，"挺傻的！到了这个地步，在演唱会之前我最关心的却是'我该穿什么'，我不再惧怕舞台。没什么能阻止我走上舞台问听众'今晚我们做什么呢'。我还会朝阿尔奇·邦克点点头，现在我们的狂欢已经达到了新的层次！"

被问及居家生活时，她说："好吧，现在，我坐在沙发上，透过一扇大窗可以看到山。前几天我在跟一个信佛教的朋友聊天，并分享我们在人生舞台上所拥有的相同观点。那段时间很美好，如果感到时机合适，我还是会谈些有分歧的点。与此同时，我妈妈就在五十英尺开外，睡在她的小房间里，我想和她在一起。我也想跟加布和他的家人待在一起。"

"这时候该好好冷静下，"她得出结论，"放松。重点是要多冥想。去了解自己慢慢变老是什么样子的。"并保持嗓音唱歌。

安东尼·德柯蒂斯

纽约

2009 年 5 月

目　录

当你我拥有嘴唇和声音

来亲吻和歌唱时，

谁还会在乎眼光短浅的浑蛋

发明某种用来测量春天的工具？

——e. e. 卡明斯 [1]

---

[1]　e. e. 卡明斯（1894—1962），自罗伯特·弗罗斯特之后美国最广为人知的诗人。

序　言

我工作时，上帝敬我。我唱歌时，他爱我。

——泰戈尔

我生来就有天赋。谈及天赋，我几乎毫不谦虚，但极为感恩。正因为是天赋，不是我自己创造的，所以也不是让我引以为傲的事情。

我最大的天赋是拥有会唱歌的好嗓音，这是外部力量赐予我的，称其为基因、环境、种族或野心会让我羞愧。我的第二个天赋是渴望与人分享这个声音，以及它带给我的诸多好处。没有这个天赋，我将是完全不同的人，要讲的故事也会完全不一样。这些天赋混合在一起，生出一笔无可估量的财富——冒险、友谊以及单纯的快乐。

近三十来年，我在全世界上百个演唱会的舞台上唱歌：东欧、西欧、日本、澳大利亚、北非、南美、中美、北美、加拿大、中东以及远东。我在越战期间河内的防空洞，在泰国的老挝难民营，在马来西亚船民的临时安置点唱过歌。我有见到世界上一些卓越之人的特权，有的名声显赫，有的则不为人知：安德烈·萨哈罗夫[1]和叶莲娜·邦纳夫妇、阿根廷失踪者的母亲们、贝尔法斯特的梅雷亚德·科里

---

[1] 安德烈·萨哈罗夫（1921—1989），苏联原子物理学家，被称为"苏联氢弹之父"，同时也是人权运动家，1975年获得诺贝尔和平奖。

根 [1]、伯特兰·罗素、塞萨尔·查韦斯 [2]、奥兰多·勒特里尔 [3]、图图大主教、科拉松·阿基诺 [4]、弗朗索瓦·密特朗、吉米·卡特以及吉斯卡尔·德斯坦 [5]、瑞典国王。当然，在帮助我坚定理念，并激励我采取行动方面，马丁·路德·金胜过其他任何公众人物。

音乐事业让我接触到了当时一些最有创造力的艺术家，从鲍勃·迪伦、披头士到帕瓦罗蒂。最近六七年，在音乐上我有点吃力。尽管我享受来自音乐界的寥寥尊重，但这种尊重不能支付账单。相较于知道我的存在的国家，我的音乐在美国遭到了更多身份危机，导致我经常感到在自己的国家像某种持不同政见者。

我的私人生活也很复杂——包括公众生活——尽管我逐渐找到比我曾觉得可能会有的更多安定感和自我认可。我曾想结婚，有一堆孩子在我身边争着要舔打蛋器上的蛋糕液，他们骑着圣伯纳犬穿过厨房，而我在火上炖着汤。唉，那些画面跟我能胜任的领域毫不相干，自 1974 年 1 月和大卫·哈里斯离婚之后，大多数时间我是孤身一人，偶尔有些浪漫插曲，往往最美好的却奇妙而绚烂得不切实际。最后一次，是一个雾蒙蒙的下午，那个年龄只有我一半的法国男人骑着马闯入我的生活，使我的热情重燃了四年。我的艺术、工作、家人和朋友，

---

[1] 梅雷亚德·科里根（1944—　），北爱尔兰和平运动人士，1976 年获得诺贝尔和平奖。

[2] 塞萨尔·查韦斯（1927—1993），美国工人领袖，民权活动家。

[3] 奥兰多·勒特里尔（1932—1976），智利经济学家，阿连德政府时期外交部长，1976 年在美国遭到恐怖暗杀。

[4] 科拉松·阿基诺（1933—2009），菲律宾首位女总统，1986 至 1992 年在任。

[5] 吉斯卡尔·德斯坦（1926—　），法国前总统，1974 年至 1981 年在任。

儿子加布，以及与上帝耐人寻味的关系，都是支撑我生命的力量。

历经所有这些变化之后，我的社会观和政治观异乎寻常地坚定。我一直忠实于非暴力原则，对极右和极左派的意识形态越发憎恶，为他们在全世界持续制造的苦难更加愤怒且悲伤。目前，国内趋向于"新爱国主义""兰博主义"[1]、自恋，强调自我感觉良好的思潮威胁着我们的文化、精神、道德和艺术价值观，妨碍了对国界之外的世界的理解和关注。我目前在一个名为"人道主义"的人权组织任主席，这个组织尝试开发与人权和裁军有关的项目。而且，说来也怪，我自己的音乐事业也已迈出了第一步——"义助非洲"演唱会及它的后续——我称之为八十年代的"灰烬与沉默"。

我正在加利福尼亚家中的厨房写这本书。加布跟我住在一起，这是他高中生涯的最后一年。我一直喜欢写作，尤其在冬天的大清早，背对着壁炉，坐在牌桌旁，上面放着我的打字机。说到打字机，它是这个质朴的房间里，或者说屋子里，唯一标志着太空时代的东西。当工作要收尾时，我也准备去工作室录音，这是六年来的第一次。冬天到来之前，窗外的玫瑰至少还会再开一次。我花了两年的时间追溯我个人、政治、精神以及音乐的生活——是如何发生又如何分崩离析的：都取决于时间和环境。我讲述了我所爱的人。我说出了一切所记得的，像每个人那样，感恩自己有选择性的记忆力，或许更妙的是，有生动的想象力。记录这些事情，首先是因为我度过了非凡的人生，想向人

---

[1]　此处应指由史泰龙主演的著名动作片系列《第一滴血》中的男主角兰博，因此"兰博主义"约
　　等于个人英雄主义。

们倾诉。其次是因为我才四十五岁，充满活力，有创造力，处于歌唱生涯的全盛时期，不希望被归类为默默无闻的、过气的人，或者成为令某人伤感怀旧的逝去时光的一部分。第三，也是最重要的，我为自己而记录，在面对这段最怪诞的时光之前，认真回看过去。

PART
ONE

"THE KINGDOM
OF CHILDHOOD"

My daddy is a handsome devil
He's got a chain five miles long
And on every link a heart does dangle
Of another maid he's loved and wronged

我爸爸是个英俊的魔鬼
他有根五英里长的链子
每一环上都悬着一颗心
属于他爱过又辜负了的姑娘

我的记忆之眼

在洗衣机、烘干机、洗碗机、速烤箱和新改良的吸尘器及速干衣物出现很早之前，我们就从母亲那里一点一点、一年一年学会了所有东西。我的母亲就像一只母鸡，而我父亲是只公鸡。我们都是小鸡崽，也是小帮手。每当晚上六点，一家人准备就餐时，母亲都会解下围裙挂在一张椅子上。她会洗洗手，用厨房的毛巾擦干，把头发往后拉，坐在桌子的末端，深吸一口气再舒出去。她特别漂亮。

我的母亲琼·布里奇出生在苏格兰的爱丁堡，是两姐妹中的老二，在美国长大。她的母亲在她两岁时就去世了。她的父亲是一位十分仁慈、自由、聪明的圣公会牧师，爱上的女人却专横跋扈。母亲的姐姐宝琳比她大两岁，常被母亲死后父亲续娶的两个女人虐待。但不知为何，宝琳长大后越发像雷诺阿[1] 画中的人物。一头金发，皮肤白皙，胸部丰满，有一双蒙眬而极为忧伤的眼眸。她从不抱怨自己遭受的虐待，而是无休止地原谅，为了她的基督徒道德标准，付出多年苦痛和

---

[1] 指皮埃尔·雷诺阿（1841—1919），法国印象派画家，画风承袭鲁本斯与华多的传统，以描绘女性形体见长。

一辈子深重忧郁的代价。我母亲反而因为被忽略，并未受到那般虐待。她极力反抗继母的家暴，到了拼命防护身体被打的程度。母亲属于深肤色美人，身形纤弱、棱角分明，很有魅力。她没有意识到自己很美。

后来，书籍、自然、舞蹈、诗歌，以及与父亲用知识彼此为伴，成了宝琳的庇护所。母亲则徜徉在夏日剧院、丛林里，偶尔也会跑到朋友家躲起来。再后来就是奥克伍德中学，在那儿的短暂生活却像是她童年黑暗篇章里的镇痛剂。两姐妹也是彼此的庇护所。

十八岁时，宝琳嫁给了一位英俊的鬈发艺术家，住在缅因州的艺术家社区。外祖父留下另外两个遗孤后，因肝病死去。母亲则与一个接一个的养母们生活，她们照顾她，给她买好看的衣服，试着让她受创伤的童年回归正常。母亲说到那段时光就如一场记忆模糊的梦。她不知道如何过自己的生活。她像风中的一片树叶，飘荡无所依。她既无自我驱动的野心，也无养母们的鼓励，因此从没想过要成为一名演员。她屏住呼吸，猜想接下来会有什么发生在自己身上，这时她遇到了我父亲。

当时她正参加德鲁大学的舞会，挽着一位年轻的追求者，却（透过大酒杯，我经常脑补当时的画面）盯着一个英俊得要命的青年男子——深色皮肤，一头厚鬈发，牙齿洁白发亮。他坐在学校的台阶上，被一群叽叽喳喳的专注的女孩围住，他一边发出声音，一边用手模拟飞机俯冲轰炸的动作。他发现我母亲在那群仰慕者之外，便冲她眨眨眼。她害羞得不行，慌忙离开，克制住自己滚烫发红的脸。

这个后来成为我父亲的年轻人，两岁时从墨西哥中东部的普埃布拉来到美国。他的父亲放弃了天主教信仰，转为卫理公会牧师，现在则选择与美国的弱势群体一起工作。阿尔伯特成长为一名阳光、心地善良、有魅力、有创造力且勤奋的小男孩，极为敬重父母和上帝，对周遭事物无穷好奇，尤其痴迷于晶体收音机的构造。他住在布鲁克林，十九岁时就在父亲的教会讲道。记忆中，我曾去过那所阴森瘆人的赤褐色砂石房子里拜访他的父母，那是他长大的地方。从正门台阶走进漆黑的走廊时，温度会降低15摄氏度，那里闻起来潮湿、神秘、古怪，像燕麦片。他父亲身上有棕榄肥皂的味道，笑声亲切而温暖，他妈妈却很是让我们害怕，因为她非常严厉。我父亲一开始也想成为牧师，但改变主意，转而选择数学，最终选择了物理。

阿尔伯特·贝兹正在学校奋发努力时，遇见了我母亲。他有一辆福特T型车，自己把它改装成了赛车。

在模仿飞机噪声并抛了媚眼后的第二年，阿尔伯特·贝兹才开始带琼·布里奇出去约会，但是养母们早就在为她挑选婚纱了。结婚，并能有自己的家，对我母亲来说简直是个童话故事。最重要的是，她想要孩子。我知道她想要女儿。她生了三个女儿：宝琳·塔利亚，1939年10月4日出生于新泽西州的奥兰治；琼·钱多斯，1941年1月9日出生于纽约州的斯塔恩岛；以及蜜蜜·玛格丽塔，1945年4月30日出生于加利福尼亚州的斯坦福。蜜蜜出生前，为了让父亲攻读他的数学硕士学位，我们搬到了斯坦福，住在一栋漂亮的小房子里，对面是一片开阔的稻田，收割之后，稻草被堆成小山。有张照片，拍的是母亲和父亲跨在自行车上，在一片田地前面，年轻的二人笑容灿烂，眼神中荡漾着阳光。微风吹拂着母亲辫子上的几缕头发，轻拂在父亲的前额上。

母亲在我们的后院种了些甜豌豆，豌豆苗的枝条沿着栅栏板条的顶端往外爬，一直延伸到固定在土里的结实的木桩上。我记得邻居家桑树的树枝低垂，你可以在树下迅速走过，也可以藏在树干背后向外偷看，那样嘴巴、脸颊和手上定会沾上桑葚汁。我还记得菜园里我们的兔子，它待在笼子里，下面是一排排生菜，晾衣绳上晾满了床单和小裙子，全都用木夹子夹在绳上。我看到前院外，树在人行道上排成行。春天，树上开满深粉色的花。我会别几朵花在裙子上，夹几朵花在头发里。我记得一个夜晚，我的父母宠爱我，把我抱到楼梯的窗户边，对着夜空里银色的月亮和闪烁四散的繁星欢呼雀跃。我不知道他们中我最爱谁，于是先拥抱了父亲，再拥抱了母亲，最后靠在父亲的怀里。我的心中满是春光美好，幸运之星也停驻在额头上。这是我在加利福尼亚的第一个家里所拥有的美好。

蜜蜜出生后，房间变得太小，所以母亲找了份工作——在小镇的半岛实验学校当宿舍管理员。

我不想上幼儿园，男孩们老掀我的裙子，我便开始穿背带裤。我在班上表现不太好，因为插科打诨，制造混乱，被罚在喝牛奶吃全麦饼干的时间关进衣帽间。我唯一真实的期待是上午十点就回到家，跟母亲在一起。

她就住在学校里，我很容易就能逃回来，我会到她的房间，听唐叔叔（Uncle Don）的儿歌安慰自己，与我的玩具娃娃们愉快地喝下午茶，在我的《三只小猪》上涂鸦，或者帮母亲做做家务。在屋外，我自己玩，爬橡树，去挖矿工们种在红杉树下面生长繁茂的生菜吃，带着我的布娃娃去散步。

不久，缇娅（我们最喜欢的姨妈，也即宝琳）离开了她丈夫，带着两个孩子迁出西部。她和我父母在格伦伍德大街买了套大房子，我们可以把房间租给房客——一次可以租给五个人——我父亲边当实习教员，边继续努力考博。房客有大学生、中国学者、水手、作家、公交车司机、流浪人，还有一个大提琴手，他的演奏如此美妙，连母亲也会关掉吸尘器站在过道里听。我呢，会坐在他的门外，试着决定以后要么在交响乐队做大提琴手，要么留精致的长指甲。

到了五岁，我有点意识到在世界上的某些地方，小孩子每晚只能饿着肚子睡觉。我也知道，如果你不小心踩到蚂蚁，它们会拖着受伤的腿四处乱窜。我猜它们很疼。当我的婴儿妹妹蜜蜜尖叫时，我想象她受伤了，但是我对她不如对蚂蚁和昆虫那般爱护。我正在练习掐邻居家的小宝宝。我会等其他孩子消失，然后悄悄靠近一个坐在婴儿车里、穿着纸尿裤、胖嘟嘟的小家伙，他身上有婴儿奶粉、麦片和呕吐物的气味。我会拍拍他那开心地上下挥动的胖手臂，他打到自己的下巴，口水流到了婴儿车的小珠子上。我既紧张又兴奋，狠狠地拧一下他的手臂，然后看他的脸皱成一团，嘴巴向下瘪，腿不再摇摆，准备要发出令人心碎的尖叫。这一刻，我感到难受，就把他抱起来试图安慰他，不仅怕被人发现，还因为突然对他感到抱歉。我费劲地抱他进厨房，说："噢，罗宾森太太，卢克哭着要东西，我试着让他感觉好点。"她会把他抱过去并匆忙离开，不会特别在意他的哭闹声，因为卢克是她的第八个孩子，她早就习惯这种噪声了。她当然不会全身上下检查他手臂上是否有掐痕。

每到周日，所有寄宿的人会聚在一起吃饭。母亲和缇娅会准备烤牛排、薄空心酥饼、土豆泥以及自家菜园种的蔬菜。我姐姐宝琳和我负责摆餐具或洗碗，我们和缇娅的两个孩子轮流做这些事：玛丽十五岁，对男孩疯狂着迷，记忆力精准，智商高到无法测算，还可以不看乐谱用钢琴弹古典乐曲；宝琳的儿子斯基博十三岁，特别需要父亲严加管教，他在地下室的卧室里点火、抽烟，因考试不及格被退学，跟他那些有犯罪倾向的朋友都快把地掀过来了。他是我最喜欢的表哥。在我们拉着手唱《感谢你世界真美好》之后，我父亲就会打开留声机，放巴赫、勃拉姆斯或贝多芬的曲子，我母亲会把烤肉切成块，房客们试图继续聊天，我和宝琳则在桌子底下互掐，彼此拍打。蜜蜜几乎在学会走路前就学会了跳舞，她弯着脚尖在地板上单脚旋转，换掉留声机里的唱片——这是她最新的花招，除了我和宝琳外，每个人都觉得她可爱极了。"最小的女儿"蜜蜜有着黑头发和蓝眼睛，很漂亮。宝琳和我会联合起来对付她。

　　我母亲的一本相册里有张我的照片：我独自坐在大橡树桌旁，桌上还有一些叶子，桌面上的刀痕已被磨得光滑闪亮。我穿着一条金色纽扣的海军蓝灯芯绒裙子，外面系着有白色孔眼的罩衫。我刚睡了午觉，双眼又沉又乏，发直了几分钟。我还记得那种沉沉的感觉，仿佛肩上挂着重物，眼睑是黏土做的。我渴望醒着，活蹦乱跳，打扮漂亮后去玩耍。但是魔鬼用忙碌的工作缠绕我的余生，甚至从那时就开始了。

　　新学校午餐盒的刮擦声让我十分害怕。因为新学校不允许穿背带裤，我就穿运动衫，在腰部打个巨大的结。我有反胃的毛病，每当趴在马桶上，总有这个或那个老师扶住我的头，但什么也没吐出来——

从五岁起，我就开始惧怕呕吐，这种惧怕（已改善了很多）直到今天还在。是什么灾难事件震动了我充满阳光的世界，使我的世界蒙上难以启齿、不可名状的恐惧的阴影？我不知道，也绝不会知道。每年，当金秋第一丝凉意到来，或晚饭时天突然黑下来，我就会被极度的忧郁侵袭，感到悲观无望。我沉重、瘫软、冰冷；胳膊和腿上的汗毛直立，寒意侵入骨髓。没什么能使我温暖。在这一寒冷旋涡的中心，我以钻石般的清晰，看到照片中那个发着光的小人儿，辫子上有睡痕，昏沉地撇着嘴，她坐下，尽微小的全力回忆那个不断重复的梦境，黑色的眼睛里透露着一丝担忧：深夜，我在房间里，有个东西进来，似乎带着死亡的气息……我尖叫并逃跑，可午睡时，它又回来了，还钻到我的床上。然后一个声音愤怒地说："别看着我！"当我仔细看枕头旁边的脸时，我感到十分羞耻。

　　这是所有我记得的东西——就这么多，没有更多了。

　　直到父亲读完学位，嘈杂的寄宿公寓生活持续了两年。那时候，大多数聪明年轻的斯坦福科学家都动身前往新墨西哥的洛斯阿拉莫斯，那儿正在研发原子弹。早在那些年，我父亲就意识到不受约束的原子能具有潜在破坏力。所以，他选择在纽约州伊萨卡的康奈尔大学当一名物理学研究员。我们住进了一栋两层楼的房子，街边种着一排枫树，这个八百人的小镇叫克拉伦斯森特，开车一小时便能到布法罗。突然，日子清静了。宝琳和我上起了钢琴课。母亲做晚饭时会哼歌，我就坐着听厨房大收音机里的夜间连续剧《育空[1]的普雷斯顿警官》和《杰克·阿姆斯特朗》。新学校很小：我没有逃课跑回家；我

---

[1]　位于加拿大西北部，以流经该地区的育空河命名。

上课并且得了全优。我也交了第一个最好的朋友，叫莉莉，住在真正的农场里，我在她那儿发现了猪崽，还在干草棚里睡了一夜。我父亲很快便应邀成了康奈尔运筹研究所主任。这份工作正好牵涉到机密信息，作为入门，他需要在一艘航空母舰上巡航三周，并被允诺会得到一笔巨额薪酬。结果，他是在监察军事行动演练，那是一场大型两栖作战演练，除了其他活动，还有测试战斗机，总之，是一件比较新鲜的事。会有几百万美金投入这个他知道得少、说得更少的项目。母亲给我们看他从"海上"寄来的信，上面有他的手绘小漫画，在持续了一周之久的风暴里，他的脚在卧铺上歪来斜去。他晕船特别严重。

如今，父亲开始问自己，威力巨大、能造成彻底毁坏的原子弹，是否还有任何"防御"可言？当他对这个问题无比纠结，又挣扎于是否要接受一笔能保证他和家人生活安逸的薪酬时（这种安逸我们还从未体验过），我母亲建议我们换个教会。尽管她个人不喜欢有组织性的宗教，但为了父亲，我们加入了西部的长老会。至于我，喜欢精心打扮，用凡士林给我的漆皮鞋抛光，喜欢做礼拜时坐在母亲身边，闻她身上香水和脸上香粉的味道。当会众站起来唱歌时，她放声唱，声音比其他人更高、更好听，至少我听起来是这样。我还喜欢打开钱包的咔嗒声、小纸信封滑进募捐盘的声音，以及接待员发出的沙沙声。现在，我母亲带着我们这些天真无邪的人，到了布法罗的贵格会集会所，希望能帮助父亲找到一些属灵的引导和方向。

贵格会的集会——真恐怖！屋子里坐满乏味的大人，他们笔直僵硬地坐着，眼睛闭上，或者幸福惬意地盯着天花板。没人精心打扮，而且老人特别多。其他几个孩子也不能使我们感到安慰，因为我们不喜欢他们。他们得到了父母的"纵容"——一个讨人厌的红发小男孩让我们明白了这个词。每个周日，他会滑下椅子，从地板的一端爬到另一端。有一天，他看见宝琳一脸不悦地瞪着他，就咬了她的腿，立即跑了，剩下宝琳摁住伤口，强忍泪水。他母亲选择在那场集会中站起来讲孩童的神圣，宝琳和我试图用目光把她的肉体烧焦。

　　每周日我们在那个屋子里仅仅坐上二十分钟就已经很不错了，我清晰地记得，我们年幼的灵魂如何承受着时间之重，只有肚子咕咕叫、清嗓子的声音，以及偶尔有人被"圣灵"感动后的发言，才能打破那种压抑乏味的沉默。大人们自愿在那儿待上整整一小时，但二十分钟后，我们会被领到"第一天学校"（贵格会的主日学校），由一位亲爱的头发花白的老太太来照管。我们打定主意讨厌她，尽管她的灵魂里只有对我们的善良和爱，并执意要教导我们主的奇妙。某个周日，她向她那组五到十岁的孩子们宣布："今天我们要见证一个奇迹。"宝琳和我彼此对视，然后望向天空。

　　"一——个——奇——迹，宝琳。"我说。"真蠢。"宝琳说。

　　老太太在一个硬纸板做的大盒子里捣腾着，把肥料混在肥沃的黑土中。她怀着爱，用布满皱纹的手把土块捏碎，如此细致、愉悦、高效，以至于我现在看到都会垂涎。她让我们用土装满易拉罐，然后从她园艺围裙的口袋里拿出一把发白的绿豆苗。我们每个人都种了一株，给它浇水，放在窗台上，立马就把它忘了。下周日回来，我们仔细观察自己的易拉罐，看到已经有带着光泽的小嫩芽破土而出。老太太看起来很愉快，她站在从窗户倾泻进来的冬日阳光里，脸庞边有几缕从脑后的发髻散下来的白发，心中流露出孩子般的快乐。"这些奇妙的破壳而出的嫩芽在寻找阳光，"她解释道，"而生活中我们所有人每天都要这么做。"

不得不说，那个奇迹没有给我们留下很深的印象。当然，那堂课对当时的我没起作用，从十八岁离开家后，我就不再参加集会。我有二十多年没回去过，直到四十多岁的时候，遭遇到某种乏味的中年危机。一个清晨，在从一场漫长恍惚的梦中醒来之前，我清晰地看见布法罗贵格会那位亲爱的白发老奶奶，她依然站在阳光下，微笑地低头看一株两英寸的豆苗。我想为曾经顽皮的自己道歉，但她已消散在迷雾中。我在泪水中醒来，决定回去参加集会。自此，我会不定期地去，更确切地说，我这么晚才开始欣赏豆子的奇迹。

至于我父亲，在那严肃的沉默中，他成了一名和平主义者。起初，正是他良心上的挣扎使我们加入了贵格会。他没有通过国防工作发财，而是成了一名教授。我们从没有其他小女孩成长过程中想要的那些精致却无用的东西，但我们有一位心灵纯净的父亲。正直是他留给我们的遗产。

我们那位斗鸡眼钢琴教师埃弗瑞特先生帮助我战胜了三音符的"安，安，安修女"，并解释了所有的升调和降调之后，我回家从钢琴凳里拿出一本书，确定只有我一个人时，把书放在小小的支架上。我翻来翻去要找一首最短、升降调最少的歌，逐个音符地教自己贝多芬的《G小调奏鸣曲》（编号42）[1]。我心里有了极享受的宁静，这种宁静持续存在于克拉伦斯森特的那段时光。

---

[1] 经查，贝多芬并无此作品，疑为作者有误。

很快我们又搬家了。我的五年级是在南加州上的，"大宝贝"（我们这么称呼爸爸）在雷德兰兹大学教物理。在我的梦中，我最常回去的就是雷德兰兹那栋一层楼的白色小房子。房子前面是一块草坪，母亲在草坪的一侧种了颜色绚烂的大玫瑰。右边伫立着另一栋类似的房子，左边则是一块贴满广告的空地，像是一片荒漠。隔壁是费舍夫人的一排石榴树，她和她那只上了年纪的西班牙犬桑尼住在树后阴冷潮湿的地方。我们的前廊上长满了常春藤。父亲花了一万一千美金买下这栋房子。我觉得我父母是这条街上最深谙世故的人，我确定他们是。五年级的时候，我生命中最出色的三位出现了，他们分别是我的牧羊犬乌利、我的好老师麦金托什先生，以及我的朋友朱蒂·琼斯。

一年后，"大宝贝"接受联合国教科文组织的一份工作，去巴格达大学教学并建设物理实验室。也许就是在那里，我萌生了对社会正

义的热情。在那个炎热的、闻起来奇怪又新鲜的日子，我们着陆了，惊悚地看见警察拿着棍子，喝叫着粗俗而刺耳的语言，将一个乞丐赶出机场大门。在巴格达，我看到动物被打死，人们在我家的垃圾桶里找吃的，没有腿的孩子在硬纸板上拽着自己沿街讨钱，裂开的疮口上叮满觅食的苍蝇。

我们都染上了"巴格达腹泻"。宝琳和蜜蜜恢复了，却把她们患过的传染性肝炎传给了我。母亲说她第一次带我去医院时，我步履蹒跚，还把我的两块冰糖给了一个穿着脏兮兮的黑色罩袍的阿拉伯女人。她弓着腰躺在瓷砖上，痛苦地呻吟。我希望每个人都感觉好一点。过了很久我自己才恢复了点。

我在床上躺了好几个月，那段时间，母亲一直在身边陪着我，用她强有力的手托起我的头，喂我喝米汤，吃葡萄糖粉，之后又让我吃黑色香蕉泥。我右手的生命线分开并消失了。即便我使劲伸展上面的皮肤，它也没出现。我想我一定会死在那个陌生的地方，在那里，橙子的甜味中渗透着柴油尾气的味道。但是在体能缓慢恢复的时候，疾病成了一个很棒的借口，让我能在家里待一年，画画、编织、做饭、与蚂蚁玩耍、收集昆虫，当我更好一些时，还能救小狗。

相反，宝琳和蜜蜜在天主教女修道院学校的时光十分悲惨。罗斯修女把蜜蜜的数学试卷作为糟糕的例子展示给全班看，并将其揉成一团扔向她，越过那些躲闪的外交官子女的头，正是他们组成了这个讲英语的课堂。自此以后，蜜蜜发誓她的创伤再也无法恢复。宝琳更幸运，发现自己是个能干的裁缝，一学年都跟妈妈在义卖市场上买布料，给自己做衣服。

总而言之，巴格达是个让人悲伤的地方。日暮时分，天空变红，鸟儿在不断变换形状的云中飞过，用几千种声音唱歌。尽管生病了，我感觉自己是巴格达的一部分，就好像它的苦难也是我的。无疑，我对街头的乞讨者感到更亲切，而不是那些坐在英国乡村俱乐部的人，他们谈论起在康河上撑篙划船，以及让这些讨厌的本地人做事是如何难。我为"讨厌的本地人"感到抱歉。

二十多年后的1974年，我回到中东巡回演唱。中途在黎巴嫩停留时，我在酒店游泳池的外边遇到一个戴着时尚太阳镜的阿拉伯女人。"我读过你的书《破晓》，"她对我说，"你为什么不说点巴格达的好话？那是个美丽的城市。"

我应该告诉她，开车经过突尼斯时，巴格达的记忆如潮水一般向我涌来。每当冬天过去，我们小孩子把床搬到屋顶，我透过发着霉味的蚊帐和星星说话，告诉北斗七星那些我从不会告诉任何人的事。我坐在阳光里，吃着海法的橙子，晒黑我的皮肤，梦想着伊拉克国王（那时他只是十二岁的王子）骑着白马、昂首阔步地经过阿尔拉什德大街，从一群围观的人中认出我，告诉我我有多漂亮（我学的阿拉伯语足够和他进行一场想象中的对话），并让我成为王宫里独宠的访客，最终成为阿拉伯王妃。刮沙尘暴的时候，接连数日，我们被笼罩在一场褐色的狂风中，我的肺部吸入沙尘，甚至连身体的每一个毛孔里都有沙子，我明白居住在那片不毛之地的兄弟姐妹们的艰难。

到了突尼斯，我才意识到中东的魔力和悲伤——在一个海边的村子里，紫红色的花从白色的墙上低垂，我跳跃着穿过街道，身穿的紫色裙子是花了五十美分在临街铺面买的。我在海边骑着一匹小阿拉伯马，跟旅店老板的五个女儿们学到了一首流行歌《加利亚·哈默达》，她们对着我的录音机唱歌的时候，像五只胖乌鸦栖在同一个音符上。

1951 年是我们在巴格达的最后一年，之后我们回到了加州的雷德兰兹。我怀着热情上了初中，曾经我怀着同样的热情去所有新学校。每周我平均上三天学，剩下的时间都待在家里，借口是病还未痊愈。母亲开始反复带我到诊所检查，实际上我的身体没什么毛病。我真正的问题是那些持续折磨我，有时让我丧失生活能力的恐惧，如今又多了一份青春期的严苛。初中时，我不得不直面的首要问题是我的种族背景。雷德兰兹在南加州，这里有大量的墨西哥人口，主要由移民和从墨西哥来摘果子的非法外来人口构成。在学校，他们成群结队，说着西班牙语——女孩们留着厚厚的黑发，头发卷曲（因为晚上都戴着一头鬈发器睡觉），涂着一嘴紫罗兰色的口红，穿着紧身裙和尼龙长袜，衬衫的领子朝上翻。男孩子们则是"花衣墨西哥人"（Pachucos），一些彪悍的家伙，用玫瑰凡士林护发液把漂亮的头发往后梳高，穿着低腰的锥形裤，走路时裤子不掉竟成为一种艺术。只有极少数墨西哥人对上学感兴趣，他们还会被白人排挤。所以，我在那儿有墨西哥人的名字、肤色和头发：因为这三点，欧裔美国人不接纳我；墨西哥人也不接纳我，因为我不说西班牙语。

我的"种族"并非是我被孤立的唯一原因。二十世纪五十年代是冷战的关键时期，雷德兰兹中学的所有人谈论的不是足球和选啦啦队女孩，就是苏联人。我听说，父亲在巴格达大学任教时共产党在那里闹事，有麻烦时，他们中的一些人总是警告父亲离远点。但在美国麦卡锡主义盛行的年代，共产主义是个脏词，军备竞赛是一场带着侵略主义的运动。九年级的时候，几乎只有我一个人惧怕且反对战争武器（对我来说，它们只会让这个世界更脆弱），而且已经被认为是政治事务的专家。

不是我知道的多，而是我已经被卷进去了，多半也是因为讨论就在我家进行。我们家参加了贵格会志愿劳动营，在那里我听到了个人、政治、国家和国际层面的暴力以外的选择。我们班不少同学都对我极为蔑视，有些吓坏了的同学的家长警告他们的孩子不要跟我说话。

我不知那时宝琳对政治有何感觉。她是特别优秀的学生，但饱受害羞之苦。我视她为偶像，因为她成绩特别好，从来不带有褶皱的午餐袋，扎着不会让耳朵露出来的马尾辫，闻起来有紫罗兰的香味。也因为她肤色白皙。她从不谈论社会问题。而蜜蜜——好吧，我的和平主义并没有影响到她，在公共场合她会因为我棕色的皮肤而避开我。

正是这种被孤立、"与众不同"的感觉，最初使我开发我的声音。在学校合唱团，我唱中音、次高音、高音，甚至次中音，一切取决于团里的需要。我的声音是普通小女孩的声音，甜美且真实，但纤细得像廉价的棉线，也像一张活页纸上又细又直的蓝线。我们班有一对双胞胎姐妹，歌声中有颤音，每次才艺表演都会唱歌。她们并肩站着，挽着彼此的胳膊，安哥拉羊毛衫勾勒出正在发育的胸部，衬裙十分花哨。她们来回摇摆，打着响指唱道："噢，我们得到的钱并不多……"我听到一位老师评价她们的声音很"成熟"。我尝试去考女生合唱团，但是没被接受，我知道为什么：一、我不是那个小圈子中的一员；二、我没有颤音，所以我的声音不成熟。既然无力改变我的社会地位，我决定改变我的嗓音。我不再畏手畏脚，开始全力以赴练习颤音。

首先，我尝试在淋浴的时候只练习一个音调，迫使自己的声音缓慢地高低起伏。这是一项枯燥、难见成效的工作。我自然的声音总是像箭一样直接发出来。后来，我试着用手指在喉结处反复跳动，令人高兴的是，我可以发出自己想要的声音了。过了几秒，我模仿声音时不再需要借助手指，就能唱出几个听起来"成熟"的音调。太棒了！这就是我的训练方式！

我练成真正的颤音所花的时间惊人地短。夏天结束时，我已成了一名歌手。

就在我获得一种新嗓音的同时，我还在保罗·柯克帕特里克（简称 P. K.）的指导下征服了尤克里里。P. K. 是父亲十分爱戴的物理学教授。我知道那时主导唱片市场的西部乡村音乐、节奏蓝调百分之九十都用四个基础和弦。我还学会了其他几个和弦，需要唱 G 调以外的音调时，可以用上它们。我最喜欢的几首歌是：《你现在在牢房里》《你欺骗的心》《地球天使》《抵押我的爱情》《绝不让我走》，以及

"安妮"系列——《安妮有个宝贝》《跟我一起做事吧，安妮》《安妮的姨妈芬妮》（我讨厌注水的"白人版"——《和我滚床单吧，亨利》）——还有《山巅之上》《青春热血》。它们都可以用五个和弦弹奏，大多数仅用四个就行。这些歌要么旋律悠扬甜美，乐观向上，稍微有些粗俗，要么滑稽。我甚至把《是的先生，那是我的宝贝》，以及列勃拉斯[1]空洞愚蠢的《水泥搅拌机，油灰油灰》，改成了邪恶的种族主义版本。这个歌单只不过是我刚开始从床边那个灰色的塑料收音机里听到的。我通过听记住调子，在白天或夜里的任何时候，潦草地写下歌词，找到正确的音调（选择C或G调），创作自己的歌，我无法描述从中得到的满足。

在学校里，我得到一个有才华的"艺术家"的名号。我可以画卡通素描、电影明星肖像、小鹿斑比和其他迪士尼卡通人物，还有任何愿意坐十分钟不动的学生。我画竞选海报，有一次是给我的两个互相竞争的同学画。

我的确有几个朋友。邦尼·卡布拉尔是个不说西班牙语的墨西哥女孩，后来我们假装是姐妹。她有四个哥哥和一台电视机，我很喜欢待在她家。我们一起听节奏蓝调电台直到深夜，她大哥乔伊一回家我就直冒汗。他从未注意到我，但是她另一个哥哥亚历克斯注意到了，后来他成了我第一个约会对象。我十四岁时，他给了我一张名为《开花的桃树》的唱片作为圣诞礼物。还有朱迪·琼斯，作为"受欢迎"的孩子，她冒着失去地位的危险跟我做朋友。她像我姐姐宝琳：漂亮，

---

[1] 列勃拉斯（1919—1987），美国钢琴家、歌手和演员。

头发卷曲，后脑勺扎了个完美无瑕的马尾，眉毛修过，毛衣、衣领和围巾的颜色十分协调，裙子长及脚踝，鞍背鞋擦得一尘不染。她的午餐袋是新的，书和活页夹摆放得无可挑剔。她涂"自然色"唇膏。相比之下，我是柴火妞琼妮[1]，一株奇怪的青豆苗，比正常体重轻十五磅。我的头发是一堆胡乱分开的黑稻草，齐耳垂下，发际线上翘起的头发令人讨厌，迫使一绺刘海儿笔直地覆盖在我的右眼上。我的衣领也是歪的，围巾不搭，还皱皱巴巴的。我的衬衫特别大，袜子有破洞，鞋子也磨坏了。我的午餐袋用过很多次，起皱了，眼睛下方有皱纹，也不涂唇膏。按照我父母的说法，我身上最好的特质就是"一百万美元的微笑"。

我世界里的其他部分，都跟我这个人一样毫无秩序。我和蜜蜜同住一个房间，屋子被我弄得看起来像垃圾堆和廉价货摊子。到处是 T恤、脏袜子和运动服；旧午餐袋，里面装满了花生酱、三明治屑、香蕉皮、干的橙子块；衬裙和发皱的尼龙围巾；我收集的动物瓷器和骨瓷；还有我的绘画用具——从 B 到 H 型号的铅笔，能买到的各样型号的羽毛笔、墨水瓶、彩色粉笔、碳素笔、油画纸、防水画纸和刷子。从屋子的这头到那头，我的美术作品又钉又贴，到处都是。我从未用过的课本被冷落在那张从未用过的书桌上，周围一堆杂物。在我们干净整洁的家里，这个房间最乱，我会拿起尤克里里，扑通倒在双层床的下铺，脚指头挂在上铺的弹簧上，弹奏我的四和弦练习新歌。我尤其记得在那堆杂物中唱的一首歌（第一首我学到的非节奏蓝调的歌）：

---

[1] 原文为 Joanie Boney，boney 意为"瘦骨嶙峋"。

当你爬到最高的山巅

当你认为一个朋友也找不到

突然有一个山谷出现

那片土地住着爱好和平的人们

然后生命与爱情开始了

　　十四岁时最喜欢这首流行歌并非偶然，不然我不会到现在还记得这么清楚。在我那乱糟糟的青少年生活中，这首歌让我对自己神秘问题的终结，也对地球麻烦的终结存有希望。不久，我总有一种爱出风头的冲动。我把尤克里里带到学校。中午的时候，我在孩子们通常吃午饭的地方晃荡，等着他们让我弹奏，他们很快就这么做了。我给他们唱《突然有一个山谷》，他们鼓掌并要求我再唱的时候，我就开始演唱最流行的热曲：《地球天使》《抵押我的爱情》《甜蜜爱情》。我很受欢迎，第二天回来再给他们专场表演。这次，我模仿了埃尔维斯·普雷斯利、黛拉·里斯、厄尔莎·吉特和约翰尼·艾斯。这周结束前，我从一个腼腆、顾影自怜的局外人，变成了小丑般的明星。

　　有人建议我去参加学校才艺表演大赛的选拔。选拔赛的时候，我站在麦克风前，把脚搁在凳子的横档儿上假装镇静，却发现我的膝盖在抖。为了不把凳子弄得吱嘎响，我佯装冷静地把脚放下来，让膝盖悬在空中，晃来晃去，整条腿都抖起来。我身体其他部分竟然很平静，我用"成熟"的颤音从头到尾唱完了《地球天使》。没人注意到我发抖的膝盖，我发现自己有种与生俱来的沉着，在虚张声势方面很有天分。显然，我能"搞定"才艺表演。我希望能获奖。

记得第一次上舞台表演时，我穿了最喜欢的黑色套头衫和抛过光的白色平底鞋，甚至轻轻涂了一点口红。我吓得半死，但之后有人告诉我，说我"泰然自若"。大家为我鼓掌欢呼时，我开始紧张害怕，以为自己会昏厥。他们想让我回到舞台再唱一首，因此，双腿无力的我回到台上唱了《甜蜜爱情》。

我的表演毫不花哨。我上台唱歌的方式跟我在自己的房间或后廊上唱歌是一样的。在观众面前表演的时间令人害怕又兴奋，之后我心情就愉快了。

我没有获奖。获奖的是大卫·波拉德，才艺表演中唯一一匹黑马。评审员挑了那匹唯一比我黑的黑马。五年级的时候，大卫很友好并且会保护我，我爱他。他个子高，皮肤烟黑色，有一口完美的牙齿，他可能是那个学校仅有的跟我一样随时愿意笑的人。他的声音也很好听。那天，未如愿获奖这件事只让我沮丧了一小阵。虽然很渴望，但我知道自己已经很好了，而且有点奇怪的是，我的同龄人爱我，并骄傲地宣称我跟他们是一伙的，像真正属于雷德兰兹高中的人。归属感使我陶醉，跟表演带来的满足一样。

我开始跟一个很迷人的高年级男生约翰尼·达尔伯格"出去"，他是墨西哥人，但用了继父的瑞典名字。他很可爱，开着一辆水星汽车。晚上我躺在床上就会想起约翰尼的脸，电影院闪烁的光反射在他的脸上，我梦见我们亲吻。我幻想自己浑身大汗地躺在他的臂弯里好几小时，以至于星期一早上在校园看到他，几乎对他的脸感到厌烦。后来，第三次约会时，约翰尼试着以好莱坞电影中的方式给我一个晚安吻。尽管我看完了邦尼家里所有的浪漫杂志，但还是毫无准备。我立即跑掉了，觉得内心受了重创。回到家后，我盯着镜子看了二十分钟，想知道自己还是不是父母的那个小琼妮。我还给约翰尼写了三页信说他有多邪恶，但接下来三个月又希望他会再试一次。

我只在雷德兰兹享受了一年的新名望，因为第二年我们搬回了斯坦福大学，在那里父亲接受了一份教学工作。在雷德兰兹的最后一年，我写了一篇短文并自己配插图，三十年后准备写这本书时才再次发现它。现在我重写了其中一部分，用了一些原来的插图，因为它完美地反映了我所记得的那时的自己。尽管年轻时令人伤感的渴望和伤痛的冒险经历，多少会令现在的我有些尴尬，但我对当年的先见感到震惊，它不仅准确地预测了我人生中的一些事件，而且某些感觉与我今日的信念一致。

我所相信的（1955）

我

我不是圣徒。我是噪声。我曾花大量时间说俏皮话、唱歌、跳舞、表演，到头来成了一个连自己都讨厌的人。我喜欢成为关注的焦点，原谅我的自以为是，我曾经这样。我喜欢炫耀，如果你很了解我，我就不详细说这些了。

炫耀但带着点距离感，正符合我的人生哲学。因为每五六个讨厌我或不喜欢我备受关注的人中，至少有一个人会得到点乐趣。我让有的人能在生活中得到一丝快乐。

我是一个非常情绪化的人。尽管有前面提到的那些特质，但

我偶尔会思考一番。有时候我会坐下来思考，是要成为父母希望的那种人，还是令他们失望。思考生命、死亡和宗教，然后又兴奋地想起男孩们，这才是真正让我情绪化的原因。

我的另一个品质是友好。我经常为受欺负的同学打抱不平。我不喜欢冷落任何人。为什么要这样呢？"每个人都是上帝创造的。"即使是我们当中最卑微的人。当我因为跟那些人说话而遭到社会上人的反感时，我会说到一半就打住，然后向那些看起来堕落、有犯罪倾向且智商为零的人打招呼。相比那些势利眼，我更愿意跟中低阶层的人做朋友。

我的兴趣十分广泛。（这跟我九年级做的性格测试不相符。那套测试显示我没有兴趣，但有很强的避世倾向。）

我喜欢画画。我参加函授的艺术课，也许某天我会变得很专业。母亲说我从记事起就开始学画了。她说我们总是频繁地重新粉刷床、衣柜和墙壁。她已经看腻了满屋子蜡笔画的公鸡、印第安人帐篷和大胸脯的母牛。

正如你看见的，我的画经常会用些惊人的线条。我在创作这些可爱的小作品时，受到了各种人的影响。

我猜我可以通过为他人创作，用艺术实现我的理念。

我热爱表演和画画。在表演中，我可以让很多人在同一时间感到快乐（反之亦然）。我会表演各种各样的胖子、黑人女仆、精灵女王，甚至是施洗约翰的妈妈。

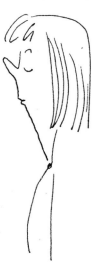

请不要觉得我做这些只是为了别人。我也为荣耀而活。

我也享受唱歌。大多数时候我在唱歌、表演或做其他事。我的几何学老师并不是很喜欢这点，因为每次他在试着解释如何平分四边形的时候，我就开始唱《你完全错了》。

我发现唱歌是一种很好的发泄方式。当我抑郁时，我用唱歌证明生活并不真的很糟；当我充满善意时，我会拿起吉他大声吼出来。我经常给家人和同伴唱歌，但我发现不给同龄人唱更明智。

一位舞蹈权威说我不懂跳舞，但出于某些原因，我曾经是九年级的波普舞女王。我不会假装知道怎么跳舞，因为我不会跳。但我发现，如果你看起来或表现得似乎知道自己在做什么，这能欺骗百分之九十九的观众。

我爱跳舞（即使我不会），我让很多人相信我会跳，而且认为我跳波普舞更胜一筹。

我的男人

我经常担心我的男人会是什么样子，因为我希望他像我父亲那样棒。但我觉得不太可能。

父亲工作勤奋，长相帅气，十分风趣、忠诚，而且喜欢音乐。除此以外，他很聪明。如果我期待以上所有条件都满足，我会孤独终老（也许长得帅就够了）。

我希望有朝一日成为一个好妻子，但只是某段时间有这个念头。我应该先看一圈，然后从中选一个跟我余生安居一隅。听起来不错，对吗？但做不到。因为我不想"安居一隅"。我想旅行而他可能是个穷光蛋，所以你看，做不到。

我不会继续严肃地谈论这个问题，因为我觉得自己年纪还小，并不真的知道自己想要什么。

现在，我正处于爱所有异性的阶段。每次看到某些人我就很开心，从我十岁时就这样了。

但我可以这么说，我确实希望我的男人忠诚且工作勤奋，而且我会尽力取悦他。

种族平等

我们家都有种族偏见。我们总是站在黑色、棕色、黄色或红色人种那边。无论何时，一个黑人与一个白人争论，我会立即站到黑人那边。我觉得，这不是个好习惯，但比站在相反的那边好。

我认为这个世界上最令人悲伤、最愚蠢的一件事就是种族隔离与歧视。一个人是怎样的人，在于他把自己塑造成怎样的人，幸运的是，"少数"种族有了越来越多的机会来证明自己的价值。

比如，黑人证明了他们在唱歌、跳舞上有天赋，尤其是在体育运动方向。罗宾逊、刘易斯，以及一度还有罗布森，展现了这个种族能做的事情。

因为有二分之一的墨西哥血统，我自己也遇到了一点麻烦。夏天的时候，我变得很黑。

有一次，我们搬到纽约一个特别小、观念狭隘的小镇，有人从窗户里朝我吼道："嘿，你在干吗呢，黑鬼？"我一点也不觉得受伤，回复道："等夏天到了，让你见识我的小麦色皮肤。"

这是我对种族这小部分的总结。

我和宗教

现在进入最敏感的主题。

我不知道要相信什么。我希望自己能够相信直接来自《圣经》的一切内容，视它们为真实发生过的，像虔诚的天主教徒那样。但常识或者也许是怀疑，告诉我并非如此。

我父母是贵格会信徒。我喜欢贵格会理

念中的冥想部分，但是我讨厌小镇的集会。如果我不是被贵格派信徒——他们不赞成按字面意思理解《圣经》——养大的话，我可能会信。

我的确相信，有一种至高无上的能力使我们做好事，令我们的良心滴答转动。某种至高无上的能力让每日里的奇迹发生。

科学家们可以证实人类和动物的起源似乎与《圣经》故事矛盾，但这些证据也仅能追溯到这里。他们追根溯源，说地球曾经是一个漂浮在虚无中的大圆滴。但没人能证明这个大圆滴是怎么被放到那里的。某种能力让它开始了。我认为，当下掌管着人们灵魂的，是这同一种能力。我想，那就是上帝。

有时我看到上帝是一位白胡子老人，穿着飘逸的长袍。我爱这个老人，他也爱我。现在他对眼下这个小世界的状况感到悲伤。当他看到炸弹爆炸升起的蘑菇云时，他摇摇头，皱起眉头。我想这位上帝会让一切取决于我们。他想看看我们会对自己做什么。在我们做出毁灭性的行动之前，他不会警告我们，而当看到我们的世界被战争摧毁，他会悲伤失望。

我想做一些事让这位老人高兴。我不想自私。想到上帝时，我觉得地球很小，然后想到自己仅仅是一粒尘埃。这粒小尘埃用小小的生命来为自己做事是没有意义的，还不如用它微少的时间使世界上更不幸的尘埃获得快乐。

这些就是我所相信的。

我在帕洛阿尔托中学上十一年级，这里不存在墨西哥人的问题，因为所有墨西哥人都住在附近的圣何塞。除了伴随我一生的反胃和焦虑在预料之中发作了几次之外，我竟然十分适应。通过贵格会这个看似不可能的资源，或者更确切地说，通过美国公谊服务委员会（AFSC）这个贵格会中的社会行动派，我也交到了朋友。那年，我和三百多个学生参加了在阿西洛马举行的为期三天的世界问题大会。那是个美丽的地方，在蒙特雷雾蒙蒙的海滩上，点缀着松树。我不仅同时爱上了十或十二个男孩，还从这次讨论中受益匪浅，我受到了前所未有的启发。我发现自己在大大小小的团体中言辞激烈有力，被视为领袖。

我们的主讲人很令人兴奋，他是位黑人牧师，二十七岁，来自亚拉巴马，名叫马丁·路德·金。他是一位出色的演讲者。屋子里的每个人都被迷住了。他谈到不公和苦难，谈到要用爱的武器来作战。他说如果有人对我们做了恶事，我们应该憎恶恶行本身，而不是作恶的人，那人需要怜悯。他还具体谈到联合抵制公交车，在南部争取自由，以及组织非暴力革命。他结束演讲时，我站起来，高兴地哭泣：金让我热切却无法表达清楚的信仰成形，并有了名称。可能一场真正的运动正在发生，不同于我那时所知的少数人参加的示威游行，它让我"到哪里"都士气十足地带着我的和平主义。

第二年，也是通过贵格会，我遇到了艾拉·桑德佩尔。一个星期天的集会上，没有周日一如既往让人低沉的无聊，我跟一个四十岁出头的犹太男人聊天，他风趣、智慧、爱争论，留着胡子，剃着光头，有一双意味深长的大眼睛。当我第一次遇到他时，我并不知道接下来的几十年，他会成为我的政治/精神导师。

艾拉在"第一天学校"给青少年们读托尔斯泰、《薄伽梵歌》、老子、赫胥黎、《圣经》和其他中学里从未讨论过的书。这是我人生中第一次期待集会。艾拉是一名圣雄甘地学者，推崇激进的非暴力变革。像甘地一样，他认为二十世纪最重要的工具就是有组织的非暴力运动。甘地汲取西方个人和平主义理念，将其发展为政治力量；他坚持我们应抵抗冲突，与邪恶抗争，但用非暴力运动的武器施行。我曾听贵格会信徒们争论说，结果不能自证手段的合理性。而现在我听到的是，手段会决定结果。这对我来说很有意义，有十分重大且终极的意义。

艾拉带着一股狠劲拥护非暴力主义，最终这狠劲也出现在我身上。人们会指责我们天真、不切实际，我则会马上告诉他们，真正天真、不切实际的是他们，竟认为建立军队、民族国家和核武器能使人类永远延续下去。我的非暴力主义的基础既道德又可行。有一天学校通知，我们要举行一场空袭演练：三声尖锐的警报会接连响起，我们都要安静地从座位上起来，平静地回家。我们可以给家长打电话或搭便车，无论我们喜欢哪种方式，重点是得回家坐在地下室里，装作我们在原子弹爆炸后还活着。当然，这个想法跟现在一样荒唐——尽管在五十年代原子弹热潮中，一些十分敏感的人在地窖里储存起成桶的水、苏打饼干和果珍。

我回到家中，从父亲的物理书中搜寻证据确认我已知道的事——从莫斯科发射一枚导弹到帕洛阿尔托中学所用的时间，根本不够我们打电话给父母，或走路回家。我决定待在学校抗议误导性的宣传。

三声警报响的时候，我在上法语课，我的心怦怦跳，但仍旧坐着看书。老师是一位善良的意大利交换教师，向我挥挥手指向教室门。

"我不去。"我说。

"嗳，这是怎么会是（回事）？"[1]

"我要抗议这种愚蠢的空袭警报，因为这是假的，而且会误导人。我就待在这儿，待在我的座位上。"

"我不米（明）白你说什么。"他说。

"没关系。其他人也不明白。"

"你这孩子真可怕！"[2] 他咕哝着摇摇头，把一堆乱七八糟的笔记高高夹在胳膊下面，离开了教室。

第二天我就上了当地报纸头版，有照片和一切信息。之后很多天，编辑收到的信如潮涌，有人警告说帕洛阿尔托中学有共产党渗透进了学校体系。

不同于以前，现在父亲似乎喜欢我勇敢的公开行为：我可能已经

---

[1] 这位老师的英文发音不准。

[2] 原文为意大利语。

向他证明我对男孩以外的一些事也是认真的。我母亲也觉得很棒。

这件事情让艾拉很高兴，我们的关系得以巩固，却令他的妻子极不开心。我们会在斯坦福校园里散步好几个小时，聊天、大笑，直到因人类的荒唐而流泪，然后我们会计划未来的行动，要组织一场非暴力革命，创造一个更美好的世界。我开心极了。对艾拉，我父亲感到紧张，他认为我应该把更多精力放在学校和学习上。

"这个人有妻子吗?"他问母亲。但艾拉和我有如此独特、非同一般的关系，以至于我俩都没有明确地定义这段关系：柏拉图式的深厚的精神关系，因投身于非暴力运动而联结，时常伴着大笑，以及对世界健康状况的愤世嫉俗。

艾拉和政治未能降低我从音乐中得到的兴奋感。我用自己的五十美元换了一把老式吉普森吉他。现在我不知道当年手指是怎么绕过琴颈摁到吉他弦的。我站起来的时候，吉他的共鸣箱几乎到我膝盖了，我必须往前倾才够得着指板的部分（那时我还不太懂吉他，也从未想过把肩带缩短一点）。我有一张在一次大学舞会上唱歌的老照片，照片中的我穿着一件带黑条纹的白色晚礼服，是宝琳一年前为她自己缝制的，上身配了母亲特意为我做的银色薄波蕾若短上衣。我光着脚。头发向内卷，蓬松的刘海儿好看地分开，妨碍我试图看起来风情万种。我的嘴唇涂了一层唇膏，用眉笔仔细地把眉毛绘成伊丽莎白·泰勒的眉形。吉他垂在臀部的一边，另一边则翘起来保持平衡。我看起来有几分有趣而甜美。一方面，我觉得自己漂亮性感，另一方面，我依然对自己的平胸和黑皮肤感到极难为情。

我第一份在外地的工作是天堂中学的一位老师提供的，他曾听我在阿西洛马大会上唱过歌。尽管他们没付我酬劳，但报销了我的机票钱。我搭乘一架小飞机，颠簸着穿越云霄飞往天堂镇（靠近加州的萨克拉门托），我感到既自豪又害怕。我还被恭维了一路。高年级女生因为我应该住谁家而争执，老师们想让我去参观他们的课堂。其中一个女孩的父亲是圣地兄弟会成员，硬拉我去他所在的俱乐部的会员们举办的舞会上唱歌。唱完三首歌之后，我想坐下喝杯"秀兰·邓波儿"[1]，一位眼红的老兄弟会成员摇摇晃晃地走过来，用胳膊搂着我温柔地说了一些话，但是他的口臭足以让一株橡树苗枯萎。"孩子，你有一副绝好的嗓子。不要签便宜的约。"我还没想到签约什么的，但我在众人的关注中绽放了。

我发现了哈里·贝拉方特美妙绝伦的声音。缇娅告诉我有个叫皮特·西格的人，他是民谣之父。他来镇里的时候，我去见他。后来很快我又听到了民谣女王奥黛塔的音乐。我从《安妮有个宝贝》和《青春热血》，转而听贝拉方特的《鲜红丝带》、皮特·西格的《再也不研究战争》以及奥黛塔的《低地》，这些歌我都极认真地听着。

家里有朋友和学生来聚会时，我母亲和父亲都很喜欢让我在客厅唱歌，我也乐意效劳。我不知道宝琳怎么看待我的新角色，但蜜蜜很喜欢，很快她自己也学起了吉他，最后比我弹得还要好。

我一直都在表演。午餐时间和女生才艺表演会上，我都会唱歌。我还在别的高中舞会、烟火会上给朋友们的家长唱歌。我渐渐有了舞台恐惧症。有时候别人坚信我患上了流感——很容易这么认为，因为我会头疼、喉咙痛、恶心、胃抽筋、晕厥、出汗和痉挛。有一次，那

---

[1] 以秀兰·邓波儿命名的一款无酒精鸡尾酒。

是十六岁的时候，我的舞台恐惧症突然发作，紧张得五脏六腑仿佛都失去了控制，我不得不蜷缩在舞池的女更衣室里，按计划我还要唱好几首歌。一位善良的女士摸了摸我的额头说我发烧了，就打电话给我父母，送我回家。只要我安全地待在客厅里，端着一杯茶坐在火炉前，所有的症状就都消失了，我不去睡觉，而是砰砰弹琴欢唱到深夜。我记得，那次是我唯一一次没有成功登台。

一旦站上舞台，我的声音就能发挥得恰到好处，尽管偶尔魔鬼会在演唱会上搅局：我会呼吸急促，感到乏力，或产生双重幻象；歌词会失去原本的意义，或者听起来像外语，我的恐惧逐渐增加，直到觉得自己会爆炸，并蒸发到一片尘云里。我无声地对自己尖叫说我没事，这种方式通常会奏效。

当然，唱歌还帮我解决了不可避免、势不可当的青春期的性吸引力和兴奋感。我在吉他后面拼命跟人眉目传情，有时会一整首歌都盯着一个毫无戒备的男孩。如果他足够坚忍，就会一直看回来。若他和女朋友在一起，这个游戏就会更令人兴奋。如果这种凝视真的持续下去，我会感到自己从脚尖到头皮都刺痛发红。一直继续那种被禁止的凝视是不可能的，毫无疑问，这也是为什么我常迷恋于此。我边调情边唱歌，因这两方面而出名。

到了高年级，我交男朋友了：萨米·梁，唯一一个我母亲希望我嫁的人（她希望有一个中墨混血的外孙）；一个踢足球的重生基督徒，用摩托车带着我四处兜风，我一边迎着大风眯眼看里程计飙到一百一十迈，一边在他肩膀后面听他大声吼《圣经》里的经文；一个身家百万的斯坦福学生，给我买裙子和手表，接到法拉利的超速罚单时会皱眉和撇嘴，等警察坐回警车时，会突然猛踩油门离开路边，大喊一声"哈"，向下一个小镇猛冲，咬牙切齿地诅咒呜呜呜呜响的警车。通过艾拉我遇到了万斯，我觉得这个名字很棒，而且他很"聪明"，但为了理查德，我很快把他甩了。我和理查德在有路灯的台阶上整晚坐着，搂着脖子亲吻，空气中弥漫着橘子花和栀子花香。我没有朋友，也没有风流韵事，有些许越轨行为，但一直保持处女之身，并持续处于未被满足的迷恋引发的精神狂躁之中。我的魔鬼又强势回归了，在一整个冬天发作了七次感冒、好几次恶心和绝望后，母亲带我去见精神科医生。

　　我做了罗夏测试[1]，认出了一大堆骨盆和头盖骨，期待结果，希望自己被治好并感觉好一些。令人沮丧的是（我还记得在我气馁的双眼中打转的热泪），希恩医生说他那里没有预言未来的水晶球，所有的墨迹测试只能帮助人们找到新的起点。搬家前我只和他待了短暂的时光，但我绝不会忘记那天，我极为恐惧和焦虑，蜷在他办公室的地板上，他走出来抓住我的手，我感到似乎有人把我从溺水中搭救出来。那时我不知道我的魔鬼永远不会消失，但如果知道多大程度上他们可以被安抚、欺骗、劝诱，我还可以与他们讨价还价的话，我一定会鼓起勇气。前几天，我举办了一场演唱会，庆祝演唱生涯二十七周年。看到闪烁的人群，那六千个轻松愉悦的歌迷，我很惊讶自己竟在舞台上表演了这么多年。那一刻，胃痉挛了。我摇摇头，笑了笑，喝了口啤酒。

---

[1] 罗夏测试是由瑞士精神科医生罗夏创立的著名投射型人格测验，在临床心理学上有广泛应用。其利用墨迹图版，让受测者自由观看并说出自己看到的东西，因此又被称为墨迹测试。

*PART
TWO*

"Rider, Please
Pass By"

Our breath comes out white cloud mingles,
and hangs in the air,
Speaking strictly for me,
We both could've died then and there.

We both know what memories can bring,
They bring diamond and rust

我们呼出的气息如云雾交缠
悬停在空中
那个时刻我们几乎死去

我们都知道回忆会带来什么
它们带来钻石与铁锈

斟满我的爱情之杯

高中毕业后，我们搬到波士顿，父亲在麻省理工学院有了份新工作。除波士顿大学戏剧学院之外，我被所有学校拒绝了。

跟母亲和姐妹们周游全国时，我们第一次听到萌芽期的商业化民谣：金斯顿三重唱的《汤姆·杜利》和《苏格兰苏打》。在我变得自命清高、视所有商业化民谣为不正宗和不圣洁之前，我喜欢金斯顿三重唱。在成为"纯民谣"领军的专业人士后，我依然爱他们，只不过把他们的唱片塞在了架子的后排。

我们搬到了马萨诸塞州贝尔蒙特的新家，那儿离波士顿和哈佛广场不远。不久，父亲带我们去看一种新"现象"——"咖啡屋"。在那里，你可以点一杯咖啡或茶，没有酒，坐在能催生才智的氛围中。哈佛的学生带书过来学习，人们弹吉他和班卓琴，也有人唱歌。

我们进了一家拥挤的、烟雾缭绕的小咖啡屋，叫"图拉的咖啡研磨机"。父亲看到年轻人沉浸在苏格拉底式的对话中，拓展他们的知识视野和理解能力，或者仅仅是看书下棋。我看见有个男人坐在橘色小台灯下，俯身弹奏他的古典吉他，光线弥漫的灯光下，头发柔软金黄，他在弹《爱的喜悦》。我被迷住了。我也想拥有一把古典吉他，想学会演奏美丽、甜蜜、余音绕梁的旋律。我想搬到哈佛广场，跟遇到的每个吉他手和歌手相爱。我从未想过要上大学、深造、考试，过正常的生活。

进入波士顿大学的第一天，我交了黛比和玛吉这两个朋友，她俩是新生中仅有的看起来不循规蹈矩的人。她们和我都不肯戴无檐帽参加新生野餐聚会，那次糟糕的活动在一所散发着臭气的乡村旧旅馆内举行，还下着暴雨。那天，我们三个人都爱上了一个有点神经兮兮的，长得像詹姆斯·迪恩的年轻人（他同样没戴无檐帽），他也爱上了我们。每次一个，先从我开始，因为我最有进攻性。我在雨天把他逼到了树下，朝他猛扔一堆自制的禅宗拼图。我们三个姑娘都爱民谣，他的见异思迁让我们三个变得更亲密。最后他退学回家找他的妻子，我们松了口气，用歌修复我们破碎的心。

名义上我住在家里，但我会开着那辆九十九美元的蓝绿色斯图贝克车去学校，上一两节课，然后去玛吉家。她的公寓在哈佛广场的普林姆顿街上，我们三个会在那里待数小时。玛吉烤面包（先把面团放在暖气片上发酵两次）；黛比会教我新歌，以及如何真正地弹吉他。我们练习二重唱，《美丽温柔的姑娘们》大概是我们最拿手的了。她还教我《我所有的试炼》，这首歌是后来那些年我"必唱"的曲目之一。一直令我妒忌沮丧的是黛比和玛吉的齐腰长发。离开加州前，我就把头发剪短了，现在很不耐烦地期待它长长，这样我就可以跟她们一样，跟所有冗长凄美的民谣中那些美丽温柔的姑娘一样。那些旋律优美、不断重复、已被人遗忘的情歌，像是在对我年轻脆弱的心说话。有时我的情感陷在一首歌中，有时我竟会边学边哭。

寒冷将风吹过我的真爱

绵绵细雨滴落

我只有一位真爱别无其他

他被谋杀躺在格林伍德

还有可怜的年轻人乔第……

乔第将被金链绞死

这不是普通的链子

他偷了国王的十六头野鹿

把它们在波西尼卖了

还有乔第的情人……

我生了两个漂亮的宝宝

第三个在我的身体里

我欢喜地把他们给你，每一个

如果你能留住乔第的性命。

还有我们的主题歌：《美丽温柔的姑娘们》……

来吧你们这美丽温柔的姑娘

你们追求年轻男子时要小心

他们就像夏日早晨的星星

开始出现，后来消失。

　　我遇到了一些蓝调歌手，这个地区最有名的是埃里克·冯·施密特。他看起来像个戴了奶奶眼镜的灰熊，他最为人知晓的歌就是关于一只灰熊的。在玛吉家，我听过她所有哈迪·莱德贝特（莱德贝利）的唱片。我喜欢埃里克的白人蓝调和莱德贝特的黑人蓝调，但是我不会唱蓝调。一首蓝调歌曲必须被控制得低、熟练、用胸音唱且深情。我音调高且纯粹（十分白人的唱法），后来被鲍勃·谢尔顿称为"极纯净的女高音"，我也因此而出名。黛比和我开始去咖啡屋唱二重唱。我们在烟雾缭绕的房间里仔细察看各自的王子，不约而同地在同一时间发现同一个可爱的男孩。我们大声唱出心事，咯咯直笑，有时还又唱又笑。老天爷啊，我才十七岁！我买了一把羊肠弦的戈雅古典吉他。我学会了《爱的喜悦》。我想恋爱。

　　那时我不明白，轻度自恋的我，竟会急切寻找最近有人跟我说的所谓"破烂的自我残余"。一个亡命徒，一个野人，一个懂得什么是"与众不同"，能进入我的秘密花园，并将污浊且令人恐惧的成人世界和现实留在外面的人。

　　多年后，我把当年在哈佛广场学到的民谣的歌名和里面的人物编成了一首歌。

　　啊，在迷雾之露中度过的时光

与乌鸦和鸽子

她赤脚走在冬日的街头

寻找自己的真爱

她就是玛丽·汉密尔顿

约翰·赖利的情人

哀伤不已的女佣

被判死刑的乔第的母亲

有一天在河岸边

眼泪和蛛网之间

可爱的迈克尔把船划到岸边

过来搭救她

  可爱的迈克尔是完美的。除了一成不变的、乱蓬蓬的头发，他帅气、阳光、热情、性感、有才华，但也一脸烦恼和心事重重，那双好看的蓝眼睛里带着一丝阴郁。对我来说，第一眼瞥到他划着小船朝我坐的方向驶来，我就什么都知道了。我当时正坐在查尔斯河畔伤感地拨着新的戈雅吉他。我们交换眼神，害羞地打招呼，后来那首歌一结束他就走了。之后我听说他因游手好闲被哈佛赛艇队开除了。

  我很失落。深夜在街上四处游荡，瞥了一眼人声喧嚷的酒吧、书店，当然，还有已经很熟悉的咖啡屋。几天后，我看见他竟然出现在海耶斯·比克福德小餐馆里，那是一家荧光灯照明的自助餐馆，卖很难吃的食物，却因东西便宜，而且二十四小时营业，吸引了大批学生。我光脚站在人行道上，透过又大又脏的玻璃窗盯着他看。他扭头看到是我，但我们谁也没动弹。我犹犹豫豫地绕着街区走，我回来时，他的椅子却空了，他的朋友还在那儿。我冲进那间忙碌的屋子，闻到了烟草和法式美国意面的味道，我坐在空椅子上，向他的朋友追问他的信息。

迈克尔是学希腊语的。完美。他来自西印度群岛。太迷人了。他说法语，还没有女朋友，是的，他注意到了我，我穿着波希米亚式带流苏的针织衫，光着脚，在人行道上隔空看着他。多么美妙的开始。我们的相遇是命中注定的。我们相爱了，爱得如胶似漆。

我告诉妈妈我需要避孕。"你爱他吗？"她问，然后送我去看医生。医生不情愿地给我安了避孕环。1958 年，避孕在马萨诸塞州是违法的。

玛吉把她的公寓借给了我们。总算，在多年来我一直告诉自己如果做"那个"我会进地狱（迈克尔极为苦恼，因为他确定我已经做过很多次"那个"，觉得我在对他说谎）之后，此刻我终于意识到我的身体比我的西班牙魔鬼更有意义。"那个"太美妙了，过了一段时间，迈克尔和我的大多数精力都花在找地方接着做"那个"上。

于是，1958 年冬天，过完十八岁生日的我，发现自己深陷爱河，是一种生命中从未有过的对爱的投入。我找到了我的野蛮伴侣、叛逆者、灵魂伴侣——一个十九岁的西印度群岛人，未来的诗人、演员、作家、水手、哲学家、成就非凡之人。迈克尔偶尔去上课，我几乎从来不去。我们恨不得时刻在一起。第一次看到迈克尔头发上的雪花时，它们美到令我想成为其中的一片，融入他的发根，然后进入他的皮肤，就住在那儿，因为我属于那里。

这期间，我曾得到一份工作，每周二和周五在一家名叫"奥本山47 号"的爵士乐俱乐部唱歌。这个俱乐部在广场中央，为了顺应时代变迁，老板想把它改造成民谣俱乐部。我的报酬是十美元。

第一次登台时，母亲、父亲、蜜蜜和两个朋友都来捧场了。我们家的另一个朋友也来了，还有老板娘和她的合伙人，一共八个，再没其他人。我汗津津的，犯恶心，嘴巴干燥无味。等恢复平静后，我开始了第一场。当时的场面很滑稽，朋友和家人都努力装成观众，每次一听到门口有脚步声，都会抑制住自己不要满怀希望地朝门外看。《黑色是我的真爱的发色》这首歌唱到一半时，迈克尔像阵风似的来了。他的褐色粗呢大衣敞开着，头发上有雪花。我的嗓子竟然把唱到一半的一个音符给吞了，我开始脸红，一种漫长而无情的羞愧从脚趾延伸至头皮，我一直低头看着地板，直到脸不再红，歌也唱完了。后米稀稀拉拉地进来几个人，听了第二场。下个周二再来唱的时候，我的名声已经传开，房间至少坐满了一半。我在另一家名为"民谣屋"的咖啡店也接了活儿，每周来唱一次。有天在街上，一位波士顿大学的同学遇到我，问我是否拿了成绩单。波士顿大学似乎过去了一千年，但出于好奇，我还是开车到河对岸询问我的成绩。我不知道有这么多表示不及格的方式：×、F（劣）、0 和未完成。我的大学生涯就此正式结束。我从未想过要如何"过生活"。

半夜，结束了 47 俱乐部的演唱后，有时我会光着脚在雪地里跑，一直跑到"亚当之家"，迈克尔和其他三个新生住在这里。拿着一杯咖啡（穿过白天"女生"禁入的大门，更别提半夜了），我冲进他的公寓，越过慌张的室友，发现他在自己的小房间里无精打采，倦怠地坐在地板靠垫上，读着法语版的希腊史，或威廉·布莱克，有时候是法语版的加缪。他接过咖啡，我们依偎着坐在一起，谈论他的梦想。他说他想造一艘船，"远航"到一座岛上。哪座岛不重要，只要气候暖和就行。

我们理解彼此。但我无法设想，若是在一座岛上我该怎么生活，能否快乐地对着鹦鹉和猴子唱歌，也许可以对一个偶遇的不会说英语的岛民唱，吃椰子和香蕉，没有火柴点燃篝火。我也害怕船，因为去航海，自然意味着遇到糟糕的天气就会吐，所以我暗暗希望迈克尔能找到办法诚实对待自己，并且永远都不离开美国（他说他讨厌这里）。但我觉得这个想法很高尚，就是说，如果你真的爱某个人，你不需要世界上的任何东西，除了那个人。我们会钻进他的小床做梦，有时候会分享梦的内容，有时候不会。我们像躲在干树桩里的两只森林小动物，在夜里安全避开来自现实和想象中的危险。

有时，他睡着后，我会偷偷溜到窗边，看着雪花像幽灵一般成群结队地给清晨的街头盖上静谧的白毯。我会听到哈佛钟塔的钟鸣声，把自己裹进一条毯子里，坐在那儿，对着雪花、小房间、迈克尔和自己，露出波希米亚版蒙娜丽莎的微笑。

当然，早晨来临，残酷的事实逼近，其杂乱无章与刚下的雪形成鲜明对比。我的车发动不了。父母以为我在玛吉家，我担心他们可能打过电话了。"亚当之家"的保安看到我半夜冲上楼梯，毫无疑问，迈克尔违反了规定，不得不去一趟可怕的纪律委员会。如果他被学校开除，我们可能会被置于严重的危险境地——他不得不提前实现他的远航梦想，我却一心想跟他待在钟爱的哈佛广场，他当叛逆学生，我当民谣歌手。

一般情况下，我会听迈克尔的，在舞台上我却是独裁者。如果某个无辜的学生晃进咖啡屋，视这里和其他咖啡屋一样，换言之，只是休息和读书的场所，那他就搞错了。我会在一首歌唱到一半时，停下来告诉他，如果想学习可以去图书馆。不要对我苦心练就的民谣爱搭不理。这些民谣极为纯净，近乎神圣。显然，也不能不搭理我。

会唱的歌越来越多，我却仍然固执。每首新歌都跟老歌一样重要。某天晚上，我正在唱歌，两个年轻男子咯咯笑着。尴尬的是，我意识到是因为歌词无情地谈及死亡、悲伤和心碎："别唱情歌 / 你会吵醒我妈妈 / 她就睡在我身边 / 她右手里有把银匕首 / 她说我不能做你的新娘。""我一生都遇到麻烦 / 现在我知道这很正常 / 我要上吊悲伤地哭泣 / 只为想想你做了什么。""我背靠着一株橡树 / 想象它是一株全能的树 / 但它先折了后来断了 / 证明了我爱情的虚假。""噢妈妈，噢妈妈，为我挖坟墓吧 / 挖得又长又窄 / 甜美的威廉因爱我而死 / 我因悲伤而死。"我绞尽脑汁要找一首结局美好、令人愉悦的歌，最后以《约翰·赖利》结束演唱，因为约翰·赖利在战争中生还，回国七年后找到了自己的真爱，她是现实中存在的真实人物。但这首歌听起来跟其他所有歌一样，他们继续咯咯笑。那晚之后，我决定在常备曲目里加一些"幽默"的歌曲，这是我第一次向商业性让步。

我开始频繁去另一家名为"金色名利场"的俱乐部唱歌。某天晚上，我们举行双场演出，以琼·贝兹的演唱会为特色，还会放映马龙·白兰度主演的《飞车党》。这是哈佛的摩托车朋友们天马行空的想法。正当我要起身唱歌时，街上发出巨大的隆隆声，地狱天使（Hell's Angels）来了。他们吵嚷、强悍、可怕，明显不是来听我唱歌的。我吓惨了，但我想走红，我知道天使们会因为我穿着马德拉斯棉布长裙、光着脚，唱稀奇古怪的单相思情歌的样子而感到可笑。但他们觉得我还行，甚至听完我唱歌后还鼓了掌。之后，我谦虚地让他们知道，我也骑车，当然是小型的，不过我也学过最大型的哈雷车，真的。总之，那晚的表演圆满成功。

我和迈克尔各自的梦想中存在的问题逐渐暴露。他嫉妒我很出名，也没有能力面对"真实的世界"。不久，我内心深处更凶猛的魔鬼醒来了。我的行为变得比青少年时期更神经质。在痴迷于迈克尔和享受当"名人"之间，我被撕裂了。迈克尔劝我，如果追求音乐事业，我将不可避免地迷失在污秽的商演世界，不再属于他。我还有一群男粉丝，他们忙着自己的事情，并等着迈克尔暴毙。当迈克尔和我吵架时，我会放肆地跟他们所有人调情，却不跟任何人上床。玛吉给我公寓钥匙时伤感地看着我们，一到晚上就离开，去当服务生。她的头发香甜，像及腰的玉米须。她很疯狂，歪着头，笑起来像一只着了魔的猫。玛吉也等着我暴毙。

迈克尔和我有一个共同的朋友，我们都爱他。他也属于无法被归类的灵魂，罕见所以珍贵，一位神仙般的瘾君子。这位狂人名叫杰诺·福尔曼，十八岁，跟我们一般大，却像活了好几辈子。他是骗子、阴谋家、梦想家，天生败类，但如此有型，有种人见人爱的魔力。没有学校能容得下他。他没有一般人的惧怕感，会在雪天骑着摩托车在单行道上逆行。他六英尺高，容貌俊美，皮肤苍白；凶猛，带着艺术气息的眉毛下是一双疯狂的黑眼睛；还有一头鬃毛似的黑发。他会弹吉他和钢琴，两项都天赋异禀。他吃酸奶、麦芽酚和维生素 C，对海洛因上瘾。没人明白为什么他会是这样的人。他的父母克拉克和梅丽，是我见过的第一对看起来彼此深爱的夫妇，他们用聪明的方式经营生活，与年轻一代完全打成一片。除了杰诺，他们有两个正常的女儿。迈克尔和我第一次去纽约时，我们住在九十七街和河滨车道交叉处的福尔曼公寓。我们一起睡在杰诺房间的小地下室里。第二天早上见到梅丽后，我满怀歉疚，梅丽却抱抱找，说："哦，亲爱的，我们并不认为你和迈克尔共用杰诺的屋子有什么不对！只要你们彼此相爱，克拉克和我都觉得这没什么！"晚上，克拉克下班回来后，他们两人会并肩躺在薄沙发床上，跟我们聊天，看太阳从哈德孙河落下。

杰诺二十六岁时在伦敦去世。他阑尾破裂时，还站着在等救护车。他的遗言竟然是："别担心……"

皮特，我们家的一位朋友，主动提出要做我的经纪人。在另一位朋友家的地窖里，他给我安排了录音日期。我、比尔·伍德和泰德·阿勒维佐斯一起去那儿录专辑。比尔在哈佛主修工程专业，他在学校广播站主持民谣节目。我疯狂迷恋他，一是因为他可爱，二是因为我家人支持姐姐宝琳跟他约会，三是因为他能边弹吉他边唱《约翰·亨利》。泰德·阿勒维佐斯唱希腊歌曲，音色绝妙，他受过发声训练，是个保守的人。有谣言说泰德试过一种叫 LSD 的新药，他完全疯了，花了几周才意识到自己回到了地球。我们唱了一些独唱、二重唱，最后一首歌《当我死去被埋葬，不要为我哭泣》是我们的特殊曲目。皮特把唱片的封面设计成红色和黑色，上面有一个大圆圈和大方框，我们三人的合影叠印在上面。唱片名为《民谣歌手的圆形哈佛广场》。我光着脚，留着刘海儿，一头长发。多年后，一个制作人私自换了新封面重新包装唱片，取名为《琼·贝兹精选》。他还神奇地把单声道换成立体声，宣传它是"美国最激动人心的民谣歌手"的作品，发行的时间还和我的年度唱片撞上了。我们不得不把他告上法院，制止他继续发售。

在皮特的指导和启发下，我决定不管迈克尔的顾虑，开第一场演唱会。演唱会将在47俱乐部举行，我跟泰德、比尔一起登台。我不记得收到多少门票钱，却记得海报的设计备受批评，我那时还没想好是否改名。可选择的有"瑞秋·桑德佩尔"——瑞秋听起来很有《圣经》气质，富有神秘感，桑德佩尔则是我的政治和精神导师艾拉的姓。或者叫"玛丽亚"——得名于金斯顿的名曲《他们把风叫作玛丽亚》。最后一刻，我决定保留自己的真名，人们可能认为我改名了，因为这是墨西哥名字。

看到广场上到处都是我们的海报，我感觉很有意思。我很喜欢，迈克尔却很讨厌。我成功地在迈克尔和我的小事业之间保持了平衡，不过是受益于一名心理医生的帮助，因为那种矛盾真的把我逼疯了。迈克尔是我的上帝，我不质疑他，因为不想失去他。但当我备受称赞时，他变得蛮不讲理，将我们关系的变质归咎于我。争吵之中，我们在玛吉家做爱，我把唱歌全忘了，直到走在街上，听到有人说："看，是她！"这样的事循环反复。我像一株久旱的树苗汲取着赞扬，并准备好了再一次自我仇恨，这种仇恨却来自我的真爱——迈克尔的怀疑。

春天来了，我为退学深感愧疚，于是在波士顿黄蜂[1]公司找到一份"真正"的工作，教人们如何骑小轮摩托车，然后带他们拿驾照。夏天来了，迈克尔回特立尼达看望父母。我仍住在家中，赚的钱足够给父亲买一辆全新的四速黄蜂牌摩托车。后来我辞职了。我继续唱歌、学歌，跟哈佛的精英摩托车手一起骑车，看望黛比和玛吉，还有我的心理医生，一边为迈克尔憔悴，一边跟所有可爱的男孩调情，他们依然在等迈克尔暴毙。

大制作公司派艾伯特·格罗斯曼来找我，他是一个狡猾、鬼祟、紧张、轻言细语、有趣、大方且古怪的男人，身体圆、脸圆、眼睛圆、眼镜圆。圆眼睛上面拱着黑眉毛，像木炭留下的污痕，表情惊讶时就会扬起。他说出的话令人震惊："你可以拥有任何想要的东西，也可以拥有任何想要的人。你想要谁？我帮你得到他。"我想要马龙·白兰度，更想要艾伯特停止那样说话。

我父亲惊讶于艾伯特说到的那种钱，但我不相信他。我母亲也不信。他希望我去他在芝加哥开的夜店唱歌，一周给我两百美元，很多钱。我说不。他告诉我母亲，我太年轻了，第一次离家自然会害怕。我就答应了。他是对的，当然我害怕一个人乘飞机，害怕一个人生活，害怕一个人们只喝酒也许不听歌的俱乐部，害怕一切。这也是为什么我会去。钱听起来多得吓人，我没法不在乎。

艾伯特的"号角门"俱乐部是全国最好的俱乐部之一，以鲍勃·吉布森为特色，那时他是十分受欢迎的歌手，能弹十二弦吉他和班卓琴。

---

[1] 意大利摩托车制造商比雅久的一个子品牌。

我很迷恋鲍勃，当然也被他吓坏了，因为他的家就是罪恶的巢穴，他称之为夜店。他惊人地犀利且有趣，喝得酩酊大醉，唱着严肃又愚蠢的歌，中间穿插几个玩笑：他真的"娱乐"了众人。我住在基督教女青年会；那是七月份，白天我在沙滩上和贫民窟的黑人小孩玩耍，晚上在俱乐部演出，深夜里疯狂地给迈克尔写信，告诉他没什么能离间我们，却读到他的来信说，他每日无时无刻不在怀疑我。我开始想为什么自己花如此多的精力在他身上，却不与吸引人的音乐家上床。剩余的时间，我会坐在青年会的金属楼梯上，练习我跟鲍勃学到的新歌，那个位置弹出的声音清澈流畅。

某天晚上，民谣女王奥黛塔来俱乐部。等候见她时，我紧张得要命。得知她已经到了的时候，我正在酒吧。我从房间的对面观察了她一分钟。她像山一样高大，夜一样黑。她的皮肤看起来像天鹅绒，戴着一副硕大的耳环，晃摆闪耀。她的裙子看起来像涌动的刺绣帐篷。她的门牙之间有缝隙，牙总是露出来，因为她的脸在各种表情之间转换，担忧、惊奇、关心、带着嘲讽的愤怒，再回到大大的微笑，这样，露出的牙正好与脸上其他部分匹配。她的下巴向外突出，笑的时候露出深深的酒窝，我觉得她是我见过的最高贵的人。克制住从胸口涌出的惶恐，我朝她走过去，直接模仿她的歌声："另一个人已经走了。"她看起来很惊讶，然后是喜悦，接着把我环抱进她那天鹅绒般的大臂膀。我感觉自己只有六岁，此后一周心跳都没恢复正常。

我在号角门俱乐部待了两周，被触手可及的、令人眼花缭乱的成功所迷惑、奉承并惊吓。我身体里的恶魔忙于放荡的舞会，用柔和的灯光、周围的男人、毫不避讳的性欲引诱我，要靠酒精的麻醉才能抑制。我知道只有到了十八岁，我才不会被阻止参加鸡尾酒会。我需要有学院的、叛逆的、喝咖啡的仰慕者，一心一意地听他们的圣母马利亚演奏，却不敢碰她。

鲍勃·吉布森邀请我当第一届纽波特民谣音乐节的嘉宾。我对那个历史性场合只有零星的记忆。那是在八月份。我和奥黛塔以及她的贝斯手一起去纽波特。那里每天都下雨。鲍勃·吉布森有个极富有的女友，名叫佩妮。她对我很好。我看起来像原始的波希米亚人，穿着来自拉丁美洲或印度的针织衫、普通的 T 恤或蓝色牛仔裤，像我的女英雄奥黛塔那样，戴着晃摆的耳环，脚上穿着绑带一直系到膝盖的凉鞋。帐篷里住满了民谣歌手、弹班卓琴的人、小提琴手、传福音的团队，街上满是搭便车的旅者。年轻人成群结队地参加音乐节，他们身材修长，留着短发：六十年代还没出现这样的打扮。皮特·西格也在那里，他是我的第二个在世的偶像（马丁·路德·金是第一个）。这里还有黑人蓝调歌手，带着破旧不堪的吉他，白人孩子想模仿他们的声音。大型晚宴上，小提琴乐队演奏到深夜。人们把几盘食物放在我腿上，然后让我唱歌。我就像不知名穹苍中的一颗微小的星。

第二天晚上，有一万三千多人坐在罗德岛的薄雾中。在其他表演者（我不记得是谁）之后，鲍勃继续用民谣和笑话取悦观众，而我穿着罗马凉鞋站在舞台左边的泥滩里，紧握住通向舞台的楼梯扶手。我穿着亮橘色针织衫和墨西哥制造的钩织披巾。它的里衬是丝质的，是我在舞台上穿过的最花哨的衣物了。我另一只汗津津的手握着吉他。

最后，我听到鲍勃·吉布森宣布有位嘉宾到来，并对我稍作介绍。我不知道他说了什么，只知道一分钟后我会在有史以来最多数量的观众面前唱歌。那一刻，只剩我的心跳，所有的行动都像一场无声电影，所有的声音都是浮在表面的喧闹。四周的人点头表示鼓励，竖起大拇指。我的风格是从斜道里又快又稳地走出去，我以同样的方式走上潮湿的楼梯，走进毁灭或荣耀。鲍勃朝我微笑，明亮且愉快。他自以为是的神色像是在说，生命只是个大笑话，所以别担心。我们唱了《童贞女马利亚诞下一子》。他弹十二弦琴，十八根弦和两个声音让我们听起来十分震撼。接下来我独唱，我发出来的声音不错。我们唱完了，掌声热烈。所以我们又唱了"另一首"歌，一首叫《约旦河》的弱拍乐曲（感谢鲍勃）。这两首歌都是福音歌曲，我长发飘飘，没化妆，穿着《圣经》里的凉鞋，无论看外表还是听声音，都很纯净。难怪第二天新闻报道给我贴上"圣母马利亚"和"童贞女马利亚"的标签。

我们从舞台上下来的时候，众人对我大加吹捧。从这顶帐篷到那顶帐篷。新闻报纸、校园报道、外国记者，当然，还有《时代》杂志。我啰唆地给《时代》杂志解释了我名字的发音，因为我的名字被念错了，结果《时代》杂志还是印错了，自那以后就没被念对过。不是"白兹"（Buy-ezz），更像"比兹"（Bize），但无所谓了。法语读成"贝兹"（Bayz）（从语音学的角度说），是动词"接吻"（baiser）的现在时态，但俚语意为"做爱"。

鲍勃问我是否愿意轻松挣一百美元——次日在纽波特富人的派对上唱歌。他会得到五百美元的酬金，如果我帮忙的话，他可以给我五分之一。相比那年在纽波特发生的所有事情，二十分钟赚一百美元让我最为震惊。我的脑海和内心都略微意识到，命运之书的第一页已经翻开，而且，这本书不能与其他任何书交换。

回到在哈佛广场的家，周二晚上我继续在47俱乐部唱歌，前来听歌的人排了一条街，直到两个街角附近。艾伯特·格罗斯曼回来了，他想谈制作唱片的事。

我先前与先锋唱片的半壁江山——二十九岁的梅纳德·所罗门已有联系，他是一名音乐学者，跟他的弟弟西摩一起经营一家一流的古典音乐录制公司。他们很低调，有兴趣为我录制高质量唱片。

格罗斯曼想让我跟他去纽约，见哥伦比亚唱片公司的老板约翰·哈蒙德。约翰是出了名的很有天赋的星探，有能力推动自己喜欢的事，并且推动得很好。在我看来，这两家的区别在于一家是商业性质，主要赚钱；另一家则不太商业，主要做音乐。我去了纽约，确信我该这么做，为了"对自己公平"。

我永远忘不了对哥伦比亚的第一印象。映入眼帘的全是金色。墙壁用金色唱片装饰，每样东西似乎都在闪闪发光。冷气开得很足。我直接被带进了约翰·哈蒙德的办公室，无须等待。他很友好，但第一句话却是："你想见见米奇吗？"我不知道米奇是谁，但回了个"当然"。他摁了桌上一只盒子里的一些按钮，跟秘书说话。秘书迅速带进一位我似曾相识的男人。他的络腮胡很有型，还蓄着山羊胡，我想他可能是桑德斯上校[1]。我跟他握手，带着点恰到好处的敬仰。当然，他就是米奇·米勒，全国几百万客厅里有电视的人都知道他。我们家没有，因此，关于"米奇"，我所知道的都是我那些坚持音乐纯化论的朋友开的恶意玩笑，对他们而言，他的名字可憎，因为他所代

[1]　肯德基品牌的创始人。

表的音乐和呈现方式是我们有意无意中反抗的。说完这个，我们开始谈论录唱片的合同。约翰·哈蒙德从桌子对面推过来一份合同。他们想让我立刻就签，合同期限是八年。我得了伤风感冒，既因为冷气也因为压力。我告诉艾伯特，我想穿过市区找先锋唱片的梅纳德谈一谈。艾伯特讨厌梅纳德，梅纳德也讨厌艾伯特。我鼻塞，打冷战。他极不情愿地让我们挤进了一辆出租车，"去见梅纳德，因为我跟他说我想去"。

我们到达先锋唱片时，我首先注意到墙上没有金色的唱片。梅纳德精神抖擞地从桌子后面走出来，跟我们握手，然后又回去坐下。他有一双聪慧的浅蓝色眼睛，其中一只时不时地瞟向周边，又似乎随时会转回来。他穿着网球鞋和妻子织的棕色毛衣，头发不只花白，而是几乎全白了，紧张得似乎有些傻气。我喜欢他。也许我是原始的古典主义者——我无法在一组曲子里区分哪首是协奏曲、哪首是奏鸣曲，但古典音乐电台二十四小时播放的音乐我能哼百分之九十。当知道梅纳德主要做古典音乐的录制时，我极感兴趣，也感觉这里很亲切。我们聊了会儿天。

离开后，我告诉艾伯特，我需要两天的时间来做这个大决定。艾伯特想让我当天下午就加入哥伦比亚。若没有受到"大公司"的光环、谄媚和亮闪闪的金色的诱惑，我不会如此畏怯。至于艾伯特，他有自己的成功方式。六十年代结束前，他就能签下鲍勃·迪伦，彼得、保罗与玛丽组合（Peter, Paul and Mary），詹尼斯·乔普林和吉米·亨德里克斯……远不止这几个名字。如果我想"大红大紫"，艾伯特和哥伦比亚公司当然是最佳选择。接下来的四十八小时，我必须想清楚是否承受得起今后的大红大紫。

次晚是周五，我去格林尼治村唱歌。梅纳德和约翰·哈蒙德都来看我。我跟父母以及纽约的朋友通了电话。最终，我跟自己商量之后，决定加入先锋。从那时起，艾伯特就从我的生命中淡出了。不过，他就像个娱乐产业中的影子，无论何时见到我，都会不断提醒我，不论我发展得多好，如果跟他合作必定会更好。

树叶变黄，迈克尔从特立尼达回来了，我在珀金斯盲人学院当学生宿舍管家，每周二和周五继续在 47 俱乐部唱歌。我的薪酬涨到了二十五美元一晚。我遇到了曼尼·格林希尔，他是波士顿当地的演出主办人，演出者到当地时，由他负责引见，他也是一些蓝调歌手的私人经纪人。曼尼在一间肮脏陈旧的办公室工作，那里能俯瞰波士顿南站。他为自己的平等主义行为感到自豪，像一位善良的老马克思主义者，无论赚多少钱也视自己为工人阶级。他看起来总是像刚解决生计问题，戴着一顶颜色普通的高尔夫帽，身穿皱巴巴的老旧雨衣。他为自己看不到中隔的马鞍鼻而骄傲，这让他显得像乔治·C.斯科特[1]。他喜欢谈论关于他以前那些蓝调歌手的故事，以及他们因为不会读书写字而出现的困难。曼尼花了大半时间敲南部各州孤儿院的大门，为眼盲的吉他手四处搜寻出生证明，这样他们就能满足对表演的需求日渐增长的欧洲市场，因为他们需要一种叫作护照的东西。

曼尼希望我的声音能最大范围地被人听到，但也理解我喜欢政治。尽管我不认同他的左派意识形态（这引发了我们之间的小争执），但

---

[1] 乔治·C.斯科特（1927—1999），美国演员、导演、制片人，因出演电影《巴顿将军》获第43届奥斯卡最佳男主角奖，却拒绝领奖。

他接受我的非暴力主义，还跟我分享他认为伸张和平和正义会有风险，并会不可避免地干扰商业上的成功。

我们决定先不签正式的书面合同，但在一定程度上，曼尼要和我共同工作一年。如果到年底这样的安排令双方都满意，我们将携手继续合作一年。在签订正式书面合同前，这样的协议持续了八年。

刚开始，曼尼给我找到一份工作——为知名艺术家演唱会的后半场暖场。第一次是 1959 年在马萨诸塞州大学的夏季系列演出上，跟约翰·雅各布·奈尔斯一起，他是有名的传统主义者、老怪人，用很高的假声唱歌，也是一名弹着扬琴的创作歌手。我和家人坐曼尼的老破车，车没油了，所以我们迟到了，只好坐在灯火通明的观众席后排。有人也迟到了，却选择坐前排。奈尔斯唱到一半停了下来，死一般沉寂地等着他们坐好，宣称："注意力是跟着动作走的，而非声音。"我感到既屈辱又害怕，中场休息后，我唱了两首歌，观众强烈要求再来一首，但这并未能改善奈尔斯的情绪。

曼尼还安排了我和皮特·西格的第一场演唱会。我如常迟到了，到的时候皮特已经唱完第一轮。那是个很小的厅，我觉得实在太小。皮特抚着五弦琴哀伤吟唱，一切看起来井然有序。他走下舞台跟我打招呼。我上台后完全蒙了：只有一两百学生围坐在地上。我弯腰转身看是否有人坐在舞台后面，才发现自己弄反了方向（观众原来在这边）。显然皮特已经唱完那一轮的最后一首歌，向着挤满舞台的人群走去。我有些慌张，南美式斗篷包裹的胸腔内，心怦怦直跳。我开始唱第一首歌。第一个持续音的中间，我猛地深吸一口气，继续弹奏，想吞点口水润润极干燥的喉咙。可声音中断时，我感到极为不光彩，决定说点什么——这是我表演生涯中极罕见的事，但我得看看自己是否还能唱出来，或者已经随着那口气消失了。我说了句："喔，好多人！"然后镇静下来，继续唱歌。

第一场雪来临了。我被珀金斯学院开除了，因为我赤脚看起来像个波希米亚人。不久，我和哈佛广场的蓝调歌手埃里克·冯·施密特开了场音乐会，还参加了纽约市的民谣音乐会。

在1959年冬天之前，迈克尔和我从未想过彼此分开生活。但恶魔让我生病。有时候我需要被人抱住，像迷路、颤抖的流浪儿，其他时候又想跟人调情，征服他们。我是普通中学生口中"带刺情人"的完美范例，拒绝屈服引诱，并告诉自己一直且依旧"很好"。"圣母"就在村子里，她不酗酒、不吸毒、不做爱，但不知怎的，她像个妓女，她的恶魔在撒野。多年后，迈克尔告诉我，这就是为什么他会爱上我——我就是他崇拜的"处女"和他想拯救的"妓女"。

回到波士顿，有一天我坐在心理医生的办公室，跟迈克尔吵完架后，我精疲力竭几近疯狂。医生问我，如果离开迈克尔会怎样？我闭上眼睛，看到一个场景：地球爆炸，一个小人跌跌撞撞地走进黑暗中。

有天晚上，我发现自己独自走在格林尼治村的街角，带着一个箱子和一把吉他。有人收留了我，但是我一直想不起来是谁。我沿麦克道格街走着，在小餐馆晃荡。我不吃也不睡。我遇到吸大麻谈毒品的人。

好几个晚上，我都跟引诱我、令我眩晕的恶魔鏖战到天亮。我很难受，吃了眠尔通（后来吃利眠宁，再后来吃安定）。早晨第一缕光照进来时我最难受，我尝到了仿佛带有金属味道的强烈愧疚感，从我的脊椎滑下，直流到胃里。

在哈佛广场更有安全感。我和蜜蜜长得越来越像了，她跟我唱二重奏，我拥有"所有可爱的哈佛广场男孩"。他们爱上了蜜蜜和我，我俩也爱他们。我们像莫泊桑笔下异想天开的穆什[1]，只是穆什会跟她所有可爱的男孩上床，他们爱她却依然分享她。而男孩们似乎满足于爱我们，像爱两个墨西哥处女，她们最终会嫁给被证明是最真诚和最纯洁的男孩。亲爱的古迪、斯泰因、托德。亲爱的派珀、库克、比利·B.。亲爱的杰诺。

有一次我穿过广场开车去亚当之家，看见迈克尔站在一家书店前，身体前倾去吻一个漂亮女人的嘴唇。她的头发向后盘着精致的圆髻，看起来是成年人。我把车停在街上一阵恶心，等了很长时间，看到迈克尔飞快跑回宿舍等着我的到来。我进屋时，他边打哈欠边把书放下，这是我第一次看着他撒谎。

学校放假，1960年的夏天来了。迈克尔再次回特立尼达的家，而我去纽约先锋唱片公司录制第一张个人专辑。

我们在曼哈顿大厦酒店开工，那里地处百老汇一个昏暗的街区。除了周三，舞厅几乎每天都能使用。到了周三，这里会成为当地学生与客人玩宾戈游戏的地方。我光脚站在纽约城最脏的地毯上，巨大、发霉的屋子里，我显得格外矮小。我还要对着三个麦克风唱歌，边上两个是立体声，中间那个是单声道。在极大的压力下，我认定第二个乐器演奏得很有味道，但不"商业"（这倒提升了音乐）。之后，织工

---

[1] 此处提及的是莫泊桑的短篇小说《苍蝇》，穆什（Mouche）在法语中意为"苍蝇"。

乐队（The Weavers）的弗雷迪·赫勒曼放上第四个麦克风录了六首歌，那首动听的民谣《玛丽·汉密尔顿》一次就录成功了，没有排练。我会工作几小时，然后，我、梅纳德和技师一起去街上吃烤牛肉三明治。三天里，我们录了十九首歌，其中十三首收录在我第一张公开合法发行的个人专辑中。

我父母要搬回西海岸，而我还待在东部。我们在家里开了一个母亲、父亲、我、曼尼共同参加的会议。曼尼提问时，我让父母回答，自己嘴唇紧闭，开小差。我唯一提到的条件是，我不想再在夜店唱歌了，想定期开演唱会。曼尼说他乐意效劳，并且会有足够多的听众。会议非常紧张。马上要面对的现实是，父母离开，我要独自生活。突然间，我觉得自己如此渺小，完全不像什么大牌明星。这是我生命中第一次，回家后母亲不再端着一杯茶在壁炉边等我，留声机里放着小提琴、大提琴或钢琴曲。真的不敢想象。我一言不发地盯着窗外，任由其他人讨论着我的未来。当缇娅手里端着红酒，心里带着喜悦过来，向这个被她叫作"唱歌的小鸟"表示她不可思议的理解时，我有一点触动。不知为什么，她令我感到，我能迈出人生的下一步，并且不会因此死去。最终的结果是，曼尼努力为我准备演唱会，我会继续在47俱乐部每周唱两晚，周末照常在民谣屋唱，不用再去夜店了。

父母走了。玛吉消失了。黛比谈恋爱了。麦卡杜，我高中的好友，搬到东部和我同住。我们找到一套四楼的公寓，没有电梯，只有一间卧室、客厅、厨房、卫生间，离哈佛广场只有几个街区。我俩的共同之处是，我们都是教授的女儿。不同的是，她是金发，长得非常漂亮，还是我们毕业时我认识她的那个样子，那时我们跟玛芙·卡洛维一同发誓，一定要保持处女之身直至结婚。

我被麦卡杜堪称壮观的胸部迷住。即使躺着做白日梦，不论穿没穿内衣，她的胸都朝向天空。晚上，她用大塑料卷把头发卷起来，非常干净，皮肤白里透红，脾气温和。她想成为穿奇装异服的人，所以买了黑色连裤袜，不再涂唇膏。有一阵子，我们过着特别美好的时光，一起收拾公寓，做很多沙拉，相互依赖。

迈克尔和我待在客厅，画画、聊天、做爱、吵架。麦卡杜会把头伸出卧室门外，满头的鬈发夹，迷人的身躯裹着毛巾，用高分贝嗓音说句"抱歉"，飞跑着穿过客厅冲向浴室，带来一阵风。

有天晚上我和迈克尔去看电影。最后一个场景是乔安妮·伍德沃德站在街角骂她的丈夫，他开车载着可爱的小情人走了。回来的路上我犯恶心，到了四楼，我瘫倒在床上。迈克尔说我像乔安妮·伍德沃德，但我觉得自己像那位可爱的小情人。我让迈克尔换个话题，说些令我不会呕吐的话更好。迈克尔去厨房做了牛油果香蕉三明治，悠闲地回卧室，咀嚼声很吵。

突然，十分突然，恶心感消失了。我发现自己的脚趾正绕着从跳蚤市场买的台灯转着，随后我以做梦般的慢动作抬起大腿，将台灯朝前猛踢过去。台灯直接落到了迈克尔头上。他张着吃牛油果香蕉三明治的大嘴停在那儿，整个场景化作一片黑暗。

我站起来，感觉自己像哥斯拉，然后冲向客厅。首先吸引我注意的是插着一支蜡烛的葡萄酒瓶，一年的蜡滴落结成各种颜色的蜡块。我抓起酒瓶颈拼命朝墙上扔去，墙回报给我的是瓶子碎裂、蜡屑四溅的声音和景象。但我已经往厨房走了。我先扔咖啡壶，但它是金属的，只凹了一块，里面一两杯陈咖啡涌了出来，溅到了墙上。我朝橱柜里的盘子走去。迈克尔走到我后面，说："你这个蠢货，你疯了还是咋啦？"他十分生气地抓住我的胳膊肘，狂怒让我力气大增，我转过身，带着冷静而决绝的狂暴，抓着他的头发猛拽，狠狠地踢他的脚踝。他上蹿下跳要躲开我的脚，捏着我的手腕，要我松开拽着他鬈发的手，他很震惊，愤怒地骂我。我最终放弃了，在泪水中瘫倒在地。

迈克尔走了，一边把头发捋顺，但明显在颤抖。我坐在到处都是咖啡的地上，伤心地啜泣。麦卡杜回家之后，扶我起来，听我讲发生的一切。讲完后，我下定决心再也不见迈克尔。麦卡杜帮我把他所有的东西用箱子打包好，放到客厅里，把门上了双保险。我在一个箱子上留了张字条，原话大概是"再也不想见到你"。我精疲力竭，上床睡觉。早上，我被窸窣声吵醒，听到麦卡杜踮着脚从我身旁经过去卫生间。有一块砖出现在我的眼睛和鼻梁之间。接着，我听到一声尖叫，立即撑着坐起来。她站在我床边的门口，漂亮的蓝眼睛大睁着，上面还粘着昨晚的睫毛膏。

"迈克尔想从卫生间窗户爬进来！"他拿走纱窗，打开窗户，把自己吊在浴缸的上方，缸里有一英尺深冒着热气的水和三英尺高的泡沫，麦卡杜本来是要在这里洗澡的。

麦卡杜，无论你在哪里，我要向你道歉。当你告诉我你不适合穿奇装异服，要回家时，你不必哭泣。我希望你在哈佛广场的狂野生活能让你的记忆中有些笑点。

迈克尔和我摸索到了一条让我们重新和好的路。他在新英格兰感到窒息，连我也觉得是时候往前走了。我们开始讨论搬到加利福尼亚去。

蓝色牛仔裤和项链

1960 年秋天，我和各种民谣、乡村音乐组合开了一系列演唱会，大多数是在大学里开的——拉德克利夫、三一学院、惠顿、耶鲁。礼堂能坐两百到五百人。11 月 5 日，我在纽约市的九十二街 Y[1] 举办了第一场个人独唱音乐会，八百个座位几乎坐满。在本宁顿大学的音乐会之后，迈克尔和我把我们的高保真音响设备打包，放进一辆新科威尔车，离开了哈佛广场，离开了他的学校和我的音乐事业。我向曼尼解释，我们要去西海岸住一阵子，曼尼哭了。我极力抑制住眼泪不像洪水般倾泻，也因他对我的事业指手画脚感到厌烦。我们最后还是握手言和了，我唐突地提醒他，我还会回来开演唱会的，他也可以看看西海岸有什么适合我。我没告诉父母搬家的事，打算在搬家的中途给他们写信，给他们时间调整，接受事实：琼妮正式活在罪恶中了（父亲很担心这点），跟一个没有工作、辍学的大学生同居（我母亲和父亲都担心这点），还是靠琼妮赚的钱（除了我，所有人都担心这点）。

我的唱片正好在圣诞节发行，也就是迈克尔和我到达加利福尼亚

---

[1] 纽约的一个文化与社区中心，全名为"九十二街希伯来青年男女协会"。

当天。我惊讶地看到全国最畅销专辑的前一百名中，琼·贝兹位居第三。迈克尔则满眼偏见地看看，但是一句话也没说，因为我的音乐就是我们的黄油面包。

我们搬进了卡梅尔高地公路附近的一居室，位于加州卡梅尔市的正南方。迈克尔开始写书，我打扫屋子。我们养了很多狗和猫，通过迈克尔的一个哈佛校友，结交了一群非常独特的新朋友，他的这个校友接待并照顾着我们，其热情让我们很享受。威廉斯一家住在街正对角，有自己的孩子，还有六十年代早期和我们一般四处游荡的灵魂。据说，山上的老人唐·多纳和他的妻子罗莎·多纳是俄罗斯犹太移民，住在我们正上方的高地。唐试着教我做饭。我在小房间里安了违法的双头灶，我们称其为厨房。辛西娅·威廉斯是位母亲兼优秀的房产经纪人，她给迈克尔找了卖房子的工作。这些不可思议的新朋友接纳了我们这对年轻、另类的情侣，毫无疑问，我们的匮乏唤起了他们曾受过重创的脆弱、善良和慷慨。

我们的生活状况对我的音乐创作很是不利，但我别无选择。对于迈克尔，我有种《呼啸山庄》中凯瑟琳的感受：一个电闪雷鸣的夜晚，固执的男孩希斯克利夫冲向风暴，一阵雷鸣轰响，她清醒过来，眼睛睁得很大，回答这个问题："你爱希斯克利夫吗？"她答道："我就是希斯克利夫！"我们无法分开，也不能想象对方跟其他任何人在一起。迈克尔是我的诗人、我苦难的艺术家，才华还没被人发现。他会和唐·多纳打乒乓球，用法语谈论书和哲学。唐觉得他懒但让人开心。他会放着钢鼓音乐和我的巴西狂欢节唱片跳舞，他的眼睛闪亮，无人能比，我们经常做爱。不鄙视我的时候他仰慕我，对于我的不安全感，他很温柔，我做他的贞洁妓女大概有四年。

在高地的家中，我混乱的生活方式以及跟迈克尔在一起的决心，使我的社会政治良知和音乐变得模糊。他不太在乎任何社会行动，尤其当我牵涉进去时，他认为我对非暴力运动的执着是空想，不切实际。自从我认识他，我唯一参加过的公共行动是一场关于核裁军的峰会。那场峰会在波士顿竞技场举办，由争取稳健核政策全国委员会（SANE）赞助。那次，有人朝埃里希·弗洛姆[1]的脸扔了两个鸡蛋。

几乎刚安顿好在高地的家，我就去海岸边开演唱会了。那一整年，我都在家和演唱会之间来回奔波。夏天，我出了另一张专辑；秋末，我在纽约市政厅举办了期待已久的独唱音乐会。我还记得在《公告牌》或《综艺》上读到一则简报："琼·贝兹 S. R. O. 纽约市政厅"。我琢磨了半天 S. R. O. 是什么意思，后来我猜是"刚售罄"，因为情况确实如此。（后来我才知道是"只有站票"，意思差不多。）1961 年，我大概举办了二十场音乐会，其实本来可以开两百场的，这是曼尼告诉我的。我赚了很多钱，有意思，我这么觉得，但很困惑。我其实可以赚更多钱，但我没兴趣。可口可乐开给我五万美元做广告（"所有美丽温柔的女士都来吧，喝可口可乐，这是最好喝的……！"）。我知道曼尼为了劝我都快崩溃了，但还是没答应，因为："曼尼，"我说道，"我自己不喝可口可乐。"（1965 年，我和披头士一起旅行时，有人把可乐贩卖机带进更衣室，因为他们不能去大厅里买，当时安检特别严格。这个机器被动过手脚，不需要硬币；只要摁一下按钮，就能

---

[1] 埃里希·弗洛姆（1900—1980），美籍德裔精神分析学家，著有《逃避自由》《爱的艺术》等。作为 SANE 的共同创立者，他反对核军备竞赛和美国对越南的介入。

得到一瓶免费汽水。那时，披头士的收入已是百万富翁的好几倍了，但在他们看来，他们依然是利物浦的工人阶级，无法摆脱喝免费饮料的兴奋。）

那年的下半年，迈克尔和我搬到大苏尔，我还是能隐约感到同样的身份困惑。我们以三十五美元的价格租了一座小木屋，包括一间卧室（还可以当客厅和餐厅）、一间小浴室、一个厨房，没有衣柜。我们养了四条狗和很多猫。一天下午，在蒙特雷，我们去买手电筒，却发现五金店店员关门吃午饭去了。绕过街角，我们看到了英国摩托车展示窗。最后，我们写了一张六千美元的支票，开着一辆银色的捷豹XKE回到大苏尔。我认真打扮时都会穿蓝色牛仔裤，不打扮时就穿奶奶式长裙，屋里乱得跟猪窝似的。我们有一套床单，脏了，我就用手洗干净，把它们挂在走廊的栏杆上，直到在太阳底下晒干，留下手搓过的痕迹。我们的房子没有电话，曼尼打电话来安排演唱会时，我得冒着雨或雨夹雪，踏着泥泞，在海雾中跑到楼下的传达室。我还会买炼乳，为了省钱，会兑上三分之二的水，同时也会毫不犹豫地给朋友买丝绸衬衫和汽车。当我母亲说："天哪，宝贝，我们要给这个什么都有的姑娘买什么圣诞礼物呢？"我说："要不买几套床单、枕套，再买个煎锅吧。"

在东部，我和勒斯特·弗拉特、厄尔·斯克鲁格斯一起开了演唱会，这两人是南方最有名气的蓝草音乐表演者。我们的合作史无前例，在由城市乡巴佬和大学知识分子组成的观众中，稍微引起了幽默的反应。弗拉特、斯克鲁格斯和我善良地将各自的观众做了对比，并把其归结于迅速扩张和转型的民谣界的一种现象。有记者说，我在给"郁闷的知识分子"唱歌。看到这则报道，我对曼尼说："可我不是知识分子。"我只是一个叛逆、光着脚、反正统派的年轻女孩，几乎完全脱离商业音乐背景做事，并被称作反传统文化的女英雄。我是因这个广为人知的，无论我是否明白这个位置有多重要。

回家后，我的心理辅导增加了两倍，有时候一周四次开车去卡梅尔，为了缓解日渐增加的压力。我真是一个愿意牺牲自我的未婚妻子吗？给我的爱人织袜子，好让他用我的钱去造一艘船，这样我们就可以漂到一座无人小岛上？现在我才意识到，如果他要航海的话，我不会跟他一起去。

秋天了。某天晚上，有人把我们叫到外面。天空像一张色彩绚烂的毯子，由橘色渐变成赤红再到深红，高挂在我们头上，映照在像镜子一般的海面上。两艘小船彼此靠近，驶向地平线，我们上了邻居的船。海岸边，这天快结束时，我们罕见地彼此握手，燃烧的天空映照在彼此脸上，船似乎要合成一艘，停留了几分钟。

圣诞节到了，新年也到了。走廊上，我们看到鲸鱼向南游去，朝空中喷出壮丽的水柱。一种无可名状的决心在我的内心成形，伴随着片刻冷静，我告诉迈克尔，我需要待在美国开演唱会，如果他要去航海，我不会跟着上船。迈克尔见我愈加独立，对我管得越来越紧。我的医生建议迈克尔"做一下治疗"。迈克尔怒不可遏：有病的是我，不是他。

现在，我走在路上，已是个有名的"明星"，我已能掌控这个职业，不再有惧怕感了。每场演唱会我都会讲点道，在后台更衣室我被视为圣人，常常讲到非暴力主义和甘地。迈克尔陪着我时，我无法自由地讲道，甚至就不说了。

我们决定夏天去墨西哥旅行，我对这件事的恐惧，就像惧怕航海一样。如果你去墨西哥，你会因为吃到混合的顽固细菌而呕吐。七月，我们把行李装上 XKE，一路南下。我唯一一次没对墨西哥充满畏惧，是我们待在海滩上时，那里距离阿卡普尔科最昂贵也最有本地风情的宾馆有二百码远。一块五一天，我们便可以拥有吊床、毯子、鲜虾、自制墨西哥玉米饼和管够的可口可乐。我看着那些虾从船上运来，进到锅里，看着玉米饼发酵，食物被煮熟，直到没有细菌能存活，我把它们都吃了，平静地喝了可乐（我以为这辈子都不会喝一口）。但这趟旅行的其余时间就像在噩梦中，我瘦了很多。我还发现墨西哥的艺术圈和中上阶层知识分子都知道我的唱片。

回美国后，我病得很重。在一次在帐篷里举办的音乐会上，下着暴雨，我感觉天都要被雷声撕裂了。我希望被撕裂，一个穿着白袍的天使下来把我接走，用冷水洗我的前额，对我唱歌，哄我睡觉。我发烧了，胃部痉挛，好像是靠仅有的过敏神经活着。与此同时，我的第二张专辑发行了，比第一张做得更好，《时代》杂志决定以我为封面故事。在一阵阵眩晕中间，我为一张肖像油画摆姿势；我觉得自己快要死了，就是这种感觉。回家之后，我想结束《时代》杂志的采访，但最终进了医院，被诊断为营养不良和脱水，耳朵、鼻子、喉咙、肺部和胃部有大量病毒。护士走了，留我穿着病号服站在那里。称了称体重，102 磅，记下，爬上床，用冰凉的被子把自己裹上，把肾形盆推到床下，让它消失不见。

迈克尔和所有人都被禁止探访，医生过来检查后，我惬意地独自待着，洗澡睡觉。床就是我一直渴望的长袍天使。迈克尔打电话到护士那儿，他的声音打破了我难以描绘的宁静，他紧张又焦虑，想知道到底是怎么回事。我真希望他死了。

感觉好点以后，我四处拜访别人。我遇到了一个优秀的小女孩，叫雷琳。她长着黑头发，黑眼睛，长睫毛，脸色苍白，经常冲我笑，好似我们前世是姐妹。她的肾病很严重，她母亲觉得她快死了。她的表现一点都不像小女孩，更像是有智慧的老女人。她告诉我，她听到医生悄悄地说她机会渺茫，说完耸耸肩，睡意蒙眬地眨眨眼睛，露出难以置信的笑容。她似乎什么都知道，显然并不怕死。（她并没有死，我和她以及她的家人一直保持朋友关系。最近她从别人那儿知道我的地址，还带着两个孩子来看我。她比以前更漂亮了，长发及腰，没化妆。当她的孩子正玩着加布早已遗忘的那堆乐高玩具时，我们谈论着婚姻、离婚和孩子，以及生活如何继续，她又耸肩、眨眼，露出和二十五年前一模一样的笑容……或者一百年前？）

某天，一位护士递给我一张奇怪的字条，告诉我这是个很奇怪的女孩给我的。她穿着牛仔短裤和 T 恤，头戴一顶奇怪的帽子。字条上询问是否可以给我洗车。我猜可能是一个歌迷。第二天，我又收到一张字条，而且护士说这个奇怪的女孩就在大厅。我说我乐意见她。

一个女孩闪进来了，年纪不大，小麦色皮肤，身轻如燕，衣服破旧，害羞，叛逆。她颧骨很高，鼻子很漂亮，一顶灰色矮圆形针织帽压住金发，穗状的头发正好挡住眼睛。偶尔，穗状头发后的眼睛会看我一眼，但她太害羞了，紧张地大笑，脸通红，她跟我讲故事，双手在空中挥动以掩饰她的不安。第一次见面时我捕捉到的信息是，她在家不开心，仰慕父亲，骑马，在沙滩上睡觉，偷牛排、厕纸和其他生活用品，她可以连续冲浪好几个小时不用停下来。她十七岁，名叫金姆。

她走后我感到说不出的轻松。迈克尔来了，挑衅般地把脚放到我床上，我几乎没什么感觉。两周后，我出院，并加入了治疗小组。我告诉所有人我怕失去迈克尔。我自己的话让我惊慌无力。我没有练吉他和唱歌。我哭泣，悄悄地、焦虑地看着迈克尔。我让自己处于这种状态，以至于令医院的所有治疗几近无用。

"民谣合唱会"的试播在罗切斯特摄制，曼尼希望我就在附近，以防美国广播公司让步，邀请因政治信仰被禁演的皮特·西格。我拿上行李，安心上路。母亲陪我一起去东部。

皮特·西格跟我不一样，他的音乐、生活方式、关注的社会问题和个性是融为一体的。我认为将民谣之父列入黑名单十分滑稽，我拒绝登台，除非他也被邀请。皮特和我一起在哈特福德演唱，我们在那里被参加过海外战争的退伍军人围着。不幸的是，我当时是坐着豪华加长型轿车到达现场的，老兵们冲到车窗前，对我们发怒、斥责、挥拳头，我觉得格格不入而且很尴尬。我下车了，试着跟他们聊天，但曼尼很害怕，催我去更衣室。那场表演之后，当地警察非要护送我回去，我表示拒绝（豪华加长轿车已经够招摇的了）。但是他们没理会我的抗议，一直用摩托车前后开道护送我，警笛声四起。这样的礼遇让我有点受宠若惊，尽管我知道警察们只是接到指示，为了确保我不会在市区受伤。

很偶然地，我遇到了前男友，他看起来好极了。他听我讲上一次见到他之后我混乱不堪的四年生活，还带我吃了晚餐，给我买了漂亮的金项链，上面挂着珠宝。

在旅行中途，我回到河滨车道福尔曼的家，坐在克拉克和梅丽的灰色沙发上，看着哈德孙河那边的 SPRY[1] 标志。尽管有点怪，我还是拿起梅丽的纸笔，坐下来给迈克尔写了封信。四年之后，除了可以把"再见"写满一页纸之外，我什么感觉都没有。不过，我现在能想到的当时写下的内容，不过是"把狗关进狗舍，把猫放了，把这个那个费用付清，打扫房间，付好房租。我不会再回来了"，尽管我后面加了句，他的眼睛很漂亮，最初在一起的三个月多么美好之类。写完后，我感觉自己就像丝线一样轻。我还写了封信给金姆，应该也写到了她的眼睛。

我感觉好像被人用一根名叫"全新"的大木棍击中前额。我遇到送我项链的前男友，我们在冰天雪地的纽约走了大半天，想找个吃晚餐的地方，后来在 21 俱乐部停了下来。

晚上我们在他的公寓过夜。有时我会半夜挪到沙发上睡。突然换个男人，我有点接受不了。新胳膊，新大腿，新胸膛上的新胸毛。被人追求就像长时间干渴后从井里汲水。立即上床的感觉就像被人推进井里。我需要喘口气，便回到福尔曼的家，给金姆又写了封信。

很快，我和母亲待在伊利诺伊州香槟市的一家旅馆，我对着卫生间的镜子理了理头发，看到项链上的小宝石闪闪发亮，它衬得裙子的蕾丝那么漂亮。我任凭自己沉醉在这样的画面里。那些皮肤表层下面

---

[1] spry 意为"活泼的，敏捷的，精神好的"。

的肌肉长久以来打成愤怒的小结，现在像很多漂亮的小缎带解开自身。我甚至开始欣赏镜中那张严肃的棕色脸庞，如果我稍微倾斜，让阳光正好照进来，非常浪漫……当然，算不上漂亮，但"吸引人"，最近我常听到一个词"魅力超凡的"（charismatic）……有人在敲门。打开门，看到迈克尔那张病恹恹的脸。我对他的样子深感震惊，同时也因自己对他毫无感觉感到诧异。他说"我们得谈谈"，我回答"演唱会之后再说"，他又说"你的意思是那三千个你从未见过的人比我还重要？"，我简单答道"是的"。上舞台前，我突然感觉不舒服，不得不让更衣室里的人都出去，然后蜷缩在地上。妈妈和我都笑不出来了，我知道是因为见到迈克尔受到了刺激，而且一直止不住。演唱会结束的那个晚上，我去找迈克尔，在他的屋子里，我试着道别。他已经幡然悔悟，道歉，极力保证，摇头，他很疲惫，闻起来一股烟味；我穿着衬裙坐在床上，努力不让思绪飞出窗外，用手指摆弄着项链，心想：如果待久一点，对迈克尔的伤害会轻一点。

回到加利福尼亚的家，我已经没地方住了。我去了一家名为卡梅尔河的宾馆，他们有小木屋。我把音响、唱片、厨具和衣服都收在一起。

金姆像一道阳光照进了我的生活。我在小屋后面给她找了个小房间，她像野生动物一样蛰居在里面。和心理医生见面时，她会用傻瓜帽遮住眼睛，通过睡觉打发时间。我们一起听弗雷的《安魂曲》、E. 鲍威尔·比格斯弹奏的巴赫、格伦·古尔德的《哥德堡变奏曲》，以及从五十年代到现在的摇滚乐。

"你知道吗？"我对我的心理医生说。

"知道什么？"

"我对这个女孩有幻想，金姆。"

"好吧，别再这样下去。"

"好的。"

三天后：

"还记得我告诉你的那些幻想吗？我现在不幻想了，晚上开始做梦。"

"好吧，那你最好停止在晚上做梦。"

一周后：

"好吧，我不幻想了，晚上也不做梦了，现在我要有暧昧关系了。"

那是在 1962 年。

"好吧，"过了一会儿，他说，"在公共场合不要拉着手。"

有些游泳池很深，是专门给女士沐浴用的池子。在那些冰凉私密的领域，我们可以不设防。在安静的、毫不抵抗的水里，以及附近温暖的海岸，我们可以尽情释放叹息，而且知道我们最终会被理解。我们白色柔软的下腹部，只会暴露给最温柔的抚触。沿着海岸是一种不可言喻的"我们反抗世界"的联盟，它净化了我们内心与生俱来的愤怒。我们从几个世纪的神话中继承了这种愤怒。

我试着和金姆保持距离，但每次想到她天性中的温柔，再看到她时，距离越来越难保持。我对自己的感觉并不困惑，其实心里很清楚，令我困惑的是不知该如何安放这种感觉。我想做的是，和她躺在一片满是雏菊的野地里，抱着她，她也抱着我，继而也许会亲吻。这是我的幻想所达最远之处。我的困惑主要来自其他人会怎么想。

金姆回应困惑的方式是打电话给她的冲浪男友，他来接她时，金姆会向他发起挑战，一起干掉六瓶啤酒。她会放一摞 1945 年的唱片，把声音调到难以忍受的高度，在他的面前前后乱窜，就像一匹训练场里的小马，逼他不得不大声说话，盖过摇滚乐的声音。她狂饮很多瓶啤酒，逐渐变得歇斯底里。她彻底醉了的时候，会说"好的，来吧"，带着这个对她着迷、言听计从的可怜的年轻人出去，上他的车。我讶异于自己对他俩在一起时的想象。毫无疑问，那天他们睡到了一起。我不明白她为什么要浪费时间跟他在一起。

下午，我们会躺在床上，只牵着手，听音乐。有一次，她睡着了，我躺在她身边。弗雷的《安魂曲》到最后一章[1] 时，听起来像是天使升上天堂，我似乎看到像雨一样的金子落在我们周围，感动得哭了。

我们买了几瓶韦尔瓦水[2] 和月桂油，浸泡在里面。她在锁住的浴室门后洗了很长时间的澡，在一大团雾气中出来，干净香甜，穿着干净的 T 恤和热裤。受她的刺激，我也穿得越来越肆无忌惮。某天参加治疗小组时，我穿着登山鞋、及膝袜、热裤，彩虹色背带裤下套着几层 T 恤，还戴了发带。医生问所有人我看起来怎么样，其中有个人说"有艺术感"，另一个说"快活"，还有人说"嬉皮风"，还有人说"我觉得她看起来像个疯子"。他们都是对的。

晚上，我们亲吻了，轻柔而短暂，在旅馆小屋的隐秘处。我所有清教徒的亲友在我面前若隐若现，伸出一根手指挥动着表示不赞成。

---

[1] 弗雷的《安魂曲》有七个章节，最后一章为《天堂经》。
[2] Aqua Velva，一种男子须后水品牌。

我看着金姆的眼睛。

"嗯，你知道我们在做什么吗？"我柔声问。

"你在说什么？"

"呃，我的意思是，你这么年轻，有时我觉得似乎是我把你引进一件你不明白的事中……"

"把我引进什么？"她把门闩上，把帽子推到眼睛上一半，用心碎的声调朝门这边哭喊，"真肮脏！你真肮脏！我不明白，我就是不明白！"

接下来十五分钟里，她在小屋之间的木车道上跑上跑下，眼里含着狂怒的泪水，抽泣着摇头，不敢相信且害怕。说了两三次"不要碰我"之后，她同意我们开车去海边。我们在能疗愈心灵的咸海风中走来走去，或者说，她一路指责，我走着。我想和她说话，她立刻走开，但也不过几码的距离，天亮时，她像个孩子，忘记了伤痛。几个小时后，她完全不提那件事，似乎从未发生过。我知道如果我绝不提起，她也不会提。而我花了更长的时间，才不觉得自己是个肮脏的老色鬼，但那完全是我的问题。

当金姆和我终于开始做爱，彼此感觉极好，完全自然而然时，也让我好奇还有什么可大惊小怪的，不论是社会还是我自己。

我雇了一名建筑师为我在卡梅尔山谷建栋房子，他拟了个方案。金姆和我形影不离，在公共场合，我们依然表现得像好朋友。我给金姆买了辆摩托车，我们各买了一只杜宾犬。我的那只比较弱小，时刻需要照顾，我把它放在一个垃圾桶里，放在加热板上，无论我们去哪里，我都会插上这个加热板。金姆的那只是公狗。

我的一个好友在车祸中死了，金姆和我去医院时，急欲知道他妻子的真实感受。我们都爱她，她的锁骨碎了，肋骨也碎了，身上有数不清的骨折，还有一颗破碎的心。一位护士传话说她想见我，接下来两个星期，我们一直往返于医院的路上。金姆会急匆匆地进进出出，柯琳会笑我们。我想我只会对她说实话，即使其他人都知道。

　　金姆和我决定带柯琳做点特别的事，所以我们先去艾·马格宁 [1] 买了件漂亮的睡衣，因为她穿的病号服让人压抑。我们穿上平常的行头——热裤、T恤、发带，再光着脚，我们开始在内衣专柜搜寻，同时看中了模特身上那件印度丝质、镶嵌着金线的绿松石蓝及地长袍。

　　"那件两百美元，"七英寸高的铂金色蜂巢发型下，一个像威士忌的度数一样高的声音说道，"或许你们应该看看这一架，这些东西的价格范围更能让人接受。"

　　"但是女士，那些太丑了，"我说，"我们喜欢两百美元的那件。"在她打包前，我们让她把马格宁的商标去掉，不然显得太张扬。

　　柯琳很喜欢这件长袍，她坐在床上像个女王，说这里的一切多么不正常，还说她不知道如何继续她的生活，现在甚至连辆车都没有。金姆和我对视了一眼，离开医院，我们就分头去找蓝色的车了。这不是最聪明的购物方法，但肯定最有意思。我们直接付现，买了一辆淡蓝色的猎鹰，悄悄让她的三个孩子坐在车里。我们在医院会面，劝这位心碎的女王下床散步，说医院的员工有些事还没做完，哄她朝楼梯走去。我记得她身穿华丽的丝绸，很飘逸。现在回想起来，我在想

---

[1] 美国女性奢侈品百货商场，由玛丽·安·马格宁于 1876 年创立，以其丈夫伊萨克·马格宁的姓命名。

当时的我们为什么会同时丧失理智。

上到楼梯顶，我说："好了，现在朝正门走去。"接着，她儿子把这辆猎鹰的钥匙放到她手里。她明白了，透过入口通道的玻璃门，看到一辆亮闪闪的蓝车非法停在路边。我们握着她的手，把她拽出来，像小丑和木偶一样绕着她跳舞，并告诉她这辆车的额外性能，每个人都喋喋不休地说开了。自从丈夫死后，她再没化过妆，像幽灵似的安静而美丽，哭着，笑着，摇头。我猜，余生她都会"希望迪克还在"。

两个月过去了，金姆和我在卡梅尔高地租了一套由玻璃制成的房子。房子的主人是布勒特·韦斯顿，世界上最年轻的活顽童之一，他们一家人都是极有才华的摄影师。我那栋山谷里的房子还在修建。蜜蜜和她的作家老公理查德·法里纳也搬到了附近，我们经常互相拜访。金姆的摩托车坏了，我给她买了辆新的。我们有一柜子的 T 恤、热裤、拖鞋、网球鞋和靴子。我妹妹和迪克争论，说金姆和我就是普通朋友。我父母没怎么过来，他们过来时，父亲似乎没注意，母亲也不太在意。我们举行了晚餐派对，我在蒙特雷专科学校修了几门课，想要战胜不断重复的噩梦。其间偶尔会有上课迟到，挂了一门重要的考试，还忘了储物柜的数字密码。

我给金姆买了一辆奥斯汀－希利[1]，我们成了拥有两辆车的家庭。旅行的时候到了，我们共同决定她跟我一起去，而且让她修函授课程好拿到高中毕业证，负责保管我的唱片和收据。这些都发生在我不用出门的时候。我们坐长途卧铺车，有过很多很棒的旅行，还租车穿越

---

[1] 1952 年由英国汽车公司下属的奥斯汀车厂与唐纳德·希利汽车公司合资成立，生产跑车。

沙漠，一路颠簸。我们坚持订双床房间，睡在一张床上，然后又跳到另一张床上，把它弄乱。但我确定我们没骗到谁。

那年夏天，我在南部的黑人学校举办一系列演唱会。在旅途中，我和金姆分开。我们回家休息后，我很容易被一个又一个男性吸引，尤其是一个六英尺高的金发独行侠，他几乎每天都出现在我们最爱的户外早餐地点，驾着一辆有挎斗的黑色摩托车。挎斗上坐着一只长相凶猛的杜宾犬和一只黑猫。这位金发独行侠从来不瞥我一眼，这让我更着迷。因此，一天早晨他戴上黑手套正准备离开时，我晃晃悠悠地走过去说，他的杜宾犬太棒了，我能拍拍它吗？他朝他那只名叫撒旦的狗咕哝了几句，意思是让它友好一些，也就是说别杀了我——它温驯地低下头，让我拍它。

"猫呢？"我询问道。

"它叫'绸缎'。我是扎克，我知道你是谁。"

他决定载我一程，带我去吃晚餐，金姆反应大到把卧室里的所有东西都砸了。

"别搞怀孕！"她走到前门吐口水，停了一下，斜靠着我说出这句话。

"不会的，金姆。"我说，感到胸口一沉，这标志着我们在一起狂野而美好的时光快结束了。她在房子后面发飙，提出要开捷豹。我说不行，因为我觉得希利就够了。我听到她上下山时怒气冲冲地换挡，但从未离家太远。我知道她有多脆弱，也很想小心翼翼。然后，我跟神秘陌生人共赴晚餐去了，没有更进一步的行动。

回来的路上，我们为她的驾照问题吵了一架。因为一些小的交通违章，它已经最后一次被吊销使用了。现在她希望我签一些非法的东西，让她能拿到纽约的新驾照。我说不行。她控告我从来不为她做什么，还骂了我一大堆难听的话。我扇了她两巴掌。当她离开房间时（有些得意她让我发火了），我想了很久，然后走向她，直接告诉她是时候结束关系了，因为已经变质了，如果我们不做对不起彼此的事，今后我们可能还是朋友。金姆很高尚：她有她的骄傲，选择带着一颗有尊严但受伤的心收拾好东西立即走人。我不知道她要去哪儿，但她说她会去找她的朋友，我给了她一些钱。我们在九十七街和河滨车道的拐角，在呼呼叫的冷风中拥抱了好一会儿。我记得她穿件大风衣，在脏脏的纽约人行道上弯下身子，想捡起什么东西……一张被风刮到离她几英寸远的报纸或是票什么的，直到踩在靴子下，拿起来，用袖口蹭了蹭鼻子，走了。

1972年，我与伯克利一家报纸的年轻记者聊天。他问我是不是异性恋。我说，如果算上十年前发生的一段关系，我应该算双性恋。我不知道他在离开我家时捕捉到了什么信息。值得赞赏的是，他刊登了我们探讨的其他问题，只把性的话题作为背景。

第二天早上，盖尔（我的好朋友，她曾在我生加布时帮助过我，在我和人卫分开后，同我住在一起照顾加布）把头伸进卧室说："有个报社的人来了。你有没有跟谁说过你是同性恋？"

"让他滚蛋。"我回答道。

半个小时后，盖尔又出现了，说道："他们一个在客厅，一个在篱笆那儿。"

我叹了口气，穿好衣服。真是算我走运，还有个女人穿着睡袍在门边应付他们。

我是这么回答他们的（假如今天问我同样的问题，我还是会这么说）：

二十二岁时，我和一个女孩有过一段暧昧关系。很棒。我想，它发生在我结束跟一个男人的关系后，当时我极不开心，急需一些温柔和理解。我认为我身体内存在着同性恋倾向，人们总喜欢议论它，其实在所有人身上都有。它只是恰好在那个时候发生了。它拯救了我，没让我变成冰冷和苦闷的人。我慢慢康复了，自从与金姆的那段关系后，我再也没跟女人有过关系，连再发生一次的想法都没有。

那么我的白日梦是什么？某个会跳华尔兹、桑巴、摇摆舞和探戈的人用豪华加长版轿车接我，带我参加盛大的老式茶舞会。我穿着黑色天鹅绒 V 领晚礼服，戴着夹耳式人造钻石耳环、人造钻石项链，穿着银色舞鞋。我们用知识分子的方式谈话，探讨世界大事，一半用法语，一半用英语（尽管只会英语）。然后我们优雅地跳了很多支舞，偶尔停下来喝几口茶。舞会结束后，他带我回家，跟我谈起他在巴黎的妻子，我让自己陶醉，看着方向盘上的白手套，以及后视镜里豪华轿车司机的黑眼睛。

往日的风

今天早上，尽管天空暗沉，我还是把洗好的衣服用亮色夹子晾在环形晾衣绳上。一只身形硕大的德国牧羊犬和一只身形短小的喜乐蒂牧羊犬在我脚边扭来扭去，希望我能给它们丢球。正当我抬起手把黄色晾衣夹用嘴咬住时，狗狗们已经把篮子掀翻。我温柔地把它们赶走，俯下身来捡毛巾和袜子。一道反光映照在我手上，我震惊不已——这里到处都是没有切割过的宝石。当我弓起身子跨过翻倒的洗衣篮，抖掉蓝色牛仔裙上的露水时，一段漫长难忘的痛苦记忆让我喉咙一紧，泪水顺着面颊流下，滴在绿宝石上，它闪耀着自身独特的光芒。此外，还有石榴石、蓝宝石、红宝石。还有些钻石。

> 十年前，我给你买了些袖扣
> 你给我带了些东西
> 我们都知道回忆会带来什么
> 它们带来钻石与铁锈。

只是，那是二十年前的事，不是十年前。我擦擦鼻子，站起来，继续晾衣服。

我第一次遇到鲍勃·迪伦是 1961 年，在格林尼治村的戈尔德民谣城[1]。当时，没人对他有什么印象，他像一个住在城市里的乡下男孩，耳边留着一圈短发，头顶的头发微卷。弹吉他的时候双脚蹦跳的他，在吉他的映衬下，显得矮小。他那铁锈色的皮夹克小了两个号。他的双颊软塌塌的，有点婴儿肥，堆着肉，显得一点都不严肃。他的嘴却很迷人：软软的，很有型，颇为稚气，有点紧张，又带点拘谨。这张嘴中吐出的很多词都是他自己的歌。这些歌是他的原创，很清新、直率，但参差不齐。除了歌词，他还很荒唐、新潮、粗鄙。那场演出结束后，他被人引到我桌前，我们就这样历史性地相遇了。他紧张地站在那儿，说话时礼貌而羞涩，微笑着，看起来挺高兴。我喝着"秀兰·邓波儿"，看起来像民谣界的老贵妇，恨不得迈克尔人间蒸发。我想和鲍勃自由畅快地聊天，但是迈克尔的眼神怀疑又挑剔，我没敢。毫无疑问，这个男孩太与众不同了，他令人感动，但最初他只感动了我一个人。

我对他的第二印象是在戈尔德民谣城门口，那是另一个晚上，他白净的圆脸在那顶灯芯绒铁路工人帽下，向我打听我妹妹蜜蜜在哪里。我心里暗暗地吃醋，但还是成功地嘲笑和调戏了他一把。他看起来非常小，很年轻。我比他大六个月，却感觉像他母亲。

回到大苏尔的家，几位东海岸的朋友告诉我大艾伯特（·格罗斯曼）已与鲍勃接洽，且传出了小道消息，说鲍勃想把音乐现场"搞

---

[1] 戈尔德民谣城（Gerde's Folk City）是当时纽约最著名的民谣表演俱乐部之一。

大"。我半信半疑。"比埃尔维斯·普雷斯利还要大。"他们告诉我。"瞎扯。"我回答道，同时脑海中浮现出那个嘟囔着哼出无趣鼻音的怪人。"是的，"有人继续说道，"而且你知道，当被问到能赚多少钱时，迪伦做的第一件事是什么吗？他走到角落里，把朋友们的名字一一记下，说万一哪天他有钱了，应该让朋友们都知道。"我笑了笑，实在没想到，那个穿着小两号的夹克、看起来很有叛逆精神的乡巴佬会在乎钱。

> 现在我看见你站立的四周枯叶飘落
>
> 雪落在你头发上
>
> 如今我们微笑着倚在破旧旅馆的窗边朝外
>
> 看向华盛顿广场……

华盛顿广场那家破旧的旅馆十二美元一晚。没有服务员，只有毒品贩子的常任诉讼代理、推销员、过渡期的变性人、年轻的酗酒者，以及那些像是纽约街头痞子的人。这让我"心跳加速"，鲍勃却像回家了一样。我给鲍勃买了一件大点的西装外套，很合身。他有些谨慎，但很快就被白衬衫降服——简直有如王者般荣耀——一对袖扣上镶嵌着带波浪纹路的、不透明的紫罗兰色岩石。我爱上他了。

我们坐在我的房间，互问各自的事业。也许那天下午是我感觉离鲍勃最近的一次。他的眼神像上帝一般老，像冬天的树叶那般脆弱。他像一个主日学的小孩，穿着大号外套，系着袖扣，烦躁不安地坐在沙发上，而我像是他妈妈。但我也是神秘的姐姐和犯罪同伙，他的王后，孪生的地下之星。我们像谜一般地生活，还去了村里的贫民窟。我们一同走在风呼呼作响的街道上，直到下午才去麦克道格尔街吃早餐。我们呼出的气息如云雾交缠，悬停在空中……那个时刻我们几乎死去。

鲍勃说着糟糕的英语，带着快速鲜明的画面，大多数时候，他只想看到他的眼睛能看到的。他阐述自己的想法时总是没完没了。几年前的一次，我在马萨诸塞州的树林里散步，看到一个女人坐在长凳上，激动地在画板上画着什么，另一只手用力抓着画板放在膝盖上。她偶尔抬起头仔细观察眼前的树。我冲她打了个招呼，偶尔瞟几眼她在画什么。她的画纸上画满了小鬼、怪物、蛇、戈雅风格的鼻子似的眼睛。我实在憋不住了，蠢蠢地问了句："你在画什么？"她抬头瞥了我一眼，礼貌地扬起手指着那些书："噢，就画我眼睛看到的。"我马上联想到了鲍勃最有节制的幻想，即成为一个吸食迷幻剂的瘾君子，以宇宙飞船般的速度赛车。

他十分吝惜自己的温柔，而且很少考虑别人想要什么，尽管偶尔会突然关心一下亡命徒、搭便车的人或流浪汉，还会放下手头的事去看望他们。他很有同情心且极其脆弱。那双无比白皙的手不停地动来动去：把烟放在嘴边，再极为无情地拽着脖子边上的一撮头发，有意无意地让烟灰窸窸抖落进夹克。他会站着想问题，嘴不停说话，轮流换着膝盖蹲下，右边、左边、右边、左边。他似乎被卷入自己的思绪和想象的中心，像疯子一样被这些思绪和想象吞没。

他的幽默干巴巴的，私密且精彩。有时候他自己会咯咯地笑。有时，他的嘴唇刚刚还真诚地笑着，马上又噘起来。下一秒，他又会紧闭嘴巴，直到颤动的笑声令他嘴边又浮现笑意。有时，一阵大笑过后他会露出两排整齐的牙齿。每次他跟我分享奇怪的念头，或者问我某句歌词的意思时，我都很开心。如果我猜对了，他就会来一句："你他妈是怎么知道的？"有一次，在他的要求下，也为了让他高兴，我说出了对整首歌的理解。他似乎很惊讶。接着，他说："哪天我快死了，人们会扯淡地解释我的每首歌，甚至连每个逗号都他妈不放过。他们并不知道每首歌有什么意思。去他的，其实我也不知道是什么意思。"

有时候我们会一起唱歌，大笑，胡闹，发疯，聊天，看电影，骑摩托兜风，睡觉。但是自从离开村子的那天起，我就再也没感受过两人之前在一起的那种自然，以及一度那种无论我们对彼此说什么或做什么都不需对方猜或设防的理解。自那天后，我们在彼此眼中从飓风慢慢变成气流，风第一次把他的手从我的手里吹走。

鲍勃邀请我、蜜蜜和她丈夫迪克[1]·法里纳，一起去纽约伍德斯托克帮格罗斯曼看家。迪克和鲍勃在写东西，蜜蜜在唱歌，并且尽妻子的本分，而我则像游客一样到处瞎逛。鲍勃有一辆 350 型号的凯旋牌摩托车，有时候我会骑着它在丛林里或后面的小路上穿梭，有时候还会载他坐在后面。那个月，在那栋房子里的大多数日子，鲍勃几乎每天坐在他房间角落里的打字机前，喝着红酒，抽着烟，连续好几个小时不停地敲着打字机。三更半夜的时候，他可能会醒来，打着哈欠，

---

[1] 迪克是理查德的昵称。

拿起一根烟，迷迷糊糊地走到打字机前。他就像自动收报机一样，我则会在他写下来以后，以最快的速度偷看。

在冷静地选择性地记起一些事情时，我丝毫不否认跟鲍勃在伍德斯托克那段刻骨铭心的激情岁月。我在家里的一封信里找到这份记忆，还有一份有意思的补篇。

亲爱的妈妈：

最好不要让那个"老男人"看到~~（这是鲍勃·迪伦写的）。上个月我和鲍勃的关系已经很亲近了。我们太开心了！哇，他洗澡，以及其他，等等。对了，当我说"我今天想写信给妈妈"时，他突然跳起来说他来写，尽管是以我的口气，并且跟我保证落款要写我的名字。这有点猥琐——他为此笑了整整一小时。他对我很好。他给我买了一件漂亮的外套、一条裙子，还有耳环，他就像个小男孩一样。我们理解彼此都需要自由，没有束缚，只有一些美好的感觉和笑声，以及很多的爱。我也很欣赏他的才华。

录制已经搞定了，一个月之内就会发行，书应该也是。我要一个人回家。整段旅行都很愉快，大多数时间我都和鲍勃在一起，但马上，我要一个人生活一段时间，并会和艾拉待一段时间。我回家的时候，房子应该差不多完工了。我会在丹佛和披头士会面。我很喜欢他们，之后再坐火车回家。一个人也挺好的。鲍勃很有商业头脑，他给我介绍了洛杉矶的一些商业顾问，教我跟那些乱七八糟的律师和经纪人周旋。要催催他们了。鲍勃把自己的事打理得很妥当。你都猜不到他有多聪明。一切都酷毙了。蜜蜜和迪克不太酷，但也就一阵一阵的吧。等房子完工以后，我想鲍勃会过来跟我住上一段时间，不过他9月8日要出门。你看到我们在一起那么快乐，一定会开心的。我真的很爱他。

爱你

爱你

爱你的琼妮

21日某时

亲爱的妈妈：

　　是我。我正在伍德斯托克阿尔比叔叔漂亮的家中。你也应该来这儿。这里还有游泳池呢，简直什么都有。你知道的，我正和那个人（you-know-who）在一起，迪克和蜜蜜也在。但是我很少见到他们，因为你也知道我简直被那个人套牢了。妈妈，你要相信我。我一直按照计划和我们这行的领军人物待在一起，我的意思是，我是认真的。不过，我和蜜蜜来到这个小镇的第一件事就是四处逛逛。你也知道，到那儿的时候，已经过了中午，我也很累，准备睡觉了。你可知道那时我已经上床，想把毯子拽过来。天哪！你知不知道谁躺在被窝下面？是的，就是他！我是说不管你信不信，我向天发誓，他就像个球一样蜷在枕头里。妈妈，我太浑蛋了。面对这样的局面，我做的第一件事竟是打电话给蜜蜜。

　　蜜蜜赶紧冲到客厅，但你觉得这有用吗？那个人只是慢慢直起身，跳到地板上。妈妈，他的头发都长到腰上了。他穿着那件怪物衫，身上散发着一股臭气，就像一年都没洗澡。妈妈，他太可怕了。即使古巴的阿尔弗雷多[1]闻知之后都会评论一句"ay tairdbil"（太可怕了）。还有，看到他在那儿，蜜蜜转身跑了。妈妈，她就这么转身跑开了。那个人没浪费任何时间，让我告诉你。他像个原始人一样把我往床上一扔。（四天没刮胡子了，妈呀，我的天，四天！）而且你也知道我有多累。我已经毫无力气反抗，而且他还说了些我以前从没听到过的话。我是说以前在电影里也从未听过。我是说，他在说"嘿，来吧！嘿，来吧！"，一遍又一遍地说着。你知道的，我感觉自己就像一块铁砧一样，无法动弹。他会说一些我没听过的话。我的意思是我不想让你认为他（那个人）影响到了我，或者没有妈妈我只是掉入了陷阱中。在那一秒，也许退缩才是对的。也许我自己也"不"了解自己，虽然我应该了解自己。当他说"琼妮，亲爱的，你根本不了解自己"时，也许他是对的。不过，那个人，找不到更好的词儿形容了，攫住了我。这并不像任何一个从旋涡中挣脱出来的领头的小孩，但依然让人感到有点诡异。我的意思是，他真的做了很多令我吃惊的事。如果换作你，你该怎么办？我什么方法都试过了，妈妈，我一直不停地反抗。我咬了他的鼻子，还狠狠地踹了他。我还把他的脖子后面抓得到处是伤，直到血都流到他肚脐那儿了。妈

---

[1] 应该是指阿尔弗雷多·杜兰（1936—），古巴裔律师，古巴流亡集团"2506突击旅"组织成员，曾于1961年参加企图推翻卡斯特罗政权的"猪湾入侵"行动，后被捕关押十八个月，直至被美国赎回。

妈，我还重重地扇了他耳光，我觉得他的眼球都要掉出来了，但他还是得逞了。我是说，他还一直说"嘿，来吧，来吧！"。后来，他又开始背诗了。好像也就是他开始叫我"拉蒙娜"（Ramona）[1]时，我试图掰他的手肘。我发誓一开始我以为是一个游戏。他不停地说着"别逞强了"，以及"存在"之类的词语。妈妈我发誓，他甚至还提到了"炸掉的乡村嘴唇"之类的词。妈妈，我没再反抗了。我是说，我实在反抗不了了。是的，我好像已经渐渐失去知觉。后来我又醒过来了。而且已经一个月没开一场演唱会了。曼尼一直不停地打电话，维克多每次接电话都会用搞笑的声调重复"不，她不在"。而那个人除了"一切安好"和"没关系"之类，什么话也不会说。是的，我得走了。你知道的，那人在拍电影，而且他希望准备好了以后，我能给他开个好头。总之，所有的一切我都觉得没什么问题。房子差不多装修好了。哦，我把我的车给了那个人。是的，他说把车转给他会减轻我的很多思想负担，嗯……也许有点吧，我想。我并不会在乎那么多，但是……那个人把车卖了。他说那样更好，因为我不会缠着他让我来开车了。妈妈，他真是个特别糟糕的司机。我发誓每次他载我去见心理医生时，我心里都像有只小鸟。我的心理医生也讨厌他。但那是另一码事了，我以后再告诉你。好了，再见。

梅纳德·所罗门向你问好

并一直问你什么时候

---

[1] 鲍勃·迪伦的一首名作便叫《致拉蒙娜》。

会回来

好，再见

千万别担心我

哦，还有：

我把我的一张小照片

给了那个人，他把它贴到

福特旅行车里的最上面

妈妈，我很好。

请别担心我

一切都过去了，一切都已改变

噢，妈妈

向布莱斯和宝琳问好

哦哦！那个人来了

我不想让他看到我写信

给你

我得走了

　　　爱你的

　　　　　　　　　　　　　　　　　　　琼妮

　　鲍勃有种超凡的魅力，使得他实际上从未被允许独处。每个人都想惹他一下，说些俏皮话逗他开心，或者以某种方式触到某个点，这样将来回味的时候会觉得自己很特别。尽管我跟他走得很近，相较于日益增长的歌迷，更有近水楼台先得月的优势，但依然能感觉到：除了极少数双方都期待的时刻，他一直让我们保持着距离。

尽管我并不想做一个牢牢控制鲍勃的人，但还是忍不住有很强的占有欲。某天晚上，在一家餐厅，蜜蜜和迪克也在场，还有其他几个朋友。鲍勃的眼神一直无法从一个坐在斜对角的新移民身上移开，她也一直盯着我们看。鲍勃竟和她眉来眼去。蜜蜜和我简直气得像两只咕咕叫的老母鸡，挖苦起这个脸色苍白的可怜姑娘，一会儿说她一脸菜色，说起话来惨兮兮地装可怜，一会儿又说她穿衣服老气寒碜。我知道鲍勃一喝多就会狂吃，所以一杯又一杯地给他满上，直到他神情恍惚，双眼通红，都快睁不开了。塞给他很多甜点，他刚吃完一块，我又把一块递到他嘴边。他会用手拨弄两下，看起来有点绝望，恨不得这些玩意儿赶紧消失，随后还是会把它吃掉，然后再灌两口红酒或咖啡，这样更容易下咽。最后，这个女孩为了回应鲍勃一遍又一遍的注视，竟然穿过整个餐厅毫无顾忌地来到桌前，一屁股坐在椅子上，眼睛牢牢地盯着鲍勃。而鲍勃此时已经酩酊大醉，兴奋极了，令人反感，又粗鲁。

我真是气不打一处来。一方面嫉妒鲍勃老看女孩，另一方面也气这个女孩对鲍勃的态度：这种崇拜的神色一向都是为我存在，而今竟然转向了我身边这个醉鬼。我冲到洗手间怒不可遏。蜜蜜对鲍勃大发一通脾气，我能记起的另一件事是我坐在过道里等鲍勃过来找我，说些好听的话，比如："对不起。我怎么会那么蠢呢，我唯一想做的就是跟你在一起。"谁知道他只是一味地说他胃疼得要死过去了，上帝啊，都吃了啥呢。我告诉他都吃了什么，并为此感到抱歉。他看起来特别惨，被T恤裹着的肚子像石头一样硬。所以后来我开车送他回家，猜想在找到一棵树以前，他肯定会在车里吐出两块奶油派和一大块山核桃软糖蛋糕。可是，他睡得像死猪一样，一路打呼噜。到地方后，我不得不把他摇醒，费劲地把他扶上床，他却立即毫无负疚感地沉沉睡去。

1963年8月，我开始巡回演出，并邀请鲍勃在我的演唱会上唱歌，效仿四年前鲍勃·吉布森给我的示范。那时我的观众数量已超过一万，要把我的小流浪汉拖到舞台上，可是个大实验，也是一场彼此都知道最终会获胜的赌博。那些从没听过鲍勃名字的人会很愤怒，有时甚至在他上场时喝倒彩，因为他用原始、愤怒、幽默的调子，打断了这个世界上最适合结婚的女歌手的欢快节奏。这时，我会像女教师一样，对那些气愤的人挥动手指头，建议他们听听歌词，因为这个年轻人是天才。他们真的听了。

某个巡演的午后，我们开车去一家酒店的停车场，我让鲍勃先下车进去登记。我走到前台时受到了热烈欢迎，酒店管理人员却对鲍勃爱搭不理。

"你们还有房间给我朋友住吗？"我问。没了，他们没房间了。

鲍勃正在大厅另一边的立式烟灰缸旁烦躁地转悠。以一个艺术家的眼光看，他的样子像位诗人，但以一个圈外人的眼光看，他更像流浪汉。我强压住怒火，对管理人员说，如果你们不给"迪伦先生"安排一个"好房间"，我就去另外一家住了。他们随后收拾出一间来。我向迪伦抱歉，那会儿他说完全没关系。但到了晚上，演唱会结束后，他写了一首歌——《大船入港之际》，满怀怒气、报复，语气强烈，情绪十足。

我从来没有试过迪伦那种背对观众的表演方式，极具神奇的魅力。他在舞台上背对着观众，有种奇怪却不应景的悲凉感。现在，他成为一名舞台经验丰富的摇滚歌手已有二十余载，并且，他凭借独创的词语或皱个眉，就能掌控他的团队、观众、场面和整个舞台。每当灯光亮起来时，人群开始欢呼，他找到了属于自己的独特入场方式——背对观众，吹着一把或两把口琴。当转身面朝观众时，他看起来像是去一间黑暗的棋室里下棋。也许他想要的就是这种感觉。

有一次（大概是在 1975 年"滚雷讽刺剧"巡演之后），他看上去开心极了，心情大好，在帽了上别了儿朵鲜艳小花，得意扬扬地走到舞台上，十分开心地注视着观众。（我觉得他看不了多远。我跟他最后几次谈话中的一次，是在柏林巡演时的泳池边。他斜眼望着一个地方，以为我坐在那儿。"我在这儿呢，鲍勃。"我说，指着左边的几把空椅子向他示意。他瞥了一眼我指着的地方。"你能看多远？"当他披着及地长的浴袍，戴着一顶尖顶帽站在那里时，我问道。"噢，眼科医生说我的眼睛越来越好了。""那你能看多远呢，鲍勃？"）过了一会儿，他戴着一条艳丽的围巾，脸涂得很白，冲着乐队笑，并用那张化过妆的脸对自己笑笑，对观众说荒唐的话。他们想破译他说的话，仿佛它们源自山上的神碑。我想，他肯定很享受给每个人讲笑话的感觉，但这都无所谓。歌很有力量，歌手也很有魅力，舞台已经陷入疯狂。在"滚雷讽刺剧"巡演中，我一晚不落地听他唱歌。我想，他的激情感染了我，还有歌词。

在鲍勃"转向电子乐"之前，只有他和他的吉他，以及那语无伦次、华丽夸张又神秘莫测的歌词。

鲍勃撒在空白纸张上的歌词，就像从袖子里抖落出来的许多小金豆，将我从往昔岁月里那些缥缈古老的抒情歌曲中抽离出来，直面二十世纪六十年代的音乐势头。我不止一次地在舞台上唱到一半停下来，有一种极为强烈的感觉，说："我想说点什么，但我也不知道是什么……这首歌是关于我们这个可怜的古老世界的。"然后我接着开唱，这是一首对挣扎中的人们表达同情和关怀的民谣，但从某方面说太个人化了，背离了当时越来越大的压力。那场音乐会上，鲍勃第一次和我合唱《上帝在我们这一边》。我差点没记住歌词，而且那天礼堂特别热。我窄窄的后背和膝盖窝一直在淌汗。我特别紧张、兴奋，激动极了。

自那以后，这首歌成了我音乐中的一部分，但能体现我对社会深切关怀的，则是《昨晚我做了最奇怪的梦》《我们将得胜》，以及一些黑人灵歌。鲍勃的歌似乎更新了公正与不公的内涵。他的个人形象，对现状的反抗，对这个日趋动荡的国家的抗议，让你听起来觉得这些歌与公正有关，即使本来无关。

没有哪首歌比《时代正在改变》更能为我们这代人代言了。人权运动日益高涨，战争像威力无比的炸弹向我们冲过来，它将撕碎这个国家，令成百上千万人骨肉分离、身首异处，不仅带来肉体上的伤害，且带来精神上无法弥补的创伤。一旦战争爆发，我也会像成千上万的人一样，参加反战运动。我们可能会因为其他事放弃鲍勃，但是在第一发子弹打响之前，他已经用他的歌声填满了我们的军械库。《暴雨将至》《战争大师》《时代正在改变》《上帝在我们这一边》，以及最后的《在风中飘荡》等，在六十年代传唱不衰，变成了德国童子军篝火营演奏的曲目、给凯悦酒店助兴的音乐，以及全世界最有名的社会良知型赞美诗。鲍勃·迪伦的名字自此与六十年代的激进运动产生了重要联系。相对于其他跟在他身后的吉他伴唱，以及那些把五彩缤纷的文字贴在记事本上的人，鲍勃作为一名异议者和社会变革领导者，更能青史留名。不论他是否赞同，我认为无论是哪一种他都不会在意。

即使身处八十年代的现在，《别了，安吉丽娜》这首掺杂着荒唐比喻的美丽小情歌，也足以让法国音乐节上的四万多名观众喜不自胜地回到意义丰富的六十年代，并让他们有一种赋权感。因为有那么几分钟，他们成了"一切正在发生"的年代之梦的一部分，生活似乎有了目标，每个人都得到改变。而这，亲爱的鲍勃，可他妈的不坏。

我后来离开伍德斯托克，回到卡梅尔山谷的家中。你曾计划要来那儿待上一段时间，你和蜜蜜、迪克看见我走了，有人告诉我，你下火车后直接去电话亭给萨拉打电话。我并不知道你甚至还有萨拉，我带着回忆、歌曲、幻灭感，以及我在艾伯特家的衣橱里发现的蓝色睡裙快乐地离开了。你说裙子送我了。十二年后，我遇到萨拉并成为她的朋友，我们聊了好几个小时，一起回忆那段日子，那个原始人一样的浪子脚踏两只船于我和她之间。我告诉萨拉，我很少收到鲍勃的礼物，但有一天他给我买了绿色的灯芯绒大衣，并让我留着从伍德斯托克家拿走的那条可爱睡裙。"噢，"萨拉说，"原来在你那儿呢。"

你来卡梅尔山谷时，我们一起去了罐头街的咖啡屋，然后一直在大苏尔海岸兜风，还花两千美元买了一架竖式钢琴。你站在厨房的大窗户旁，打字机放在齐腰高的土砖架子上，面朝群山。你写下《爱只不过是个脏字》《海蒂·卡罗尔孤独地死去》和其他的歌。某天晚上，你跟人聊天时，把我做的牛排里的肉都挑出来吃了，只把蔬菜和土豆留给其他人。

那个夏日，你和我一直用开玩笑的口吻计划"我们的未来"。我们甚至说要给孩子取名字。我记得好像叫"香农"（Shannon）。我还记得，一天后你回到伍德斯托克，给我打了个电话，当时好像在开派对，你含含糊糊地提到了结婚。我记得我说"不"。这并非求婚，这是我们开玩笑和玩游戏的一种暧昧不明的延续。这可能会导致两个暧昧不清的人生活在一种说不清道不明的婚姻状态中。我记得是这样的，我敢肯定你记忆中的场景跟我的不一样，如果你还能想起来的话。

尽管那个夏天，有些事发生了，有些没发生，我们还是计划从1965年3月到4月举行短期的巡回演唱会。曼尼负责海报，我们都无异议。赚的钱五五平分。埃里克·冯·施密特做设计，把鲍勃的头放得比我的高一点，我的名字突出得比他的大一点，这样某种程度上，一眼看去就不分高低了。

我们成了一种现象、一个组合，并收到很多善意的评论。表演的时间完全是一人一半。我们一起开场，然后我唱四十分钟，中场休息一会儿，鲍勃再唱四十分钟，最后两人一起谢幕。我们特别开心；一起开车旅行了很久，我们出名了，而且还被介绍给了披头士。

（一封给家里的信）

亲爱的各位——

有时候我会为这种不可思议感到十分幸运。至少有一万名观众，乐意伸出他们的右胳膊和腿来触摸、交谈，或仅仅是与迷人的披头士中的任何一个待在同一间屋子里。我必须说我也深有同感。演唱会开始时，我被媒体带到了他们的发布会现场。他们得知我在那儿，就说想要见我，于是我一直看着他们系领带、扣袖钉，打理头发，直到他们上舞台"表演"，然后再跟他们坐上豪华轿车离去，一路有警车鸣笛和摩托开道……一直到了宾馆，进入他们的套房，我以为里面会有个无比喧嚣的派对，出人意料的是，他们让所有人都离开，只剩我们五个人围坐一圈，谈笑风生、装疯扮傻、唱歌，一直到凌晨三点。

我享受着名声、被关注以及与鲍勃的关联，但很快，我们之间真正的分歧开始浮出水面，而且决定了我们关系的走向。有一次，我问他是怎么写出《战争大师》这首歌的。他的回答竟然是，他知道这首歌会很红。我当时并不接受这个答案，现在也不接受。我认为他的歌曲创作会限制他积极投身社会变革。据我所知，他从没参加过一次游行。他也从未参加过任何非暴力反抗，至少我知道的是这样。我常觉得他根本不想承担社会责任。有一次，他跟我提及观众席中的一些年轻人，喊出了《战争大师》，"他们把我想错了"。然后他开始拿这件事开玩笑，并告诉我对他们以及"所有这类人"要留点心。我告诉他，我会尽力。

我们一起去了个地方；我猛地拽起一把草，突然意识到我们两人已经产生分歧，将朝不同的方向而去。我问他是什么让我们之间的关系变了。他说很简单，我觉得我能改变一些事，他却觉得任何人都改变不了什么。我对他的回答十分沮丧。也许他将不再做我这个和平女王的摇滚之王。

某天演出前，我们想去找点吃的，鲍勃把那件之前我提到过他呕吐时穿的夹克忘在了更衣室的衣帽架上。我一直试着（我的优秀品质之一）让他别穿那件令人作呕、不合身、破旧不堪、实在不敢恭维的英国孤儿式夹克，换件别的衣服穿。可他视这件衣服如命一般。我暂时算是赢了。因为吃完汉堡之后，他已经穿上了另外一件衣服。可回去时，那件夹克找不到了。我感到特别害怕。鲍勃红着脸对那个六英尺半高的黑人保安厉声吼道："你他妈给我滚出去！"这个保安赶紧灰溜溜地跑开了。鲍勃这会儿又开始冲我尖叫，他的脸已经完全变形，青筋暴起，眼睛全都红了。我让自己镇静下来，并告诉他不要用这种方式对我和世界上的任何一个人说话。顺便还告诉他，准备好了排练，就来更衣室找我。说完我就出去了。站在围观者中，我虽然岿然不动，内心却早已打翻了五味瓶。彩排时鲍勃已经恢复过来，他的演出十分成功。演出结束后，我做了精彩的评论，他本应该高兴得发狂，因为他的表现比平常好太多了，他却把大家都赶走，告诉大家，他没有疯，而且从来没有疯。所以在前往欧洲时，我们已对彼此的某些东西有所了解。鲍勃此前邀请我去英格兰开巡回演唱会时，我还特别激动。

有时候我想到 1965 年那场演唱会，你已经脱离现实太远。你荣誉加身，被情绪失控的歌迷追随，被自由派、知识分子、政治家、媒体和像我这样的傻子切实地崇拜着，而且我觉得你从未清醒过。你邀请我时，我以为你是邀请我来和你一起演唱的。你知道这对我来说是多么美妙吗？我把你介绍给全美国，按常理，你的演唱会在我的演唱会之前，你也应该给我提供一些必要的帮助作为回报吧。显然，这并不在你的安排之列。

飞机降落在希思罗机场时，我决定和你保持一段距离。因为这是属于你的重要时刻，你开了一个很迪伦式的发布会，狠狠地戏弄了那些镁光灯，用不予答复的方式作为回答送给媒体，有时真令人忍俊不禁。在一大堆人的簇拥下，你走向门口，并在短暂的间隙四处张望，看到我后伸出你的手。我能再设想一番那个极为短暂的瞬间和恳求的手势吗？你看起来十分脆弱而野性。你马上就要被歌迷湮没了，但那时我认为抓住你的手并不合适。因此我一直站在后面，摇着头，并面带鼓励地微笑着，直到你被粗花呢夹克和雨衣包围。我想也许等会儿一切都会冷却下来，我们能聊聊，或者等你想静一下的时候喝杯茶。

但是并没有等到这个时刻。而且凭什么你他妈要和我静静地喝杯茶，再喝一杯吗？他们把你视为上帝，我只把你当朋友，我只想站在舞台上和你一起分享这份成功和喜悦。你却只想自己独霸这场巡回演唱会。如果不是对你如此心如死灰，以至于失去所有理智，我本会在安静地参观完那时还在的伦敦桥[1]之后飞回家。

并非爱情，让我在整场巡回演唱会中成为最令人讨厌的人。鲍

---

[1] 这里指的是新伦敦桥（1831—1967），之后被现代伦敦桥取代。

勃（尽管我很确定你丝毫没有意识到我很不开心）才是我的绝望之源。这是在我短暂却颇为成功的事业生涯中，第一次有人从我鼻子底下窃走我的名声。我到处闲逛，接着大病一场。如果不是我们共同的朋友纽沃思，一直饰演你的旅行同伴和我自杀的调控中心，我可能已经彻底崩溃。某天晚上，我去纽沃思的房间大哭了一场。他用胳膊环绕着我，拭去我脸颊和下巴的泪水，劝我赶紧收拾东西，离开鲍勃的巡演。

"但是是鲍勃邀请我来的，他邀请我来的。"我抗议道。

"我知道，但他并不知道发生了什么，你看不到吗？他在外面忙得团团转，他只想自己做。"

某天早上，鲍勃的随行人员挤进了他的豪华轿车，准备一起去利物浦。没人知道该怎么坐，而且鲍勃谁都没有邀请。我想善意地提醒他该单独邀请一些新客人，我试探性地对他说："你不觉得某人和某人今天应该和你坐在一块儿吗？"

鲍勃的脸立即沉了下来，满脸怒容。

"应该坐这儿？！应该坐这儿？！这里他妈的没他们的位置，自己找地方坐去。"然后他自己第一个钻进了加长车，让那群拎着一大堆行李的随从都下来，自己找车去。我跟着他爬上了车。他拿起一沓报纸，开始读起来。正好读到一篇引用我的评论的报道。此前在一个不太凑巧的场合，我被问到真正的鲍勃是怎样的一个人。

有那么一瞬间，我曾想过要如实回答，最后一刻决定还是不那么干，便简单回复了一句："鲍勃是个天才。"

"这说的什么狗屁话？"鲍勃脸色很黑。

"什么什么狗屁话？"

"你说我是个天才。这他妈是什么意思？"此时，我强作镇定。

"这是找不到别的词儿时的说法，罗伯特[1]。"

"你哪儿觉得我是天才了？"

"难道你希望我对他们说出自己的真实想法？"

有时候，我想我应该是唯一一个知道他身上发生了什么的人。第一次巡演中，他被宠溺到要命，他的大幅肖像被张贴在萨伏伊酒店的墙上。他还订了很多食物，被这些食物包围着。艾伯特为这一切买单，房间里挤满了奉承者，他们对鲍勃从打字机里敲出的每一行字都会奉承一遍。

还好我不是马屁精。我还沉浸在会被邀请与他同台献唱的指望中。尽管有英国年轻人向鲍勃提出要听我唱歌（也许请求并未到达他的手中），我却一直未获邀请。我是一位受了伤却依然冲动的女王，虽然被废黜已久，依然会把权力的梦想挂在嘴边。这场巡演以鲍勃累倒在床结束——只因为他寻求刺激去了某个"异域情调"的饭店吃了顿晚餐。

我在伦敦举办了一场自己的音乐会。那场音乐会门票售罄，但我已无心喜悦，尤其几乎所有的随行人员都去酒店陪鲍勃了。这场爆满的演唱会上，很多人是第一次来，但那时我并不知道。我差点忘了我还有自己的事业，还有一大群歌迷和属于自己的声音。我从来没想过欧洲的很多歌迷已经追随了我五年，压根儿不关心那个原始人般的浪

---

[1] 鲍勃·迪伦原名为罗伯特·艾伦·齐默尔曼。

子、脏兮兮的名人，一点也不。

他没邀请我去他的房间，我还是出去给他买了个礼物。我父母来伦敦看我在皇家艾伯特大厅首次登台，他们和我一起去了他那儿。我给他买了一件藏青色的维耶勒法兰绒衬衫，怀着惴惴不安的心情，算是未事先告知，而且不请自来地敲开了他的门。是萨拉开的，一个我从来没见过的女人竟然特意飞过来照顾鲍勃。没有任何人告诉我她在这儿。她耐心地接过我的礼物，可爱的小脸上，黑色大眼睛疑惑地扑闪着，温柔地向我道了声"谢谢"，随即关上了门。

PART
THREE

"SHOW ME
THE HORIZON"

Do you hear the voices in the night, Bobby?
They're crying for you
See the children in the morning light, Bobby
They're dying

You cast aside the cursed crown and put your magic into a
sound
That made me think your heart was aching or even broken

你听到黑夜中的呼喊了吗，波比？
他们在为你哭泣
你看到晨光中的孩童了吗，波比？
他们正在死去

你扔掉被诅咒的王冠，施展法术发出声响
我以为你的心在痛，或已破碎

孟菲斯的黑天使

"得有人去叫醒马丁。"

"那也不该我去，我个！"（笑声）

"教堂里人们已经等了快两个小时。得有人叫醒他。他不能一直这么睡下去。"

"好，可是这个黑人累得几乎要虚脱了才倒在床上的，我不想叫醒他。"

"你去怎么样，琼？你去给他唱上一小段，这种叫醒方式很不错。"

"我？我不想叫醒他！"

我被领进密西西比州格林纳达黑人区一个朴实家庭的卧室，马丁·路德·金博士、牧师和他的几个助手都在这儿，艾拉和我也来和他们一起吃早餐。这是 1966 年秋。我身后的门悄悄地被关上了。我等了一会儿，然后绕到床那边，他脸朝向的那一边。他对这一切毫无反应。他看起来特别安详，我不愿弄出一点声响。他那黑黑的脑袋陷在干净洁白的枕头里，睡得正香，看起来像个大号的巧克力天使。我弯腰凑上前仔细端详他。他那阿伊达[1]似的双眼向上斜着，双目紧闭，上下眼睫毛像完全粘在一块儿。他的眉毛很厚，深深地嵌在光滑的棕色肌肤上，不成线条。也许是这个国家最会演说的嘴唇厚而帅气，出了名的小胡子向上伸去。这对嘴唇淌着口水，沉沉陷入白天的酣眠。

我绕回床的另一侧，坐在一把很旧的扶手椅上，扶手上套着浆洗过的白色垫布。我开始轻轻地唱着：

> 我是一个悲伤的朝圣者
> 独自周游在茫茫人世……

我用从伯明翰一个女高音那儿学到的唱法，拉着长长的、持续不断的、自由组合的调子，没有特别的韵律。

> 对于明天我没有希望
> 我会努力让天堂成为我的家

这个巧克力墩子还是一动不动。

> 有时候我被抛弃，也被驱赶

调开始升高了。

---

[1] 可能是指威尔第歌剧《阿伊达》的女主角，埃塞俄比亚公主，由于战败被迫在埃及为奴。

有时候我不知道去哪儿流浪

但我知道一定有主耶稣在

我努力让天堂成为我的家

　　大块头慢慢地滚动着，翻过身来，对着我的椅子发出特别香甜的哼哼声。

　　"我一定是听到了天使的声音。再给我唱一首吧，琼……嗯，真好听。"他睡眼蒙眬地微笑着，在我开始唱下一句时倦容消散。我有点担心那些在教堂里等他的人，但是依然继续唱着，直到安迪·扬开门探出个脑袋，对他笑了笑说道："早该知道这样。"然后我们一起叫醒了这位上帝派来的黑色天使，扶他站起来。他边拿着满满一杯咖啡，边对另一个镇的人群开始讲道。

　　噢，我太爱听他讲道了。有时我在场的话，他会格外热心地提到非暴力运动，因为有一次他提到他尽力想做的就是——"非—暴—力！"我也成了他的信众之一。对我来说这真是个奇迹，我还不到十六岁，竟然遇到早已赢得我心的这一现象的两位圣人之一，且有幸了解他，和他一起工作：激进的非暴力主义理念，被印度圣雄甘地作为革命性政治工具介绍到世界，现在又被马丁·路德·金牧师重新引介到美国。

　　甘地说印度的任务是把印度人民从英国的枪口下解放出来，同时把英国人从他们身后的枪口下解放出来。这在美国南部同样适用，很大程度上是因为金相信白种人也是他的兄弟，因为他的追随者们都很爱他，至少赞同他说的话，并执着于运用非暴力策略。

1963 年，当金发表最著名的演讲《我有一个梦想》时，我就在华盛顿。那是一个声名煊赫的日子，已经被人多次提起和描述过。我只想说，我心中自我奖励的一枚奖章，就源自那天我被请去唱歌。烈日炙烤下，面对着最原始的彩虹般的各界组合，我领着三万五千人一起唱《我们将得胜》，而挚爱的金博士把他事先准备好的演讲放在一边，任上帝的呼吸巨雷般穿透他的身体。我看到自由升上我的头顶，我听到它在我的四周回响。

我第一次去南方，是在 1961 年。我只是照常举办巡回演唱会，对人权运动几乎毫无意识。可能是因为我一直没把心思从迈克尔身上转移到真实世界中来，尽管我发现我的任意一场演唱会都没有黑人参加，而且即使他们来了，也会被挡在门外。接下来的那个夏天，我在签合同时提出让黑人观众也能入场，否则我不会再开唱。这场运动在不同阶层的人中开始发酵。回到南方，我发现依然没有黑人观众来我的演唱会，因为他们压根儿就没听说过我。我们不得不给当地的"全国有色人种协会"打电话，请志愿者们凑一堆观众，来听他们从来没听说过的人的演唱会。那时我唱的是《哦，自由》和《我们将得胜》，让自己全然与这场斗争同进退。因为对自己的投入程度还不够满意，我决定下一次去黑人学校唱歌，即使黑人大众对我并不熟悉，学生们也有可能单纯因为好奇或无聊才来听我唱歌。经过小小的沟通，1962年，曼尼同意我在包括四所黑人大学在内的南方腹地巡演，他和金姆都会陪我一起去。四所学校中，令人印象最深的应该是亚拉巴马州伯明翰的迈尔斯学院。

我们提前几天就过去，跟金博士及他的随从会合，一起住在加德斯顿旅馆，这是唯一一家同时为黑人和白人提供住宿的地方。为参加示威游行和非暴力抵抗，伯明翰市民几乎全体出动，接下来的几天完全出乎我们意料。

周日早上，我们参加了一个浸信会的集会。房子里挤满了人，都是来聆听这位年轻牧师讲道的。他的演讲被称为"夜半歌声"。人们站起来做见证，没有探讨天堂里的馅儿饼，而是探讨为追求自由坐牢。一个女人站起来见证，她和其他母亲并不害怕让他们的孩子坐牢，因为她说："坐牢是唯一需要去做的事。就像我一直被教导的那样，这并非羞耻的事！不是的（赞美主），跟随我们伟大的导师马丁·路德·金博士的步伐去坐牢，是一种荣耀！"喊出金的名字后，引起下面一片巨大的回应："是的，没错……是的，啊哈！"接着人们赞许地点头，发出哭泣和哼唱的声音，在整个房子里不断回响。唱诗班开始唱歌，一位老人穿过过道"开心"得僵直不动了，即便被四个走路沙沙作响的、崇拜他的白种女人抬出去时，他还一直在唱着歌。我毫不掩饰地泪流满面，我旁边的金姆也在晃动。一位可爱的、胖胖的黑人女人走过来，为金姆解开衬衫上的第一颗扣子，给她扇风，并甜蜜地对这个从"北方"来的、无辜的白人微笑。

接着我听见牧师说："而且今天我们幸运地请到一位我们所有人的朋友，也是从北方来支持我们斗争的……"哦，耶稣基督，别是现在，我心里嘀咕。"现在我们请她来给我们唱一小段，"他继续说道，"琼……琼·贝兹小姐。"人群开始窃窃私语，大家转过身来，想知道这次集会还会发生什么。我走上布道台，唱《让我们一起屈膝瓣面包》，人群也跟着唱起来。我用一种完全不同于我所有唱片中清亮纯净的嗓音演唱。我用我在那个房间接纳的灵魂唱歌，人们不断点头示意赞同，满是皱纹的脸上带着疑惑，快乐地笑着。我接着唱《摆动低点，可爱的战车》，人群变得快乐起来。有人掏出手绢，喜欢这首歌的人奋力挥动着。人堆里还有些人喊着："噢，上帝！"这时有位戴红帽子的年迈女士也僵住不动了，只好被人抬出去。我也吓一跳，但继续唱，因为，我想你们可能会说，我受到了圣灵启示。

第二天，警察展开了大规模逮捕行动。警长局长"公牛"康纳[1]坐在一辆小型的蓝坦克里巡视全城，准备好了消防喷水枪、催泪弹、警犬，方便抓人。我很生气，因为我要准备一场演唱会，不能和我的兄弟姐妹们一起抓人。我向曼尼保证，会为了演唱会按时回宾馆，然后和金姆一起坐上了一辆车。我埋头坐在后座不让人看见，金姆站在车厢地板上，我们一起去伯明翰所有的孩子聚集的那个教堂。

教堂的过道、座位、上上下下已经挤满了孩子，拍手的、唱歌的、念咒的、聊天的和大笑着的。时不时地，在吵嚷声中，会有新的一群人开始唱那天最受欢迎的歌，只有"自由"这个词，用"阿门"的调子一遍又一遍地唱出，代替不同的开场词，如"每个人都需要……"或"所有的孩子都需要……"，甚至是"'公牛'康纳需要……自由，自——由，自——由！"

除了金姆和我，这间屋里还有一个白人，勇敢的芭芭拉·德

---

[1]　尤金·康纳（1897—1973），担任亚拉巴马州伯明翰市警察局局长长达二十多年，是二十世纪六十年代美国民权运动的主要反对者之一。

明[1]。她也参加了游行，投身于非暴力运动，还曾进过伯明翰监狱，这些都被记载在她的《狱中笔记》中。

有位组织者拿起麦克风告诉群众，在意识到即使是伯明翰所有的监狱都无法容得下打算进去一游的人时，"公牛"康纳放出话来，于是有些有钱的白人捐出了他们的网球场。周围立即爆发出欢呼声和笑声，一些从没见过网球场的孩子开始窃窃私语，表示很期待。

我和几个十几岁的女孩交上了朋友，她们笑着和我聊天，唱歌。到时间了，我要走了。我用围巾包住头，和她们一起手拉手大摇大摆地从大门出去，边叽里咕噜地说着话边大笑着，从一大群挥舞着钟摆似的警棍的警察身边经过。我们经过时警棍不再摆动，像无风的沼泽地里的西班牙苔藓一般。我的肤色和里面肤色最淡的黑人女孩一样深，只要我愿意，说起话来就会像个十分地道的黑人。金姆待在教堂里，答应不会让他们逮捕，我实在不愿意费劲去旅馆和曼尼会合，然后等人送我们去迈尔斯学院。

我在学校里遇到的第一件事，就是一列由初、高中黑人学生组成的长长的游行队伍，穿过草地时唱道："迈尔斯需要自由！"黑人们个个身形伟岸，边走着边跳舞、拍手，彼此都觉得很好玩。令人讽刺的是，我却要给亚拉巴马州最不关心政治的黑人唱歌。这个城市所有牵涉到这场运动的人都会被逮捕。

可能那样会好一点。我们站在草坪上与一些群众说话时，已经有很美妙的事发生了。环顾四周，我们看见白人也来了，这儿那儿，

---

[1] 芭芭拉·德明（1917—1984），美国女权主义者、非暴力政治行动主义者，在非宗教的基础上为非暴力运动提供了一套系统的理论。

三五成群，有时是两个人。他们静静地穿过绿色的草坪，走向大厅入口，一切看起来并不奇怪，其实很不寻常。我们的东道主也在盯着这帮人静静地到来。其中一个人若有所思地说："这是白人第一次涉足这个学校。"

礼堂里渐渐挤满了人，中心位置坐着白人和一些黑人，旁边坐的几乎全是黑人。我在经历一些比舞台恐惧症更心惊的事。我对我的生活感到恐惧。四周都在发生革命，而且如果一个白人商人和他的家人愿听我唱《美丽温柔的姑娘们》，他们不得不走进来，坐在这个人声鼎沸的房子里，成为观众的一部分。我走下舞台，鞠了一躬，抑制住怦怦直跳的心。唱第一首歌时，阳台上砰地传来一声巨响。我身上的每块肌肉都在抽搐，皮肤也刺痛不已，我想我应该尽快从恐惧中缓过神来。一阵安静的点头和耸肩似的惊叹在观众中蔓延（肯定把椅子散架了），我的心绪这才趋于平静。我唱着歌，说着话，没人感到无聊。可能有部分原因在于我们能感受到从几公里外的市中心发射出来的电流，在那里，孩子们无时无刻不面临着被捕、被塞进囚车的危险。他们唱歌、祷告，恐惧深入骨髓，但他们能感受到彼此的存在，以及知道在上帝的眼里他们正在行义，这支撑着他们。脑海里孩子们的画面给我勇气，整场演唱会都很美妙。最后以《我们将得胜》作结，观众们都站起来手拉着手，一边唱着一边前后挥动。唱得很温柔、很动情，很多人都哭了。

多年以后，一位很有影响力的华盛顿自由主义者告诉我，她当时在场，坐在著名的右翼新闻专栏作家身边。这位作家告诉她，他是纯粹出于好奇而来，但最后他和她一起站起来唱歌，一直拉着她的手和很多人一起哭泣。她说，那场音乐会对她的生命有着至关重要的影响。其实，对我也是。

消防水枪开始对准人群喷射，警犬被命令向那群衣衫褴褛者的袖子咬去，一直咬到肉里，警棍挥舞着、敲打着，金博士入狱了。全世界都在看，所有受过教育的人，都把他们的思想、祷告、同情和信件传递给了黑人社群。黑人和伟大高尚的非暴力运动一道迅速崛起，第一次以高大的形象出现在美国历史中。"你看，"金博士说，"一个人的背若是直的，没人能打败得了！"坐火车前往另一个城市的途中，我们得知所住的加德斯顿旅馆发生爆炸，但是没人受伤。

我第一次和金认真谈话是在1965年。安迪·扬带我去金的房间见他，那是在南卡罗来纳州召开"南部基督教领导人会议"期间。我们在金的门外停下脚步，当听到金因为生气和愤怒提高音量时，我的胃有点打结了。我们在门外等了一会儿，再敲门，一起进了屋。詹姆斯·贝福尔和杰西·杰克森都在那儿，大声抱怨着与忠诚有关的问题。金手里端了杯饮料，眼里闪烁着泪光。他说，他已无法再承受压力，想回孟菲斯继续在他的小教堂里布道，不想再当领导者了。一滴眼泪滚落面颊，流到他强壮的腭骨那儿停住了。一个和金工作过的女人正蹲在卫生间里哭泣。我走过去，抱着她，不在乎她是否会解释什么，只想让自己能起点作用，安慰她一下。

一开始我也很震惊，哦，这么伟大的领袖会喝醉，会骂人，会哭，会说疯话。我还感到疑惑，认为有人说宾馆的房间里，金有不少女朋友都是谣言。但是作为见证他的人性弱点的人，我更感到释然，而非震惊。我知道他会因为"弱点"受到指责，我也知道期待他做一些他做不到的事是不人道的，或者说，他早已屈服于人性了。也许某天，我可能也会处于类似的境地。我首先想要的是理解和原谅。

第二天见面时，金一直笑着，但有点羞怯。

"那个，"他说，"现在你知道了，我并不是个圣人。"

"我也不是圣母马利亚啊，"我说，"终于解脱了！"

计划第二天一起去格林纳达旅馆（金一直住这儿）吃早餐的头一天晚上，我被请去和詹姆斯·贝福尔（一位狂热的、了不起的但不太为人所知的牧师，也是金的助理）、杰西·杰克逊、安迪·扬和何塞·威廉斯一起去机场接金。我努力不让自己显得欣喜若狂，事实上我会陪他到最后。我在幕后，听他们探讨如何计划和如何领导。我蜷缩在为这次运动租来的车的车窗边，看着窗外苍翠繁茂的终年绿植上长满苔藓，地上的灌木也正努力向上生长着去寻找枝干。

"天哪，这下面真漂亮。"我冒冒失失地说了一句。他们开始大笑，并用更重的口音谈论我所说的话题。

"这下面我们称为风景漂亮的地方是片湿地，找不到足够的棉被，过冬的人们都在下面睡觉……"

"是的，在那儿睡了很长时间！"

我觉得自己像个笨蛋，但是他们不停地爆发出一阵又一阵大笑声，我也只好跟着他们一起笑。

贝福尔开始讲他如何利用桑搏[1]逃命的故事。他说有一次，他正

---

[1] 来自俄语，意为"不带武器的防身术"。

好开到这条路上，在后视镜里看到一辆车一直跟在后面。他很紧张，于是加速前进，然后警察必然也加速了。他把油门踩到底，开得飞快，但就凭他那辆小破车，要想甩开警车简直是个幻想。所以警灯闪烁、警报拉响后没多久，警察就把贝福尔逼得靠边停下。贝福尔跳下车冲向那个警察，把他的帽子拧下来塞在他手里，然后就施展出桑搏。

"噢，上帝，"他开始讲述道，"哦，能见到警察真是太好了！我还以为是一堆孩子在追我呢，我太害怕了不得不加速离开。全能的上帝啊，我还以为我快完了，直到我看到警灯闪烁。噢，谢谢！太好了，谢谢！我太幸运了，您刚才救了一个可怜的黑人的小命……"听他这么说，我有一半的眼珠都快从脑袋上掉下来，其他人却笑得鬼哭狼嚎，尽管这个故事他们已听过一百遍。

我们静静地向前开进了机场。在南部，黑人和白人坐同一辆车是很危险的，去接金博士就更危险了，尽管联邦调查局应该保证他的安全。我不知道怎么去看待联邦调查局。一方面，我很高兴他们的出现，因为他们被雇来避免我们被三 K 党处以私刑。另一方面，他们当中很多人不过是南部的普通民众，他们也不能忍受我们的存在，如果我们在他们的管辖区域外出了点状况，他们也挺高兴的。

金的飞机降落了，当他穿过机场中的人群走过来时，我们迅速把他拽进车里，然后掉转车头。令我更为诧异的是，回去的路上，他们什么重要的事都没讨论。又开始讲笑话了，金讲了一些在上一个地方收集到的新鲜笑话，大都是关于黑人的。尽管我不太乐意这样，但每个人都特别开心，每个新笑话都笑到不行，直到拿出手绢（笑得擦眼泪）。我让自己也陷入这种愉快的、极为轻佻的娱乐中，直到下一件事——吃饭。金想吃点东西。

和金一起朝一家小小的传统饭馆走去，像是和上帝走在一起。这间屋子里的每张脸都变了形似的。他冲每个人笑笑，他们也冲他点头致意，笑着回应。有人过来和他握手，其他人也不停地向他致谢，还有些人惊愕地默默摇头，眼里都是泪水。金大快朵颐。我猜我点的正是他想吃的，还点了苹果派和冰激凌做甜点。第二天，我们要和一排黑人小学生一起，步行去往直到今天都拒绝他们入学的纯白人学校。金把教堂里的所有人都召集起来，告诉大家在上帝眼里所有人都是平等的，我们也必须爱我们的白人兄弟姊妹，要理解他们中的少数人不过是因为思维上出问题了。这是一段令人非常恐惧的路程，但我一定会和金并肩前去，并且很乐意为之而死。

金到达之前，我们已经在当地组织者的号召下在教堂里集会，并在镇上游行过了。在格林纳达市中心，我们一起唱歌、拍手，一起祷告，一起祝福当地的居民，包括坐在人行道小凳子上的三K党成员。他们斜靠在停车计时器上，削着苹果皮，用大大的、看起来很不吉利的弹簧刀剪着指甲。有一次，一个蓝眼睛、长雀斑的八岁小男孩从一辆接送卡车上下来，朝我这边跑来。

"嗨。"我说。我以前见过撇着嘴的孩子，但只是在模仿电影里的恶棍。

"黑人。"他说道，直直地盯着我的眼睛。

"嗯，算是吧，但是如果你放下那种成见……你叫什么名字？"

他对我的友好很吃惊，跑回了卡车。大多数店铺都拉着窗帘，所有的店主和售货员都谨慎地闪到一边，从百叶窗的缝隙里往外窥视。

第无数次经过当地漂亮的营业室时，一个小小的奇迹发生了。这个小善举告诉我们一个道理：纵然生命中有太多失败，也总还会有小小的胜利。这扇门打开了一条小缝，一个小女孩白皙的小手伸出来一小会儿，害羞地从黑暗中伸出来，比画了一个 V 字形的、意味着胜利的手势。她读到这本书了吗？我现在要向她的勇敢行为致谢。不久，所有的女人都站出来倚靠在商店外面，我们已经没法知道她们中都有谁，冒着丢工作的危险在那一刻选择支持我们。

我跟很多名人合过影，其中一张我已经裱了起来，而且终生难忘。照片中，金和我走在密西西比州格林纳达一排小学生的前面。我后面是艾拉，还有安迪，再后面是一长串学生，全都是黑人。

因为要和他们的领袖一起做一件重要的事，大家的脸上都挂着灿烂的笑容。金经常谈及"历史性时刻"，他们知道这就是其中之一。一个扎猪尾辫的女孩拉着我的手。各家媒体的摄像机也都在那儿，还有一大堆摄影师。街的斜对面，一大群白人孩子也朝着同一所学校走去。那天他们看起来脸色极其惨白，恐惧，不高兴，一点也不像"高级人种"。我悄悄对金说："马丁，我们到底在干吗呢？你希望这些高尚的心灵都像他们一样吗？"我示意马路对面那群悲惨的小东西，"我们一定是傻瓜！"金冲一位过度焦虑的摄影师庄严地点点头，然后从他的嘴角边挤出一句话："嗯，不要在摄像机转动的时候说……"

当走到距离学校一个街区的路口时，我们被这个世界上最大块头的警察拦住了。相较于我五英尺六英寸的身高来说，金比我高不了多少，我感觉站在我们面前的像是从另一个星球来的外星人。我相信那位警察也有同感。

"早上好，"我气定神闲地说，"我们要送这群孩子上学。"

"你们不能再从这儿向前走一步。"

"噢，他们要去上学，我们只不过是帮他们践行一个公民的权利。"

"你们不能再从这儿往前迈一步。只有家长可以过去。"

"是啊。你看，我们有其中一位家长让我们代为接送孩子的信，就像监护人。"我大吼道。

"抱歉。不能越过这儿。"类似的对话进行了几分钟后，我们折回了。

那天晚上，几百万人都看到了这条新闻，看到密西西比的黑人学龄儿童被拒绝接受正式教育。而且，感谢更多新闻媒体的存在——天哪，是因为媒体的存在，没人敢扔石头，也没有孩子被打，而不是因为爱。至少这所学校是这样。

金遇到了一个很糟糕的境况，他面临一个抉择——是否站出来公开反对美国在越南的战争。很多黑人已经参加这场极具争议的、不受欢迎的战争，并在前线死去。人权运动的标语"自由刻不容缓！"（Freedom now!）已经承载了一个新的维度。

金选择了公开反对越南战争，称其为非法的、不道德的战争。他与林登·约翰逊总统的直接联系可能会在一天之内消失，他自己也可能会陷入迷惘和分裂。他不得不听从"内心里坚定的、小小的声音"，这是一个贵格会信徒的良心，是他启明灯似的表态。在我看来，正是因此，他付出了自己的生命。

1967 年，艾拉和我都入狱后，金和安迪来探望我们。我曾在奥克兰体育馆为南方基督教领袖协会（SCLC）募捐唱歌。哈里·贝拉方特、萨米·戴维斯也都在那儿。萨米牧师站起来，用胳膊绕着哈里，看着哈里帅气的脸庞，说道："为什么你又高又帅，而我又矮又丑呢？"哈里抱着他说道："我想这就是上帝的安排吧！"说完，两人都哈哈大笑。演出结束后，萨米要为越南的军队表演，而我要离开一会儿，睡半个小时觉再回到奥克兰征兵中心去支持反征兵运动。我和其他三十五个女人以及很多男人一起被捕。我一生因特殊事件两次入狱，这是第一次——被判十天监禁。

我们在圣丽塔改造中心的最后一段时间里，艾拉和我得到消息，金会来探望我们。那些"狱中常客"，一半以上是黑人，简直欣喜若狂，但被告知绝对不允许接近金半步。我试着想办法让一两个人溜进会客室。马丁和安迪已经坐在小隔间的桌子旁了。金看起来非常累。累了，也听天由命了。我觉得特别内疚，坐牢对我来说算不上任何实际意义上的牺牲。我长胖了，而且交了很多朋友，还有很多属于自己的时间。我给不愿意执行强制命令的中尉和守卫带来了麻烦，但我后来给他们唱歌了，或者说也只是聊聊天，这让他们更加迷惑。当那位了不起的探访者和我交谈时，我发现有张充满活力的黑色的脸一直窥视着隔离室，还冲我打手势示意。我向金和安迪使眼色，用嘴唇"嘘"了一声，召唤那姑娘过来这边。当金站起来向她问好时，她和他握了手，并把一张小小的皱巴巴的纸铺平在桌子上，慌乱中她的铅笔掉到了地上，说了句："该死！"然后问金能否给她签个名。他说，当然可以。她说："太好啦！"警卫走过来时，她的笑容立刻僵住了。

"我邀请她见见金博士，"我用自己最甜美的声音说道，"希望没有破坏你们的规则……"

这姑娘跑开了，抑制不住她的快乐，当回到等待她的朋友中间时，人群中爆发出一阵惊呼。

"我拿到了，我拿到了。而且我还和他握了手！"那天晚上，警卫不准她去看电影，但是她躺在自己的铺位上，精神焕发。

"我才不想去看什么狗屁电影呢。我和他握手了，我碰到了他，还和他聊天了……没什么可以把这件事从我生命中抹去。"

原谅我，马丁，当你死的时候，我什么都感受不到。那时大卫、艾拉和我都在为反对征兵巡游，演讲，唱歌。我们正住在一家肮脏的汽车旅馆后面的东边，艾拉敲开大卫和我的房间的门，告诉我们你被枪击了。第二天，媒体采访我时，那时你已经死了，我说的大部分是我们的不同点，你如何希望黑人能成为美国社会的一分子……以及我如何认为黑人警察和黑人城市公务人员对改变腐败不会有多大用处，我还告诉他们我不相信葬礼，也不会去参加葬礼。我也没看关于葬礼的相关报道。

直到八年后，我才做好准备，想和你道个别。一天下午，给家里吸完尘之后，我打开电视。猫和狗已渐渐习惯抓来挠去，客厅的地毯上到处是它们的毛。我拍着身边的地毯，等那只大牧羊犬过来躺在这儿。它来了，我抓着它耳朵后面，亲了亲它的鼻子，在想所有的动物是如何舒服，它们如何让我乖乖地给它们清洁……我再次拿起遥控器，希望能找到一些不费脑子的节目放松一下。然而，我看到了你的脸。你和科雷塔从飞机上下来。她很漂亮，你戴着帽子，你们看起来像复活节一样年轻而清新。你和媒体交谈，向他们说明你所投身的非暴力运动带来的改变，我能感到你对我的生命飓风一般的影响。无处可逃了，话说回来，我已经做好准备，要对那段时光释然。加布进了房间，我才意识到我已经泪流满面。

"听着，宝贝，"我说，"我可能会哭一会儿。如果你想看看历史上最伟大的人物之一，以及一部分最惨的孩子……"

加布在我身边坐了一会儿，他看到了被狗攻击的孩子们。我指出"公牛"康纳，就是他下的命令，加布说了一句，他是个"浑蛋"。我告诉他，金甚至并不恨康纳先生，因为他认为他是兄弟之一，只不过思维上有点毛病。

"噢，但我觉得他就是个浑蛋。"加布说，然后拍拍我的膝盖，非常担心地看着我的脸。不是因为他说了"浑蛋"这个词，而是因为孩子是很讨厌见到他们的父母哭的，而我显然没法止住。我亲了亲他，并告诉他我绝对没事，而且片子结束后一定不再哭了，他也亲了亲我，告诉我他很爱我，然后就出去玩了。

纪录片在葬礼中结束，你的画外音向你自己这样致悼："……马丁·路德·金，试着用自己的生命服侍他人……马丁·路德·金努力去爱他人，我希望你会说我试着在战争问题上持正确立场……我为了拯救饥荒而努力……我希望你会说我一直想给那些衣不蔽体的人以温暖……我还要去监狱探访那些在狱中受难的人。"我看见安迪穿着长袍，坐在一张王座般的木头椅子上，流着泪。

而现在，当我写下关于你的以上这段文字时，又过了九年，我发现自己依然无法对你说再见，我又发现这其实没关系，我也没必要非说再见。我关心的并不是你的肉体，而是你的精神，于我而言，它到今天依然存在，就像当年我在密西西比州格林纳达的小屋子里唱歌叫醒你时一样。

你是我的希望和灵感之源，比任何人在我生命里的位置都重要。当我听到此刻正在我耳边播放的你在山顶上的演讲时，我很期待，比任何事情都期待，那个时间和地点能再次出现在我面前……我的路将会再次清晰……我想重新获得献身的动力，想再次回到街头朝前走，我知道生命中最重要的事情是按照上帝的旨意行事。我渴望不再因年龄、死亡产生成见，从现在开始不去在意琐碎之事。我想你一定知道，因为你说："我并不在乎当下。我只想按照上帝的旨意行事。"因为他让你登上山顶，而你向下俯瞰，看到了应许之地。

每次听到你的声音，它都把我带回到山脚下。我并没有失去勇气，马丁。只是等到八十岁的时候，我也不一定知道路是从哪里开始的。

约翰尼最终拿到了他的枪

　　1963 年，我发行了第三张专辑，销量很好。我举办演唱会的场地已经从一千八至三千座的镇礼堂，发展到能容纳八千至一万人的森林山，再到能容纳两万人的好莱坞圆形剧场。有人说我能让现场一两万的观众看起来像是坐在客厅里，每个人又都像是私人贵客一样。

　　我倾向于在明亮的场所或露天场地演唱，因为我能看见观众。唱歌时看到人，而非对着个黑洞，会让我的恐惧减轻一点。我和以前一样赤足上场，一般会穿一件很简单的连衣裙，戴条项链。我的头发现在已经很长，很直，刘海儿完全长出来了。很有《圣经》里的感觉，但是有点阴郁。我站在吉他后面缩成一团，这是声乐教练的噩梦。我依然会唱很多舒缓的民谣，但会加一些关于民权运动的曲目和情愫：《奇异恩典》《摆动低点，可爱的战车》《哦，自由》，以及圣歌《我们将得胜》。我还加了玛尔维娜·雷诺兹悦耳的反核武器歌曲《他们对雨做了什么？》。《乔·希尔》也和迪伦的其他金曲成了最受欢迎的歌。

　　尽管获得了一定的成功，一种可追溯至十四岁时所写的一篇反战主义文章的情感，又开始萦绕在我的脑海。现在的我处在一个用生命去做更多事情的状态，而非仅仅是唱歌的状态。我有能力赚很多很多的钱。我可以让很多很多人知道我的存在。这种情感扎根并发展壮大为有形事物，需要一段时间，但现在我的意图很明确，并且趋强烈。

某天早上，我正在杂货店购物，海岸边的雾正从静谧的卡梅尔11月的大街弥漫过来，收银员随口说了一句很重要的话："肯尼迪被枪击了！"

我不明白他在说什么，点点头，笑了笑就把东西都拖到车上去。但这个声音一直在我脑海里徘徊，有种很古怪的感觉爬上了我的脊梁，我打开了收音机。

肯尼迪被枪击了，但他还活着，而且整个国家都处在极度的悲伤中。我感到身体里有种歇斯底里的感觉在激荡，也不知道为什么。我不相信关于他的神话，也没将他视为一个英雄。蜜蜜、迪克、金姆和我都聚集在玻璃房子里，试图驱散惊慌。我打电话给艾拉。

"亲爱的，太诡异了！有钱，世界闻名，可能是世界上最有权力的男人，正坐在一个漂亮女人身边，乓的一声就没了！没有痛苦，那么快……这狗娘养的真够幸运的！"

一开始，我对他的麻木不仁特别不爽，还有点生气，因为我也感受到了整个国家歇斯底里的心痛……但是很快，我想，我也希望能那么快死去，带着荣耀之光。

约翰逊没浪费任何时间就接任了总统一职。肯尼迪被刺杀的第二天上午，我收到一封之前曾答应要去给他的庆祝大会献唱的确认函（做这个决定的时候我有点不舒服），这次演出照常举行，只是要为林登·约翰逊举办，"按照已故敬爱的肯尼迪总统想要的样子"。可是已故敬爱的肯尼迪总统还尸骨未寒。我考虑了一下，正如我偶尔为之的，判定如果拒绝的话会有点死板，而且会关掉很多门路，于是我回复说是的，我会出场。

向来有尊严的自由演员和喜剧演员，已经把献给约翰·F. 肯尼迪总统的真诚的演讲辞，修改成恰当的但完全言不由衷的话献给林登·B. 约翰逊。

披着一件七英尺长的貂皮披肩，穿着带褶边的连身背心、渔网袜、尖跟鞋和全臂手套，金杰·罗杰斯唱了一些没让人记住的歌。为结束表演，她俯身把貂皮披肩塞到稳稳地劈叉坐在地上（很令人震惊）的双腿间，再缓缓地起来，又把那件长长的披肩从她紧紧地夹在一起的双腿间抽出来。最后，她的胳膊从右上方伸出，在空中形成一个"V"字，还一边唱着歌。这件可怜的、被过度使用的貂皮披肩在她的肩膀和身体间蹭来蹭去，恨不得赶紧被送到洗衣店去。

当知道我拒绝加入压轴的国歌演唱时，工作人员都很低落。

"但是所有人都在期待你！你会非常轰动的！"他们恳求道。

我没唱国歌，但依然轰动。可能是因为我给杰奎琳·肯尼迪唱了一首《我们刚逝去时光的明亮余烬》，没有和伯德夫人[1]一起唱吧，但我听到总统对我的评价是："知道如何利用形势。"我先以一些外交性的措辞谈及他的领导，告诉他必须听年轻人的声音，进而直奔要害，发出人民渴望远离东南亚战争的声音，然后唱了首《时代正在改变》。当我唱出歌词时，整场情绪像通了电一样高涨。掌声雷动。神经像是被敲打了一样。也许是年轻人为了表达对先于我之前的一系列

---

[1] 林登·约翰逊总统的妻子伯德·约翰逊。

华而不实和乏味的东西的反感，那天晚上我是唯一被要求再唱一首的歌手，于是我又返场唱了首《在风中飘荡》。

回到卡梅尔的家，约翰逊的民主党青年部想通过老多纳拉拢我。约翰逊当然是在谋划他的竞选策略，他的对手是极端保守分子巴利·戈德华特。多纳的建议真是丰富多彩，同时也对我的本能予以附和。

"去他娘的蠢货，"他边说着边把手朝脑后挥去，一副嫌恶的表情，"这群污秽下流的狗崽子，亲爱的，他们都是傻×！去他的，投个毛。你会去吗？"

"去干吗？"

"他们想让你去领导他们。"

"别说傻话了。能给我一支笔、一张纸吗？"我回复道，并坐在他家厨房的餐桌旁，起草一封给约翰逊总统的信。我告诉他，只要他不再干预东南亚，并把政府称为"顾问"派往那儿的部队召回，我会考虑投票给民主党。多纳十分赞许地看着我。

跟多纳一样，我的问题并不是针对约翰逊，而是针对所有的政党和大多数政客。他们对整个国家效忠。无论是俄罗斯人、美国人还是坦桑尼亚人，他们都把碰巧出生的地方视为世界上最重要的地方，并且在那里谋生。其他人也把这件事看得很重要，但没有站在这个位置上去干破坏性勾当。任何一个人在观看了政党全国代表大会五分钟之后，如何可能严肃地对待政党政治？在一个本该严肃地思考自身未来和世界未来的时候，代表大会的人却倒退成六岁的孩子，戴着愚蠢的帽子，喝着饮料，尖叫大吼，玩着气球。

我从未被卷入任何主要政治候选人的竞选，更倾向于完全处于党派系统之外。偶尔我也会签张支票或写个便条，鼓励一些因为原则而勇于对抗所有人、冒着无法回到办公室的危险的国会议员。1964年，我没有参加选举，而且也不会填任何民意调查，只在1972年投过反对尼克松的票。

我发行了第四张专辑《演唱会上的琼·贝兹，第二部分》，销量也很不错，那时我决定参加卡梅尔一个小型的反战集会。我可能是和艾拉一起组织的，记不太清楚了。参加者不超过三十人，我们看起来衣着都很不齐整，但我们的出现，标志着和平运动已经来到了卡梅尔。我的精神科医生开车路过时曾看了我们一眼。他后来告诉我，我们看起来太脏乱，很难赢得太多信任。

伯克利自由言论运动（FSM）的组织者们联系了我，我前去献唱和演讲。艾拉和我提到非暴力话题，得到一小部分人的支持。他们之所以一遍又一遍地请我去参加他们的游行和集会，更多的不是因为对非暴力运动的极大兴趣，而只是因为我会吸引一大批民众。我知道事实如此，还是不顾一切地发动猛烈攻击，并在每首歌的间隙提到甘地，以赢得一些心灵和头脑，并用我的"温和"的观点激怒那些"激进"的左派。

某天，我带领一支巨大的游行队伍，从伯克利著名的斯普劳尔楼的台阶那儿出发，一直到长满草甸的山坡。山坡对面的那栋楼里，董事会正在开会，会议的结果将会影响到这群学生的需求能否被满足。罗纳德·里根是董事之一。马里奥·萨维奥[1]被选为代表和他们的发

---

[1] 马里奥·萨维奥（1942—1996），伯克利自由言论运动的重要成员，以1964年12月2日在斯普劳尔楼发表的演讲"直面齿轮机"著称。

言人谈话。等待过程中，我领唱，其他人演讲。马里奥从会上出来了，气愤中带着憎恶，最糟糕的是，他感到被击垮了。

他的气馁可能事出有因，但是抗议者们那时最需要感受到新鲜的力量，而气馁会快速传播，并转变成愤怒。我不记得是自己要求的，还是直接就拿起了麦克风。

我告诉他们，他们的权利是他们的，没人能够剥夺；他们需要做的就是示威（或别的意思差不多的词）。他们可以让这成为他们的大学。他们可以做容易点的事，譬如对"斯普劳斯楼"提出主张，我咆哮道，把"斯普劳尔"的音发错了。而他们确实是这么做的。

他们进入大楼时，我也在那儿。在三千个孩子从全国、全世界赶来的媒体面前，我告诉他们用"所有能聚集的爱"进入大楼，接着我给他们唱歌。有些更"激进"的孩子，不喜欢我在这么严肃的革命时刻谈"爱"。走廊和房间里都挤满了讨论问题的学生，以及一个由艾拉和我领导的探讨非暴力反抗的研讨会。还有许多告密者，我认为。我到处走动唱歌，很高兴看到那些感受到自己力量的人，对有的人来说，这还是第一次。

如果警察进来的话，艾拉和我打算和他们一起被捕。我们等了好几个小时，大概到了凌晨两点半，我们认为夜里不可能会有抓捕行动，于是离开大楼决定早上再回来。我们刚离开停车场，警察就进去了。

我猜他们可能不想抓我，因为对他们来说，我是个令人不悦的公众人物。我们打开车里的收音机，为孩子们感到难过，想知道他们是否有尊严地守住了原则。很多人都守住了，有的人尽力守住了。其他人可以理解地感到害怕。如果真的在这个国家的中产阶级白人孩子中爆发一场真正的非暴力运动，他们必将知道非暴力运动并不意味着警察手里的警棍不会朝你挥过来。那天晚上，他们意识到越是恐慌越是受到警棍更重更快的抽打，可能还不如就一直唱着歌。值得赞扬的是，他们很勇敢，虽然也很害怕，伯克利称他们为行动主义新阶段的开始，有被全美国的大学效仿的风险。

1964 年，在约翰逊当选后，最初的自由言论运动已经转变成了反对美国对越战争的激进运动。得知我们在越南的驻军除了灾难并不能给越南带来什么之后，我决定拒绝支付车队税。这项举动是我个人的，针对政治的，也是公开进行的。那时候，我们的"国防"开支大约占了国家财政预算的六成。我给美国国内收入署（IRS）写了封信，全文如下：

亲爱的朋友们：

我想说的是：

我不相信战争。

我不相信战争武器。

很长时间以来，核武器已经谋杀、破坏、歪曲、致残，并给男人、女人和孩子造成了无尽的痛苦。我们的现代武器可以在刹那间让一个男人变成一堆灰烬，可以令一个女人的头发掉光，或让她的孩子生出来就是个怪物。它们可以杀死乌龟大脑的一部分，而乌龟是靠大脑来告诉它往哪儿去，这样一来它没有吃力地爬往海岸，而是稀里糊涂又步履维艰地朝沙漠走去，慢慢地眨着它那可怜的眼睛，直到最终烧焦而死，变成一个壳和一些骨头。

我不会再把每年所得税的 60% 上缴以用作购买军备了。我这么做有两个原因。其实一个就够了。指明一个人没有权利夺走另一个人的生命就够了。现在我们计划和制造可以在一秒内夺走几千、一天之内夺走几百万、一周之内夺走几十亿人生命的武器。

没人有权利这么做。

这很疯狂。

这是错误的。

我的另一条理由是现代战争是不切实际和愚蠢的。我们每年花几十亿美元在科学家、政治家、军人身上，花在甚至总统都认为一定没被使用过的武器上。这是不切实际的行为。所谓"国家安全"的说法毫无意义。它牵涉到我们的国防系统（在我看来就是"冒犯系统"），简直是胡闹。它继续扩大、累积，一个可怕的杀人机器用在另一个上面，直到因为这样或那样的原因，一个按钮摁下去，我们的世界或其中美好的一部分将会被击成碎片。这不叫安全。这叫愚蠢。

这个世界的有些地方，人们正在挨饿中死去。他们指望着这个国家全部的财富和全部的力量。他们盯着我们的财政预算。他们本应该很尊重我们，但他们并不尊重我们，他们鄙视我们。这也是不切实际和愚蠢的。

也许是从弓和箭被发明出来开始，也许从枪，也许从大炮开始，我们就应该划清界限。因为现在全是错误的，全都不切实际，全都很愚蠢。

　　所以我能做的只有划清我的界限。我不会再为军备竞赛贡献我那部分……

你们真诚的

琼·C.贝兹

　　我把这封信寄给了美国国内收入署，同时也寄给了新闻媒体。

　　这封信在全国及全世界广泛印发后，美国国内收入署派了个代表来到我家门口，手里拿着沓文件，建议我放弃整个愚蠢想法，并在画线处签名，付款，以避免一系列麻烦。我邀请他进屋喝杯咖啡。他拒绝了，并请我去一趟他在蒙特雷的办公室。我就像个傻子一样去了。一进他的办公室，我就知道自己不该来这里给自己添堵。我坐在一把椅子上生着气。他结束了电话后，把注意力转向我，机敏地说了句，我看起来不太高兴。

　　"我是不太高兴，"我说，"我不喜欢待在这儿。"

　　还没明白我的意思，他又开始重申只要我改变主意，付完税我的感觉就会好。

　　"不，"我说，"你没明白。我不是来缴税款的，所以我来这儿毫无意义。"

　　"但是，很肯定的是，贝兹小姐，你不想成为一个坏公民，对吧？"

　　"我是这么看的，你只能要么做一个好公民，要么做一个'好人'。

如果做一个好公民意味着要交钱买汽油弹浇在小孩身上，那么我想我宁愿做个好人并拒绝交费。"

他变得特别激动。

"所以你是想进监狱咯。"他警告我，口气很不祥。

"好吧，我想我会在哪一天进监狱的。可能同样是为了我真正信仰的事。"我回答道。

"但监狱是给犯人准备的，罪犯才会进监狱！"他警告我，越来越激动了。

"你是说像耶稣？甘地？梭罗？"我得意地说。

"啥？"他说。

国内收入署扣押了我的房子、汽车和地。这并不会对我的生活产生真正的影响，但公众不明白怎么回事，他们以为我正拿着个马克杯坐在路边乞讨，从全国各地给我寄来支票。我一直有十年拒不交税。有时候国内收入署的代表会出现在我的演唱会现场，钱还没到筹办人那儿，他们就从售票处拿走了现金。我被人谴责为不切实际，因为，应缴的部分当然我一分没少，政府还额外对我处以罚款。问题是我一直拒绝交给他们，是他们自己花了大量的时间和金钱过来取走的。而且，抵制税收运动一直在高涨，就像不仅仅谴责越南战争，所有的战争都遭到了反对。

我还第一次上了约翰尼·卡尔森的脱口秀。制片人和我"聊了聊"。

"你知道，琼，你能来参加这个节目我们都很激动，约翰尼简直乐晕了。真的。太棒了。"

"谢谢。"

"我们想让一切都进行得很顺利，你知道的，因为人们之所以喜欢约翰尼是因为他能把他们逗乐，你知道我是什么意思吧？这是一天最后的时间，人们都准备上床睡觉了，于是呢，你知道的，呵呵，这是个他们不想为任何事情费脑的时间。他们只想娱乐一下。所以关键时刻让一切都很光明，那样所有人都会开心。"

"你想说什么？"

"噢，也没啥特别的。除了一件事，嗯。那个，我这么说吧。为了帮约翰尼一个忙，我们想跟你说一下请不要提所得税的事。"

"为什么你会说起这个？"

"噢，只是因为，帮约翰尼一个忙……"

"为什么你不想让我提所得税的事？我本来也没准备说，但是我现在想知道为什么。"

"噢，拜托，琼，输得起，行吗？"

"我输不起。但是如果你能告诉我为什么不让我提所得税，我就不说。这不是很公平吗？"

"瞧，"他试着说，有点绝望了，"假如我是你最好的朋友。我要开一个晚餐派对，请了一大堆人，我也请了你，但是我想让你帮我个忙。我让你别穿蓝颜色的衣服。你还会穿蓝色的吗？"

"如果你是我最好的朋友，你该知道除非你给我一个完美的解释，为什么要提这个愚蠢的要求，否则我一定会从头到脚都穿蓝色。"

正当我觉得我们已经陷入僵局的时候，一个拉丁美洲裔的制片人（他的名字多年来我一直记得，但现在突然忘了）出现在一个小办公室里，他让我去一下他的办公室。

　　"如果你在约翰尼的节目里，说你拒绝缴纳 60% 的税，那些看了你节目的人就会群起而效仿，约翰尼的节目就会被谴责，甚至被起诉影响了他们的决定。"

　　"谢谢。"我说。我没谈关于所得税的事。

　　随着美国卷入越南战争越来越深，我受邀参加了越来越多的脱口秀。基本的情境都会是这样：我会在铁氟龙[1]展示、大家缝聚会[2]或谈论狗狗竞赛之后出场，采访者会问我一些关于战争立场的问题（您已经是名真正的活动家。你一定对此感觉强烈……）。我刚说完一句完整的话，他就会说："噢，稍等，邦佐·格利特刚从《美国万岁》[3]拍摄场地过来，让我们听听他的看法。"然后邦佐·格利特就会坐下说："噢，白兹小姐（Miss Buyezz），我一直很喜欢听您唱歌，但是个人以为，我不会坐以待毙地等着红色瘟疫从印度支那一直蔓延到全世界，再一直蔓延到我们的海域把我吞没。"采访者就会说："谢谢邦佐，我们一分钟后回来，这条消息后……"那会儿我就一直坐着。然后，回到节目后，我就像猎豹一样反击他们，告诉邦佐如果想为国献身，就不会坐在椅子上，而是已经"在那边"的前线了。然后我就会直接呼吁满屋子等了六个月才得以参加这场秀的中产阶级母亲们，问她们是否思考过她们的儿子是不是真的想去越南参战，以及那些每天早上五点钟开往征兵中心的汽车里装满的年轻人是乐于为国献身，还

───────────

[1] 杜邦公司在其一系列氟聚合物产品上注册的商标。

[2] 早先美国妇女很少外出工作，无聊时便带上要缝的被子聚在一起边缝边闲谈，故而得名。

[3] 此处提及的人名和电影名疑为贝兹杜撰，bonzo 意为"发疯的"。

是很恐惧战争，而之所以参军只是因为收到一封信，告诉他们别无选择。妈妈们不知道是要鼓掌还是要发出嘘声，于是我开始唱歌，没人知道该想点什么。我很快就克服了自己的羞怯，开始喜欢上了必定会（且依然）在联播电视娱乐节目中出现的这种明显的伪装，并视其为挑战。

我的文件中有一张 1965 年的照片，照片中的我穿着比基尼，一个人走在湖边的沙滩上，看起来像个正常的足够年轻的女人，却很费力的样子。心事重重，像刚从海里出来。照片的背面是我写给母亲和父亲的信，而且，还意味深长地写给"每个人"：

亲爱的妈妈、爸爸和所有人——

我现在在西勒斯维尔湖。要在这儿接受一个采访。

我现在活得有点意兴阑珊了。很抱歉一直没给你们写信。希望你们能原谅我现在才动笔。

我的人生面临一些选择。我想是时候先理理清楚了。我想开展和平运动。这个念头大概产生于两个月前。时机已经成熟，我想我可以做任何想做的事了。一切皆有可能。我想就在秋天发动。也不知道具体要干点什么。艾拉有些想法，他说他觉得会产生轰动性效果，但让我先想想看我能有什么主意。他说如果需要的话，他可以联系到一些全国最好的组织者。我觉得人们一直在寻找和探寻着一些实际的、真实的事物——这场运动将会是非暴力的运动。这个概念相当模糊，但我认为让自己准备着去追寻一些即使你还不确定具体是什么的事物，并没有坏处。我必须做好准备迎接我想拥有的一切。谁会等到那个时刻来了，才问自己是否准备好了呢？我的车、房子和我的睡眠——我必须照顾好自己。很抱歉这封信中出现了太多的"我""我的"，但是我必须为你们写下来。我必须让自己别去想为什么而死，而是为什么而生，但这实际上更难，就像在飞机上或者有时候在监狱里患了流感。这特别难，但是谁会知道呢。我必须让自己"迎难而上"，就像歌中唱的……在行动之前就知道自己做什么，而且在做的时候——允许自己和其他所有人即使行动后失败了——一场游行——一次守夜——一次冥想——任何事。

哦。我很兴奋——我是个指挥者了

我爱人民

我将需要帮助——你们和所有人的

可以吗？你们大家？

爱你们——

狱中见——

我要去旅行两天——我会让你们知道的——

你们自大的

女儿——

必须有人去拯救世界。而且显然，我感觉自己适合这项工作。我用简单地夸大日常行为的方式，参加了一段时间的自我净化训练，为"运动"做准备。

之后的某一天，我对艾拉说，我不想这么永远无知下去，问他能否考虑用更正式的方式指导我。艾拉认为是我提出了下一步想法，我则认为是他，但这场讨论最终发展为一项提议：我们建立一所非暴力研究学院。

我们邀请了两个朋友来帮忙：罗伊·开普勒，当地一家很棒的书店的老板，同时也是一位"二战"反对者，多年来一直为精神病医院提供尽可能的服务，朝鲜战争时期曾被关押在狱中，现在依然是位坚定的和平主义者，是这个世界上最正派的人之一；霍莉·切纳里可能是我这辈子遇到的最聪明的女人了。她是个严格的素食主义者，绝对的非暴力倡导者，也是我们四个人中最具组织头脑的。

学校以研讨班的形式运营，不施加压力，不紧不慢地，以最小的成本参与。我们会列一串书单，各式研讨班都要在阅读的基础上展开讨论。我们还订阅了期刊和报纸，这让我们得以知道世界时事，以及各种与非暴力行动相关的杂志和公报。我们也会组织冥想。

呈现在我们面前的这个完美小校舍，坐落在卡梅尔山谷中部，离我住的地方只有十分钟的路程，里面有厨房、供举办研讨班的大房间、配套的卫生设施，房间后面有个可以让艾拉住的地方。这房子是用我的钱买的。研讨班很快就召开了。招学生并不存在什么问题。问题在于街角斜对面的　对夫妇，一直以来他们都过着相对安静和受保护（而且有点无聊，我觉得）的生活。现在他们让整个社区，确切地说，全世界都知道他们处于失去平静和安全的危险处境之中。一群怪人正在侵入整个山谷，并威胁着他们的生活方式。

我们不得不赶在出庭接受县议会裁决之前清空学校。我们打了几个星期的官司，而且在当地公园、我们被驱赶的地方以及我家的任何地方开课，依然算是在非法运营。这个地区顽固僵化的保守派出现在法庭上为这对正直的夫妇辩护，而我们的支持者来自整个蒙特雷湾地区，有些人很有影响力，有些人就是普通的群众，还有我们的学生。

霍莉穿着她那一本正经的浅褐色棉裙和彼得·潘式衣领的衬衫，一头随性的短发，戴着厚厚的眼镜，发言时给人印象最为深刻。艾拉像往常一样不可抗拒，引起了那些呢呢喃喃、可能还有些敌意又十分排外的妻子不该有的幻想。等到我发言的时候，我穿着一条十分妥帖的裙子和一双鞋。我们被和"疯狂边缘"联系在了一起；我说我应该就是疯子，艾拉的胡子也提供了一些不修边幅的证据。所有人大笑。然后，我说我的反对者担心他们价值四万美元的房子会贬值，但我也是个房主，而且已经在卡梅尔山谷投入了十万美元，我也会担心我的房子贬值。说完我就坐下了。

最后，那位太太变得心烦意乱，以至于毁掉了自己的申诉。她把二十条罪状写在餐巾纸上，说我们把她的生活弄得难以忍受。大概是第十六条写到：我们"迫使她寻求精神治疗"——这明显意味着她的问题远非只担心财产贬值的问题。于是我们获得了开课资格，并在美丽宁静的卡梅尔山谷研究非暴力问题。

在学院的前四年时间里，我正常学习，并且成了艾拉的"助教"。演说家、学者和活动家从世界各地过来。马丁·路德·金的人也和我们一起共度时光，艾拉和我也去南方参加他们的会议和策划会。附近奥德堡被吓坏了的青年来拜访我们（有时是在半夜），他们想知道如何离开部队，去加拿大。

每次研讨班开始之前都会有十到二十分钟的沉默时间，而且每天都会用一小时的时间，让所有人从阅读、翻阅杂志、嚼口香糖、抽烟、漫无目的地晃荡、填字游戏或睡觉等闲散状态中抽离出来。每周，我们会在某天花一下午保持沉默。对有的人来说，沉默很难；对有的人来说，不可能。对我来说这也很难，但很重要。

当然，我们从各个方面学习了非暴力的概念、理论、历史和应用，从个人关系中的使用，到组织国际反压迫斗争的方法。我读得越多、谈得越多、争论得越多、探讨得越多，我对这个概念就投入得越多。对我来说很明显的是，为了能更快地掌握非暴力的原则，得对它产生准确无误的信仰，并做好在掌握概念的过程中为之牺牲的准备。不能总说"非暴力会起作用，在某种程度上"。这只是意味着当事情变得很难办，或者活动者受到惩罚的威胁，或不能尽快取得胜利的时候，转而寻求某种权宜之计。决定放弃非暴力也是可以理解的，但这意味着非暴力仅能作为一种取得改变的技巧性方法，不能作为一条原则，而依据该原则，不论对手多凶残、多没人性，也需要被释放。

我读了指定的书目，但大都通过倾听和探讨学到知识。我变得十分虔诚。我花了很多天听格里高利圣咏，以至于因为跪着祷告，脚总压在身下，长出了象皮皱纹。我继续开巡回演唱会，在旅行途中给学院宣传，并录制了《别了，安吉丽娜》和圣诞唱片《圣诞节》。

我一年只开二十场音乐会，但并非如有些人所以为的，要为未来保重自己。我只是发现在路上的生活，无论肉体还是精神上都不健康。

当学院开办得如火如荼时，我在是要做个在路上的明星，还是在家服侍上帝之间纠结不已。我赚的大部分钱已经随意地花出去了。只要有任何要求，哪怕只是些微和非暴力联系在一起，我都会开个五十到五百美元的支票。我的很多演唱会是募捐性质的，为合作的托儿所、贵格会的祈祷会、和平团体免费表演。唱片的版税一直潮水般涌来，所以在经费上没什么限制，而且我具体该给多少也没有限制。

我的生命中有大量深刻的欢愉，而并无多少享乐。我对享乐并不了解多少。我感到很内疚，因为在这个世界上还有人无法穿暖吃饱之前，我不应该过着享乐的生活。

我不再读报纸上对我的评价，他们要么把我描绘得比我本人更自私，要么不喜欢我，通过各种各样的方式说我是个骗子。

艾尔·卡普是连载漫画《莱尔·阿布纳》的创作者，他发动了最富想象力的负面攻击，在漫画中引入了一个叫"琼妮·芬妮"的角色：邋遢，虚伪，娱乐圈里的荡妇，经常坐在豪华轿车里四处旅行，在"一万美元一场的演唱会上，唱反对贫穷和饥饿的歌"。她发行过一些专辑，如《听起来像芬妮的就是琼妮》，其中收录了《放下武器吧，麦克纳马拉》《把另一张征兵卡烧了！》《和越共一起跳康茄舞》等歌曲。回头看这部连环漫画和当时的形势，我不由得大笑。但那时我笑不出来。卡普先生对我的名字、事业、音乐，当然，还有我的人格造谣中伤。我很生气，并由生气转为愤怒。我从未起诉艾尔·卡普。我请他收回他的话，但没得到任何答复。当在公共场合被问到琼妮·芬妮是否就是琼·贝兹时，他总说不是。

很多年之后，当读到"恶意说出来的真相会戳破所有编造的谎言"时，我知道那时我的愤怒来自财富带来的羞愧感，虽然我将绝大部分钱捐了出去。在内心深处，我觉得自己应该一无所有。这正是他刺痛我的地方。

艾尔·卡普说的对吗？我身上清教徒的那部分认为，除非我学会不带任何牵绊地活着，就像甘地一样，否则我绝不完美。甘地的目的是超脱任何欲望。我也试着超脱，但没成功。我始终与我的房子、朋友、经常更换的衣橱以及我的恶魔联系在一起。卡普先生让我相当困惑。很遗憾，他没能活着读到这段话。这会令他发笑的。

1967年去欧洲时，我对富有和成名是很困惑的。此前我只去过一次欧洲，那是1966年的电视巡演。在比利时，我爱上了一个为我拍摄杂志封面的巴黎摄影师。接着我们一起去了巴黎，他陪我去看伊夫·圣罗兰时装秀场。他一直说这场秀没什么意思，因为是在季末举行的。我一直不知道他所指的是什么季节，而且对我来说，这场时装秀很有意思。那天最后出场的是一件婚纱，确实看起来像个用缎带和面纱围起来的大蛋糕。模特的手和脚都太扎眼了。

我们一起去了更衣室，他递给我一条五千美元的裙子，让我试一试。裙子很漂亮。"每个女人都应该穿一条这样的裙子，哪怕一生只穿一次。"

回到他的工作室，我穿上裙子开始摆拍。这是条白裙子，缀着的小珠子让裙子很沉。我觉得特别漂亮，并有种神秘、圣洁、女王般的高贵感。我爱上这条裙子了。但是，接着我又开始哭了，而且一直到脱掉它才停止哭泣。

他带我去巴黎隐秘的时装商店购物。我买了一条经典的蓝色宽松连身裤，还有一条是黄绿色的。我还买了一件丝绸衬衫和几条围巾，以及皮尔·卡丹的鞋。接着，他让我穿上新衣服出门，于是先前那个不自信的瘦瘦的墨西哥女人，甚至不再是现实的阴影，席纹呢和灰烬、圣女贞德、马利亚也都暂时地隐去了。我们还去了一家私人俱乐部，我和他及他的朋友们跳舞，直到大家累得筋疲力竭。DJ还放了一首我的歌，大家都鼓掌了。实在跳不动，我就钻进朋友的车，绕着巴黎转悠。一直到杜伊勒里宫上方的天都亮了，我还一直高兴得晕晕乎乎的。我们在一家小咖啡馆吃了早饭，那会儿我都进入梦游状态了，困得头都快扎进装满鸡蛋和羊角面包的大盘子里了。我玩得特别开心。

他为我的专辑《圣诞节》和《琼》，以及小书《破晓》拍摄封面照片。我迷上了欧洲，迷上了我的摄影师，迷上了我的新衣服。第二年去日本时，我把这些新衣服都送人了，换上了保姆装似的套装。

那年我还去了奥地利看利皮扎马[1]。行吻手礼、会跳踢踏舞的马夫，坚持让我、领头的骑师及两位将军一起坐在检阅台上。我很兴奋。

我跟一位伯爵一道骑马。他很英俊，但并不友好，当他在豪华的马厩里捣腾马时，好些女士都排成队在他的会客室里等他。他对我不太感兴趣，因为我们骑上马后，我那匹体形硕大的爱尔兰良种马和他那匹体形更大的什么马一道出发，他发现我根本跳不起来，把他整个的冒险都毁掉了。他把我留给他那位体贴周到的姐姐，回身疾驰去挑

---

[1] 高级骑术马，1580年，由哈布斯堡家族的查尔斯二世大公在今斯洛文尼亚境内的利皮扎马场培育而成。

匹更好的马，显然还有大把的时间，供这位高贵的人在树林里骑马玩耍。

后来，我去了意大利。

马尔科，一会儿你们就会知道他了，带我去维尼托街买了两条很好的丝质花纹长裙，十分贴身，就像在沙漠里的风中的阿拉伯丝绸，绕着我的膝盖飘动。在加州，有人会说："感觉很美好。"要是我，就会说感觉自己像个世界女王。

那年夏天，我还举办了短期的全美巡回演唱会。华盛顿特区的内场演唱会票已售罄，还要回来做第二场以结束巡演。美国革命女儿会（DAR）竟然不让我用他们的宪法大厅[1]，我们早就租下来了。曼尼、我的路演秘书、我儿时的好友珍妮和我一起住在古老的海亚当斯酒店，一起谋划策略。曼尼打电话后，媒体立即行动，这是全美国第一次对我做极夸张的同情性报道。

内政部部长尤德尔立即允诺，让我在华盛顿纪念碑的基址免费开演唱会。

穿上那条"世界女王"长裙，我在老旧而豪华的卧室里跳起舞来，并抓紧时间录制了一场又一场电视新闻节目，接受了所有新闻采访。每个电视新闻小组离开海亚当斯后，都会直接找美国革命女儿会的女大公。而这位不论如何称呼的人，会坐在会客厅里给出她这边的说法——白兹小姐是位反美人士，在越南战争上对我们的小伙子们施加恶劣影响，云云。为让人相信，这位大龙头[2]举出很有说服力的证

---

[1] 华盛顿特区最大的音乐厅。

[2] 对美国三 K 党州组织头目的称呼。

据，但那天她并不是世界女王。我才是。

1967 年，很多媒体对战争变得非常悲观和怀疑。去演唱会前，我最后瞥了一眼电视，一个男孩和一个女孩一起去华盛顿广场，二人拿着个野餐篮。评论员说道："华盛顿纪念碑今夜看起来特别美，广场上已经挤满了来参加琼·白兹免费演唱会的观众……"

第二天早上，当世界女王醒来时，她的经纪人已经把成堆的报纸塞满了她的床下。最保守的人说，她在一万一千人前演唱，最开明的人说有五万五千人。警方的估计是四万观众。这一切都很棒，不过一张来自奥地利伯爵的便条，让她觉得自己拥有的欢乐极为无聊。这位意外造访华盛顿的伯爵请她参加他举行的晚宴，还让人附带送来一大瓶人头马。但这位世界女王躺回了她蓬松的枕头上，伸了个懒腰，心想：即便那天晚上她无所事事，她也很忙，太忙了。她应该学会如何调节一下，享受点好东西，享受下生活，做点她想要做的事。她回到卡梅尔山谷，穿着那条丝质花纹长裙。

艾拉和我去了肯塔基州的客西马尼修道院朝圣，要见一位圣人。托马斯·默顿是一位特拉普派修士，一位著名的和平主义者和诗人，写了很多强烈反对越战的作品。他的修会已经令他禁言过一次。我们在学院时，读过他的文章和诗歌。

我不记得是否被邀请，只记得去了。艾拉和我相互嘲笑彼此急切想见到真正能用神迹触及我们的生活，让我们变得完美的圣人的欲望。虽然都知道这样的幻想毫无意义，但依然无法阻止我们做这样的梦。

一看见修道院，我就知道自己进入了心中的宗教殿堂之一。接着，我希望修士们都穿着巨大的帽兜衫隐藏在大台子的后面。因为我见到的第一个修士竟把自己绊倒了，像是琼·贝兹的歌迷。

托马斯步履轻快地走进来，热心地和我们打招呼。他绝对是个可爱的男人，面孔喜乐和善，散发着温暖和正直的光芒。也许还有希望。

他做的第一件事就是拿出钱，买了一些垃圾食品当午餐。当然，我想他可能早就烦透了麦麸面包三明治和用自家种的甜菜榨的汁。在一家连锁快餐店里，他买了两个干酪汉堡、一杯巧克力奶昔和一大份薯条。艾拉和我买了汉堡和可乐。我们三个人分别像小乳猪、猫头鹰和维尼熊一样，坐在一块空地的中央吃起了野餐。猫头鹰是艾拉，我是小乳猪。默顿的样子尤其像维尼熊。

这位好修士太喜欢他的干酪汉堡了，我们这趟来访肯定很值得他单独出来吃午餐。我想我们谈到了甘地、非暴力、越南战争，但我记得很清楚的是谈到了他的戒律。他特别希望能出游。他想去曼谷，但这不被允许。他的院长不知道为什么，认为待在客西马尼对托马斯来说是最好的。我强烈地感觉到，这是天主教会最有意思的地方。托马斯特别坦率。艾拉试着挑起一些争论，大概是说如果立誓妨碍了托马斯拓展生活经历、艺术和激情，那它们就是愚蠢的。默顿只是笑笑，他那一直喜乐的脸红了。

野餐后，我们回到修道院，穿过它，走出去又绕回来。我们穿过一片小树林，走小路来到默顿的住处——他自己搭建的小木屋。

他打开一个小木橱，拿出一瓶爱尔兰威士忌，和艾拉开怀畅饮。艾拉说："好吧，托马斯，说点真实的想法吧，难道你一直都想在这个地方像个傻瓜一样，与一群懵懵懂懂、无聊的入门修士在一起，任他们像对待上帝那样仰视你？"默顿格外坚定地回答，尽管有点含糊，说他的呼召在这儿，他就得待在这儿。

"那女人呢？"艾拉问，拿起玻璃杯在空中使劲晃了一圈，好像指代成千上万的女人。默顿提到他曾经遇到过的一个女人，说他多少爱过。

"啊哈！"艾拉说，打探到什么秘密似的，"你对这个女人做……了什么？"

"我可以在精神上爱她！"托马斯吼道，绕着屋子晃动着手中的玻璃杯，我认为有点挑衅的意思。

"没意思，"我插了一句，"那她的身体呢？"

"她的身体不在这儿！再说，我也不需要她的身体在这儿。"

"如果在这儿呢？"我又插一句。我没喝酒。

默顿说他会一直在精神上爱她，尽管好像多多少少被我们说服了。艾拉问她现在住在哪儿。

"在列克星顿。"默顿一脸神往地说。

"我们正好明晚要去列克星顿呢！"艾拉大叫道，那一刻像是被彻底击中了一样，"为什么不跳过晚祷跟我们一起去呢？我们会开车到路易斯维尔，然后飞往列克星顿！你也可以啊！"

令我吃惊的是，默顿没有丝毫犹豫。他站起来在屋里跳起舞来，说："……晚上我就可以待在那儿，然后第二天晨祷之前再赶回来，这样谁也不会知道……"

我感到特别尴尬。我从没想过要对一个品性良好、聪明而友善的修士搞恶作剧。

"艾拉。"我语带责备——但他一点也没感受到责备。艾拉有点喝醉了。不用说，托马斯也一样。

好吧，托马斯·默顿并没有跟我们去列克星顿。清冷的晨间灯光下，在南方某个小旅馆里，艾拉改变了主意。我让他去打电话。默顿失望得像个孩子。毫无疑问，他也释然了。我告诉他飞机已满员。我们并没有勇气告诉他，我们已经粉碎了敦促他破戒的幻想，否则，最终我们三人都会后悔的。

广岛的生蚝

1967 年 1 月，我去盼望已久的日本开巡回演唱会。这趟演出被我推迟了很多年，主要是因为我不太喜欢旅行，更不热衷长途飞行，而且我对非西方国家或亚洲国家有种病态的恐惧感——食物太不一样，毫无疑问会让我不舒服。但是日本那边多次跟我们的工作室联系，邀请我去开演唱会，并且很和气，最终我决定去一趟。我带上了经纪人曼尼、艾拉和秘书苏珊（现在已经嫁给了艾拉）、我的妹妹蜜蜜以及我当时的男友保罗。我们要去两个月，将会花三周在日本四大主要城市开九场演唱会。

我已经回家了一段时间，并且多次尝试用扔掉所有衣服和首饰（除了紫翠玉戒指和一堆十字架）的方式净化自己。这次出发，我没带一大箱 T 恤、靴子、羽毛装、标新立异的外套、金属亮片之类的典型演出服。相反，我带了宝琳给我做的四件便装，除了颜色不一样，款式是一样的：一件白色、一件深蓝色、一件浅蓝色，还有一件是人字形图案的灰色。

我的头发和蜜蜜一样，齐肩长。蜜蜜看起来并不朴素。戴着帽子、身穿绿色套装的她和我走在一起，像是圣罗兰的时尚模特，正与一名修女一起旅行，这位"修女"刚被告知着装习惯不再是强制性的，但无法适应便服。艾拉的状态很好，一路上，他总是穿一套粗花呢套装，戴顶粗花呢帽子，一行李箱的布鲁克兄弟牌衬衫，一两条保守的黑色领带。（我们示威游行时，他会把标签撕掉。）

苏珊只有二十一岁，刚把她的蜜色头发做了个新发型，后脑勺看起来像朵巨大的菊花。她有着瓷娃娃似的肤色和雷诺阿式的身材，把自己裹在一件军装风衣中，系了一条丝巾。苏珊极为聪明也很有条理，她快烦死艾拉了。自从上次巡演，艾拉就爱上了她，现在却对把两人安排住在同一间屋子里有点生气。她和蜜蜜多年来一直都是朋友，这次日本巡演，两人一起做了很多有趣的事。

保罗，我在好几首歌里都提到过他，是个很英俊的爱尔兰人，身高六英尺四英寸。我是在 1964 年去利物浦参加迪伦巡回演唱会时认识他的。他一直站在演唱会前排的台阶上，做着为儿童基金会收集捐款或类似的事。他说话温柔而真诚，还没有"迷失在爱尔兰的雾中"。他是一个正派而有智慧的年轻人，也许一生都在苦行，一直穿着都柏林圣三一学院那件没人再穿的校服。

曼尼看起来像位人所周知的和蔼父亲，刚从移民船上走下来，带着一大堆护照、签证和疫苗接种手册。他试图决定谁来当领队，因为无论他、艾拉还是我都无法管好自己的事。不管艾拉是否喜欢，苏珊被留下来做我们的组织者。

我花了一整晚的时间研究我的贝立兹[1]日语教程，努力学习如何

---

[1] 马克西米利安·贝立兹（1852—1921），德裔美籍语言学家，于 1878 年创办贝立兹语言学校。

正确地说出"你好""你好吗""晚上好""上午好""早餐在哪儿"和"我要去洗手间"。没一个发音是简单的。"arigato"（谢谢），会被发成"eingato"，而当你加上"gozaimash-tá"（非常），更不要提最后的咯咯笑，"arigato gozaimash-tá"就会和法语、西班牙语或意大利语非常不一样。但是我们精力都很旺盛，没有人睡懒觉。

着陆时，因为时差，我们都有点头晕眼花，而且因为没睡觉而脸色苍白。下飞机时，我们受到了热烈的欢迎，二十多名狂热的日本摄影师，像是准备好了哪怕相互杀死对方也要拍到照片似的。他们大喊着我的名字，但都站在离我和蜜蜜大约七英尺的位置。我们手挽手走着，一边对着摄影师微笑，一边绝望地找女洗手间。有人摔倒了，被其他人踩在脚下。我们看到一扇标着女人和服记号的门，说了声"抱歉"之后，冲进屋里，咯咯地笑起来。当蜜蜜消失在小隔间时，我把脸埋进冷水中。我们梳洗、打扮，然后再出来迎接更大的嘈杂声。因为不知道谁是主办方、谁是朋友、谁是当地的民谣歌手、谁是谁，我对每个人都微笑、鞠躬。每个人看起来都很热情，并且由衷地为我们这个古怪的团体访问这个国家感到高兴。

卡门·麦克雷 [1] 的照片出现在希尔顿酒店的电梯里。她的睫毛有四分之三英寸长，不过不是真睫毛。我们并不知道这侧是供日本国内宾客住的，我们住在酒店的欧洲宾客那侧。与宾馆的服务人员交流十分困难。每次把所知道的当地语言知识用尽的时候，在别的国家我一般会试着说意第绪语，但在这儿完全无法交流。一个名叫小额的年轻

---

[1]　卡门·麦克雷（1922—1994），二十世纪最有影响力的爵士歌手之一。

女子将会成为我的临时翻译和助手；还有一名正式的翻译高崎，演唱会时会和我们在一起，并在新闻发布会和其他聚会上做些口译工作。

到达日本后的第一个任务，就是开新闻发布会。蜜蜜对我回答问题如此谨慎印象十分深刻，因为大多数问题与政治有关，很需要智慧，也会有一两个这样的问题："你和鲍勃·迪伦认识多久了？"发布会的最后，大家问的问题方方面面都有，从所得税、越南战争、非暴力研究学院到南方的种族歧视等。还有人问我对摇滚乐的看法。我说，对我来说，这是个十分有争议的问题。

演唱会第一站是东京。什么样的曲目日本观众会喜欢，我还不清楚，小额和主办方都提了些建议，其他的都是我凭灵感选的。观众们都很甜美、热情、慷慨，给我带了礼物，并把它们放在脚灯边上，然后轻轻地鞠一躬。我学着喜欢日式鞠躬，并且在那天的演唱会上，用以感谢人们来听我的演唱会。

但是有的地方出问题了，和语言障碍有关。我似乎无法如我想做的那样，将我的看法传达给人们，我开始思考我与日本人民之间巨大的文化差异。这个问题在演唱会期间最严重。

第一次事故发生在第一场演唱会时。小额敲了敲门，示意演唱会马上就要开始了，我也轻轻地回复了一声收到。高崎来到舞台上对着观众一直说了五分钟话。"小额，"我问，"这个人在说什么？""哪个人？"她问。"那个翻译——高崎君。"小额回答："噢，他没说什么。"我突然怒不可遏："他什么也没说能说五分钟？"小额说："你说什么？"我觉得这特别无礼，我以前也这样。我说："他怎么能站在那儿，什么也不说地站五分钟？"小额说："噢，他告诉他们不要在大厅里抽烟之类的事项。"我觉得我被玩弄了。只是一个不许抽烟的通告不可能持续说五分钟。曼尼、艾拉、蜜蜜、苏珊和保罗这几位家庭组成员都很怀疑。

演唱会间隙，我会说一些冷幽默，无伤大雅的、可能意义不大的笑话，都被翻译出来了，但是观众都像石头一样没什么反应。有些事（比如我在美国没缴战争税）被翻译后会引起一片略略的笑声。那天晚上我向曼尼爆发了，我告诉他我觉得高崎根本不行，不会说英语，日语也不好。作为一个团队，我决定去找他谈谈，并且告诉他我想说的话，这样他也可以练习一下他的翻译。我记得他坐在更衣室里，我费力地用洋泾浜英语、缓慢的音节和手势语，向他解释我想提的几个政治观点，以及我认为可以翻译出来的笑话。他一直不停地点头，我满怀希望他取得了一些进步。

第二天的演唱会上，高崎似乎比之前更紧张了。在我看来，每次无论我说什么，他都会向观众一遍又一遍地重复同样内容的语句。当我提到战争税和越南时，"越南"这个词并没有在翻译中重复。难道"越南"在日语中的发音和在英语中的有那么大区别？正当我慌乱不安的时候，一个可爱的日本小女孩拿着一个特别讲究的、色彩鲜艳的礼物走上舞台，扑通一声放在我的脚下。我接受了这份礼物，对着麦克风说了声："谢谢！"高崎什么也没翻译，我转向他对他说："请告诉她'谢谢'。"然后他说，"Aringato"。我正准备唱下一首歌，另一个年轻的日本姑娘拿着一只千纸鹤上台，也放在了我脚下。被她的甜美和羞怯感染，也因为在那个大大的安静的礼堂里我有些失语，便说了一句："日本真是充满惊喜。"这次高崎的反应又是完全沉默。我瞪着他，"告诉他们我刚才说'日本充满了惊喜'"。他傻傻地看着我笑。我对他说："你不知道惊喜是什么意思吗？"而且发现我右手的拳头已经攥得紧紧的，真有种强烈的冲动，想当着几千人的面给他展示一下什么叫惊喜。我松开了拳头，他也对着麦克风含含糊糊地说了点什么——我永远都不会知道——观众再次毫无反应。我开始唱下一首歌，但在唱之前，我把手放在他的肩膀上，努力说了句："别担心，我们会渡过这些小难关的。"没想到的是，我这么做对日本男人来说简直是最大的侮辱。他变得很僵硬，而且脸红了。我更生气，观众们一言不发，空气变得十分凝滞。

我们飞往广岛——第一个被美国原子弹轰炸的人类居住地——我还沉浸在对高崎的恼怒之中。我们无法确认，也无法从哪个会两种语言的人——美国人、英国人或者日本人——那里确认演唱会上我说的话是否全被翻译了。飞机在广岛着陆时，我晕机很严重，只好头顶湿漉漉的抹布，坐在座位上休息了一分钟，想知道当地主办方给我准备了什么。（在我职业生涯的某一刻，我已学会适应走下飞机时，看到的鲜花并不一定是送给我的。曾有一次想接过一大束迎面扑来的玫瑰，没想到送花的人却往后退了几步，把花紧紧抱在胸前，因为这花并不是送给我的，而是给走在我后面第三位的外交官。）然而，我可以推定，那个一头短发乌黑闪亮、椭圆形眼睛精神奕奕、身穿日式和服的孩子手上那束大大的花，确实是给我的。因此我拾掇好自己，和我的随从一起走出了舱门。这孩子真是漂亮得精致，我一只手拉着她，另一只手抱着花，和她一起走出机场大厅，主办方和市政要员正等在那儿迎接我。

我想和这个小女孩待在一起，或者至少让她坐在我腿上，但她不见了。我留下来和我的随从以及另一个领头的男人坐在一张桌子边，围成一个圈。这个男人我并不认识。他边上的另一些人我也不认识。其中有位介绍说是我的翻译。直到今天我都不知道我当时在跟谁说话，但是从一个肯定是当地人的嘴里冒出的第一个问题，经这个微笑着的陌生人翻译后是这样的："从广岛上空飞过的时候，你是否感觉到这是个致力于和平的城市？"我呆呆地望着他，深感自己被一堆繁文缛节框在座位上。我回答："请告诉那位先生，飞机飞过广岛上空时，我晕机了。"有些话被翻译了，这个人笑得很开心，怪怪的。接下来还有一系列这样的问题，我一直试着给出很礼貌的回答。

会议结束后，我们挤进汽车，朝广岛纪念馆驶去。一种说不上来的压抑感涌来，我想用我自己的速度感受广岛，却完全消化不了。我知道广岛有个贵格会教堂，我想去拜访那里的人，知道他们中有一两人可能会说英语。也许会有人替我解释为何我会如此疏远日本人。也许我也能了解到这个城市都举行了哪些和平运动，又会开展哪些基层项目。谁知我很快就被带到广岛最繁华的商业区，而那就是战争纪念馆所在地。

车停下来之后，蜜蜜和我下了车，慢慢地走着，怀着复杂的情愫，在象征着无名日本人的坟前放了些鲜花。对我来说，这就够了，现在我想一个人待一会儿。"来吧，"接待我们的人说，"你一定要进去看看这个纪念馆。"我知道里面都是些什么，被毁灭后的图片、人体化石、水泥上的影子、支离破碎的尸体的照片、伤痕累累如同恐怖面具的脸。我不想进去。接待方有种被侮辱的感觉，我并不在意。我要求带我去宾馆。

我要在广岛办一场慈善音乐会，赚到的钱会分给两个和平组织——一个在广岛，另一个在长崎。我们确实有机会参观和平中心，在那儿，我们与一位已经在日本住了很长时间的白发美国女人聊了聊。贵格会总是给我放松和安全的感觉。无论他们在哪儿，无论经历了什么，他们都在做一件我极为看重的事：百折不挠地投身于非暴力运动。

这个团体很小也很友善，他们给我们沏了茶。房间很冷，但是有个能真正翻译我想说的话的翻译在场，以及遇到一群与我想谈论的事情有联系的人，让我很放松。我记得保罗弯腰从日式建筑的小门洞进去之后，脱了鞋，他坐在那儿几乎和站起来时一样高大。当目光与保罗对视时，那群日本小姑娘脸都红了。

艾拉很活跃，问了一些本地非暴力运动的背景及最近的发展。蜜蜜、苏珊和我都坐在枕头上，喝着茶，对广岛浮想联翩。一些害羞的"广岛姑娘"为她们的出现抱歉，给了我们几串雅致的千纸鹤。我想知道慈善音乐会的钱具体是如何使用的，但马上意识到这些小钱问了也是白问。

广岛音乐会的当晚，我们和当地主办方吵了起来，他们不希望把任何广岛音乐会的钱给长崎。显然，有个问题是关于哪个城市先被轰炸，或更糟糕地说，死了多少人；换句话说，就是声望问题。竟然还有人如此低劣地争吵哪个城市因为人被炸成碎片而在世界上最有名，这令我很震惊。我问曼尼能否处理这件事，并把钱平分给广岛和长崎两个城市。否则在争论解决之前，我不会再唱。

长达两个小时的讨论中，曼尼听到的一直是毫无意义的、如何如何不幸的答复。广岛的主办方和市政要员一直秉承着"绝不说不"的历史传统，一味地微笑、鞠躬、倒茶，坚决不肯放弃他们的立场。眼看演唱会的时间要到了，我知道如果我拒绝上台就将毁约，而有我这位稀里糊涂的翻译在，我没法向任何人解释这一争端，更别说向媒体了。曼尼告诉我，市政要员们很乐意演唱会后再讨论这个问题。

　　舞台上用日语大大地显示着我的名字和"广岛"。我怀着复杂的心情登台，再一次在演唱会上与那位麻烦的翻译"斗智斗勇"。中场休息的时候，我肚子疼得厉害，到演唱会结束时，手湿冷湿冷的。从头到尾我都在出汗。我是真的病了。

　　我们被带到市长家中。生鱼片端上来了，我的脸越来越绿。我和蜜蜜、苏珊望向窗外。学校里的孩子们正在向我们挥手并召唤我们。我真想和他们在一起，但因为愚蠢的繁文缛节，我被困在这里，与满屋子对我并不感兴趣的大人在一起，而且就算他们感兴趣，他们的话也不可能被准确地翻译出来，让我明白他们真正喜欢的是什么。若和孩子们在一起，我敢肯定他们中会有一两个能说点英语。如果我不是特别不舒服的话，我肯定会走到孩子中间去。但没多会儿，我的头是真的晕了，我们回到宾馆。整整一小时，我躺在沙发上，忍受着胃部痉挛、精力衰减。

　　主办方到来时，我一直在争取要把钱分配给长崎的权利。争论中，主办方一直用点头和响亮的"好"作为答复，从未说过"不"。每次他们点头说"好"再微笑，我都会觉得受到鼓励，但是并没有需要鼓励的因素。当他们最后一次告诉我，要拿这笔钱去给死难者建一座小纪念碑时，我从沙发上跳起来，尖叫道，我不会让我辛辛苦苦赚来的钱，变成一堆他妈的水泥。我告诉曼尼我再也受不了了，他敢这么做试试。

我跑到浴室，流着冷汗躺到地板上。蜜蜜和苏珊把一块布放在我头上。躺在卫生间的地板上挺舒服的，但蜜蜜最后还是让我回到床上。现在这个问题逐步升级成了"女王危机"（Queenie Crisis），艾拉抓着我的一只手，保罗躺在床上抓着我的另一只手，我一直哭着告诉他们所有要说的话："别担心，亲爱的，我不会吐的。"很有逻辑的苏珊说我当然不会呕吐的；如果过去十七年我都没有呕吐过，现在为什么要开始呕吐？蜜蜜溜到房间那边找了个花盆过来（这不应该让我看到的），把花拿出来"以防万一"。曼尼带着一摞何大来（夏威夷老牌歌手）的唱片，在房间里晃荡，试图分散我的注意力。我不想听何大来的歌，也不愿思考和日本、主办方、资金、广岛、长崎、炸弹或任何别的事情有关的愚蠢问题。我只想让我的肠胃舒服点，要不然会死的。

相反，奇迹中的奇迹，在艾拉向我保证了一百遍我肯定不会呕吐之后，我踉踉跄跄地向前倾，大吐特吐了一大堆。蜜蜜已经闪电般地把花盆挪到了我的下巴下面，然后每个人都发出"哦""啊"的声音，好像我刚生了一对双胞胎，或者可能是三胞胎。我没有吐出食物，可能本来就没有食物。我把头靠回枕头。"上帝啊，"我说，"就这些了吧？""就这些了，"蜜蜜说，"就跟生孩子似的。"每个人都鼓掌了，接着悄悄地离开房间，除了保罗，这个耐心的人，整夜都陪着我渡过难关。

十七年后回想起这件事简直要笑死我，即使是类似的呕吐，也能算作一个成功，而我暗暗地希望那天晚上会再发生一次，这样我就会视自己为呕吐专家了。大概凌晨两点钟，我的愿望竟然成真了，带着孔雀爸爸似的骄傲，我把胃里所有的东西都倾吐到了同一个空花盆里。可能这就是那些烂主办方的下场！管他呢！这会儿终于从死神那里捡回一条命，除了腹部有些微疼痛，不再有晚上的恐惧感，终于能休息一整夜了。

第二天，我坐上火车。大多数时候我在睡觉，尽管偶尔会起来张大嘴咬几口香蕉。到大阪后，有位医生过来看我。他戳了戳我的肚子，我尖叫了几声。他和蔼地笑了笑，用日语对小额嘟囔了几句。她点头笑着。"他说什么，小额？""他说你没发烧，只是有点食物中毒。可以开唱。""太好了。"我说，并告诉曼尼取消（演唱会）。我们计划休息一天再开演唱会。我又睡了一天一夜。

同时，艾拉已经在电话里和当地的和平活动团体联系上了。现在是第三或第四天，我也在恢复中。大阪的和平活动团体希望我参加当天晚上举行的集会。我的肾上腺素上升了。我相信肾上腺素能战胜疾病，随着时间的推移，我决定让自己晚上外出一次。我感到越来越好了，而曼尼越来越紧张，如果连续两个晚上取消演唱会，去参加反战分子的集会，不知会有什么反响。我小心翼翼地下了床，穿上深蓝色长裙，加入了集会队伍。

在一座中等规模的礼堂里，我们在群情激昂的人群中挤出一条路，来到大厅，看到舞台上方另一条巨大的横幅，用英语写着"欢迎琼·贝兹"。我的喉咙哽咽，眼眶润湿。为什么大家都站起来鼓掌？这些人都知道我吗？我对他们了解得很少。我们整个团队都坐在舞台上的一张桌子边。优秀的翻译鹤见，为我们翻译观众提出的问题。大多数问题都很睿智——关于美国、越南战争；关于反战主义、左翼、右翼；我的音乐如何与政治产生联系。随后，又对我在日本收的门票价格进行了热烈的讨论。

可以看得出来鹤见是位很棒的翻译，于是我们问他是否可以在演唱会上帮我，依然由高崎负责的每场演出的翻译变得越来越糟。鹤见同意了。几天后，尽管鹤见很清楚我的演唱会上发生了什么，他却并不想解释。他说，他不想让我们觉得自己像个傻瓜或者感到尴尬。我很肯定地告诉他，我们已经感到自己像个傻瓜，而且很尴尬了。于是他说："好吧，那我告诉你们。高崎的英文很棒。你说的话他都没有翻译。"我惊呆了。"演唱会开场前的五分钟，他没提一句勿在室内抽烟的话，他说：'这个女孩的声音很美。你们应该听她唱歌，但是只要提到政治，她就不知道自己在说什么。她很天真也很年轻，她来这里是给大家唱歌的，不是来演讲的。所以，她说了什么，大家都别在意。'他那些话的意思就是让所有会日语和英语的人都保持安静，并且尽可能减少抗议信的出现。"我叹了口气，抱怨了一声并咒骂起来。我们所有人都很震惊。

我的思绪又回到了我和蜜蜜、苏珊、高崎在一起的某个晚上。我们都不喜欢他，认定他的英语口语不行，但我们都坐到他那桌，尽力显得对他友好，因为他看起来很孤单，而且压力很大。"日语里'筷子'怎么说？"我语速很慢地问他。

"筷子？"

我说，"是的，你知道，吃饭的时候用的"，然后像手里拿着筷子一样移动着。他绕着桌子一圈看了我们三个人，转头对我说："筷子？"

高崎示意"我不会说英语"，我则开始示意"不要再搭理这个哑巴翻译了"。

"哦，那个，筷子。"最后他终于说了。我把他告诉我的词记在了餐巾纸上，还以为我们已经和高崎突破了语言障碍。我们聊了点别的，还喝了杯茶，吃了一碗草莓。几天后，在从大阪到东京的火车上，我们买了份午餐，我抓起手里的餐巾纸，用高崎教我的那个词，让服务生给我来双筷子。他很困惑，但是礼貌地点头说"好"，然后就消失了，回来时并没有拿筷子。最后我去餐车重复了一遍这个词。一位也会英语的绅士说："我们在火车上不提供羊排。"

从这个记忆闪回中回过神后，我知道了高崎更多如何回避、歪曲或者明目张胆地误译我的很多言论的例子。鹤见承认，他也无法理解高崎的行为。

在日本逗留的最后几天里，我们去了东京。曼尼朝我走来，告诉我还有一个新闻发布会的邀请。我问曼尼，以上帝的名义告诉我，这场新闻发布会是关于什么的。他说，除了唱片公司想赠予我一张金唱片外，他什么也不知道。

我穿上新闻发布会的礼服。在希尔顿的一个房间里，我见到了一个看起来很保守的小团体，包括唱片公司的代表。在举行了接受金唱片的仪式后，我微笑着，同他们握手，鞠躬，然后问这个看起来很奇怪的团体还有什么问题。四只手同时举起来。四个不同的人，都穿着深色西装和白衬衫，打领带，也都拿着笔记本和笔。我朝他们点头时，他们立即看着彼此，直到其中一位像发言人似的发问。

"这位先生想知道贝兹小姐在广岛生病是否是因为吃了生蚝。"我一头雾水，问他为什么这么问。他没说，而是再问了一遍。他说他们注意到我访问广岛后取消了一场演唱会，是否真是因为吃了广岛的生蚝？我问他们属于哪家报纸或杂志。后来证实他们是广岛生蚝公司的代表。传言贝兹小姐取消了音乐会，是因为吃了广岛的生蚝生病了。广岛生蚝公司想消除他们可能使我中毒的说法。很讽刺的是，在广岛那顿晚餐的七道菜中，唯有广岛生蚝我没吃，因为我不喜欢吃生蚝。不触怒广岛生蚝公司是不可能的了，但我选择了两种侮辱方式中较轻的（这也是事实）。我说我对牡蛎过敏，所以剥夺了品尝众所周知的美味的机会。这四个人立即记在了他们的笔记本上，起身，然后匆匆离开了房间。

　　一天下午，因为实在无法忍受每次走出酒店大堂时众人过于热烈的反应，我用一条丝巾包着头，穿上海军蓝裤子、双排扣上衣和靴子，从后门跑了出去，爬上一座小山，来到一座小神社前。那一个半小时，我静静地坐着，看着一小片阳光在碎石间游走，想知道是什么怪异的现象影响了这次日本之行。这个国家出了名地漂亮，人民也十分大方。是哪里不对呢？我一直都不明白，直到我回到美国，在学院工作并开始写书。

· · · ·

1967 年 2 月 21 日，星期二，《纽约时报》摘录：

……有媒体报道,一位自称哈罗德·库珀的美国中央情报局成员,命令日本翻译高崎一郎在用日语翻译贝兹小姐就越南战争和长崎的原子弹爆炸幸存者问题的英文评论时,将之替换为无关痛痒的讲话。高崎先生是这些指控的来源……今晨,东京主流日报《朝日新闻》刊登了一篇关于这件事的长篇报道。该报纸引用高崎先生的话说:"事实上,压力来自一位自称是隶属中央情报局的人。"高崎先生的解释让会口英双语的日本听众惊奇不已。那时,日本国家电视网正回放贝兹小姐1月27日演唱会的实况录音。贝兹小姐已于2月2日乘机离开日本飞往夏威夷。

当贝兹小姐提到长崎和广岛时,高崎先生简单地翻译为:"这场演出会进行电视转播。"当她解释那首关于原子弹爆炸的歌——《他们对雨做了什么?》时,高崎先生再次翻译为:"这场演出正在电视转播。"而且,当她说拒绝缴税是因为不想让自己的钱被用来支持越南战争时,高崎先生这么翻译:"得克萨斯在美国位于高地地区……"高崎先生解释,那场演唱会之前的1月12日,他接到一个来自美国大使馆的电话。来电者自称是美国大使馆一个叫哈罗德·库珀的人的翻译,还说"担任舞台司仪没问题,但库珀先生希望你不会做任何政治声明"……第二天,一位名叫哈罗德·库珀的人直接给他打来电话,除了声明他是美国情报部门的一名特工外,还要求高崎先生在翻译贝兹小姐发表的政治见解时,改变其原意……"如果不照我们说的做,你将来的工作会十分麻烦。"每年,高崎都会去美国工作两个月……

高崎选择了合作,因为他认为如果自己拒绝合作,将来肯定无法获得美国签证。高崎先生告诉《朝日新闻》,他实际上见过库珀四次,后者每一次都对贝兹小姐的演唱会下了十分严格的命令。他提及有一次，库珀先生说："日本正在大选，所以得十分小心贝兹小姐的言论。她的大多数歌迷都有投票权，在演唱会过程中做政治演讲，会产生很大的影响……"2月3日，库珀打电话到高崎家中，通知他："感谢你的合作。我要离开这儿，去夏威夷了……"

"情况极为蹊跷，"高崎说，"我知道贝兹小姐是位反战名人，暗地里被美国的广播公司抵制。美国朋友也再三劝我不要接受这份工作。但我只把这视为一项商业活动，因为她的日本歌迷都是来听她演唱而非听她的政治演讲的。有一次在《日本时代》的一名记者在场的情况下，我与库珀见面了。即使在那次会面中，他也公开要求我故意译错。我本想拒绝这个荒谬的要求，但他知道我孩子的名字和我的工作内容。我很害怕，只好同意。"

1967年2月22日，星期三，《纽约邮报》摘录：

美国驻东京大使馆否认任何美国工作人员曾接触过高崎，并声明他们的员工中没有哈罗德·库珀这个人。

梦中片刻

我对大卫·哈里斯开始感兴趣，是在 1967 年，他那时来圣丽塔改造中心探访我。我母亲和我，以及其他六十七位女性，因为支持年轻人拒绝参军被捕。这个代价对我来说，是很小的——相当于在女子夏令营待四十五天。那年 10 月我第一次待在那儿，很短暂，但也有十天，大卫也一直在那儿，在男子夏令营。但是这次，他离开监狱准备拒绝入伍。当他来看狱中的我时（小小的探访室内，同时挤满了我们六个人），他戴着一顶牛仔帽，看起来有六英尺三英寸，他确实有那么高。他的笑容是世界上最甜美的，而且他的眼睛也（如我一个朋友所说）"蓝得不公平"。我没穿狱服，穿了一件自己在狱中熨过的衣服，并且戴着新鲜的红莓和扫帚草做成的耳环。我涂了用木炭和药膏做的睫毛膏。我已经做好了准备。

探访结束后，有位黑人狱友问我那位牛仔是谁，我告诉她他是反对征兵运动的领导者。囚犯们对探访者的到来大喊大叫，我的耳朵也嗡嗡作响。我回到我的铺位，想起了大卫。我们在进行同样的政治工作。他很有头脑。他关心越南死在我们炸弹下的孩子们。有时候，我能想起的就是那些孩子。我决定出去后和他见面。

距离出狱还有十五天时，我和母亲被提前赶出了监狱。那些狱警，在"给我们上整整四十五天的课"还是"早点处理我们"这两个选项中，选择了后者。他们想避开任何名人探访者和媒体在我们释放当天出现。当我尝试打电话安排一辆车接我们回家时，那位中尉对我说不行，并指责我是想打电话给媒体。"别担心，"她说，"我们已经给你安排车了。"他们是给我们安排了车，当然，哪儿也不能去。我们被扔在奥克兰一个废弃的公车站。母亲和我叫了份早餐，我给为我们安排记者招待会的人打了个电话。两小时后，我们在一个小房间内举行了一场挤得爆满的发布会。接着，我又给大卫打了个电话。

大卫英俊，阳光，有魅力。有点憨，不修边幅，亲切。最重要的是，他和我一样有着对非暴力运动的激情。他是个有智慧的演说家。他提出要在这个国家废除征兵，并解散本国和全世界的军队。军队，按他的说法，就是用纸牌搭成的屋子。美国占了大部分。如果你推倒美国的纸牌，整个屋子会自动倒塌。他的嘴巴很可爱。当他不再宣讲的时候，它就变成了一张令人想亲吻的嘴。我告诉自己，也许他就是我想要的男人。像我一样强大的人，或者比我还要强大。不过，我不喜欢他的头发向一边倒，嘴唇像丘比特那样噘着。

我和他在斯坦福山上的反征兵公社同居了一段时间。我进入了一如既往的"谨防琼妮"状态，警告他我是只多么可怕的老虎，他最好别老想着占有我。他说，如果我打算阉割他的话，请不要像上个女孩那样，把他绑在一棵树上。

大卫、艾拉和我同行。大卫已经收到了起诉书，我们都知道将来牢狱之灾是不可避免的。我会唱一两首与非暴力有关的歌，或者简单说几句，艾拉会演讲，但大卫是头牌人物。我喜欢看他演讲。我已经迷上他了。

我们已经认识三个月，一起在路上有两周了。一天晚上，在威斯康星一家旅馆的床上，我们开始讨论起孩子们的名字。我问大卫，他是否意识到我们在做什么。他说，"天哪"。正是这时我们决定要结婚。我给西海岸的母亲打电话。"你猜怎么着？我要结婚了。"我说。"和谁？"我说"大卫"。然后她说："哦，不。"在那之前，她刚听我说已经很烦大卫，还说他是个大笨牛。刚打完电话，大卫就开始发烧，并且抱怨肌肉疼痛。早上，大卫被送到了当地的隔离区。他们说他患了重流感。当然，我确定他身心是健康的。我的时代来临了。

一周后，我们去了纽约。早上七点半，宾馆的电话响了。是美联社打来的，他们想知道大卫是不是要和我结婚。

"大卫，"我说，"美联社想知道我们是否要结婚。"

他翻了个身，抓着脑袋说："什么？"因此我告诉记者，谣言可能是真的，但现在我们还没开始计划这件事。

那天下午，有关我们要结婚的报道和我的照片一起，被登在《纽约邮报》头版，《纽约时报》和美国其他媒体也大都报道了。因此我们决定打包行李，并尽快找到一位牧师，最好是和平主义者。我们会举办一场真正的婚礼，我们数了数，意味着会有四位父母、我的两位姐妹、姨妈、他的兄弟以及我的一些亲密的朋友，以及西海岸一半的反征兵人士来参加。我们计划让所有人都飞到东部去，我还去买了件婚纱。诡异的幸福感和恐惧感同时来袭。我的肚子疼痛难忍。大卫表现得非常好。我们找到了一位真正的和平主义牧师和一座时髦的小教堂，满屋子都是和平主义符号，我们结婚的地方正好是为一出戏准备的舞台。舞台中央有棵树，树上挂满纸花。和牧师一道，我们计划要举办一个兼具圣公会和贵格会风格的婚礼。经过多次寻找和试穿，大卫买了一套西服，而我飞到第五大道的萨克斯百货店吞服高岭土和果胶制剂[1]，还给我的家人买了礼服，这才想起来还要准备在贵格派婚礼上的发言。"我，琼，和你大卫……"，等等。我们把"承诺"换成了"努力"，并把"在有生之年"换成了没那么吓人的词句，我已经不记得是什么了。

正式婚礼前一天，我的胃特别疼，像是退化到了六岁时。全家人都紧张地围在我的床边，去找了医生。医生来了。我告诉他我的问题所在。"我明天就要结婚了，我吓得有点僵硬，已经发展成痉挛性结肠，还伴有腹泻，但这都是心理所致。你要做的就是尽管告诉我一切都会好的，我没发烧或别的什么。"

"如果我做一些适度的诊断，你介意吗？"他问，拽起我的睡衣戳了戳我的腹部，"因为，我希望能确定你无须进行阑尾炎手术。"

"我没发烧，"我警告他，"也就是说，只要我没发烧，我就会好的。而且，我真的没发烧。"他没说"闭嘴"，只是把一个温度计放进我嘴里，测了测温度。一两分钟后，他取回体温计，看了看，喃喃自语。

"挺好的吧？"我说。

"102.6 华氏度（约 39.2 摄氏度）。"他念出来，然后去洗了洗体温计。

---

[1] 一种口服药，治疗轻微腹泻。

"我想死。"我说。他看起来很同情我。

"这会有什么帮助吗,"他问,昂着头站在那儿,"如果我告诉你,我结婚头一天晚上也发烧到 103.5 华氏度(约 39.7 摄氏度)?"

"说不定呢,"我说,"那你依然结婚了吗?"

"当然,我结婚了。"他回答。我觉得他在撒谎,但我并不在意。他这么说就对了。

他给了我一些氯丙嗪,说它不会让我呕吐,让我当场服下,然后,我就像进入了到处漂浮着天鹅的地方。

如果想知道大卫是否善良和忠诚,那天晚上我就知道了。我幸福地进入梦乡,偶尔因空空的胃部恶心得醒过来。我会呻吟一声,大卫就从他的床上下来,给我喂一茶匙果子冻,或把冰块放到我嘴里。几秒种后,恶心感消失,我又进入梦乡。大卫肯定一晚上都没睡。他也没去大厅和他的朋友们喝几杯,我需要他全心照顾,而且真去了的话,他自己也会觉得很尴尬。

亲爱的大卫,我有因为那一晚向你道过谢吗?以那种方式共度结婚前的一晚,真不是什么开心的事,尤其是我们自己的婚礼。尽管接下来的几年,我们的婚姻历经颠簸动荡和喧嚣吵嚷,但我曾说过,你站在天使那边……

婚礼当天。大卫特别紧张,他依然留着他的海象鬓角和小胡子。他喷了古龙香水,西服很合身,鞋子咯吱咯吱作响。我一身希腊女神式打扮,一条白色及地长裙,赤足。我一直注视着大卫,也吞服了很多高岭土和果胶制剂。我们意识到彼此都忘了选戒指，所以各自偷偷摘下一直戴的戒指，扔给我的秘书，她赶紧跑出去买了两只金戒指回来。比约定的时间晚了一会儿，我们挤进一辆豪华轿车，驶向教堂。我穿的是母亲在她的婚礼上穿的那件黑色天鹅绒斗篷。

　　教堂里有个电影摄制组。我想他们抓拍到有关我的镜头，大概是我不断把不能离手的绿药瓶举起来送到嘴边。同一间屋子里，大卫在他那半边谈论政治。我的姐妹们来了。我能记起来她们有多漂亮。我母亲和父亲都同意了他们二女儿的婚事，很有尊严感，而且看起来十分得体。大卫的母亲特别可爱，对一切都很和善。他的父亲看起来很紧张，但很开心。他在军中服役十七年，儿子却娶了一个反战分子。大卫的哥哥似乎很害羞也很亲切，他就是那样的人。我的姐妹们看起来像公主，她们的确就是公主。缇娅很高兴，她是一个乐观主义者，而且为我没有找个瘾君子或者在当地马戏团走钢丝的人结婚而高兴。牧师的手在颤抖，他人很好，我却好想哭。当说道"无论疾病还是健康"时，我忘词了，说了句："噢，见鬼。"然后牧师当着大家低声对我说话，整场婚礼中，大卫一直因为这件好笑的事面带笑意，部分是因为紧张，另一方面，笑也是他脸上最自然流露的表情。我们一直握着彼此的手寻求勇气，最后，用一个长长的、直到被我父亲的一个喷嚏和其他人的笑声中断的法式接吻，结束了整个婚礼。然后所有人开始鼓掌，香槟酒拿出来了，贝兹三姐妹的好朋友朱迪·柯林斯为婚礼献歌。我父亲拍了几卷照片，但因为某些原因，都没冲洗出来。

　　我喝着香槟，在和亲友交谈的过程中，一直黏在大卫身边，拧了拧左手第三根手指上新的金指环，心里想着拥有一个新名字的乐趣。

保留名字（更不要说身份）的概念，还没在我身上发生。成为一名妻子，并能成为一名母亲的念头却令我激动不已。我将会成为琼·哈里斯，而大卫和我将来在生一堆孩子的同时，还要拯救世界。我右手的第三根手指上依然戴着金戒指和紫翠玉戒指。

你那时真好，大卫！我是个疯子。你和一个疯子结了婚。有天晚上我和你母亲在山坡上，那晚她告诉我可以叫她伊莱恩。月亮升起来了，我却觉得如果一直盯着它够久，它很快就会沉下去。而且这种念头令我感到恐惧。她睡着后，我用膝盖顶住下巴，躺在路边的垃圾桶之间，大概躺了好几个小时，但是你跑出来，喊我的名字，然后我说："在这儿呢。"接着你把我抱进屋里，生了火，给我读《爱丽丝漫游奇境》。有天晚上，为了让你开心，我抽了点大麻，但这让我更疯狂了，而且我觉得时冷时热，当你用嘴巴大声念出来时，我感到十分害怕。我不得不跑进屋里，离窗户远远的，因为我可能会突然跳下去。你说："来吧，我们出去透透气。"我说："不，我很怕，而且会很冷的。""好的，来这儿吧，让我们把毛衣放这儿。"你说道。然后我开始哭了。"不，我很害怕，我会很热的。"然后我真的开始大哭起来，你用胳膊环绕着我，在外面跟我说话，空气吹在我脸上好舒服。我想去小便，你说："好的，为什么不去呢？"接着开始大笑，但一直都在尽力憋着，这样才会不让我感到难堪。我已经在矮牵牛花间蹲了下来，并感到好点了，因此我说："什么事那么好笑？"然后你说："我们刚花了一万美元重新装修卫生间，你却跑到外面来尿尿。"

我们住在洛斯阿尔托斯山四分之一英亩的土地上，我们称之为"斗争山"。我们的房子就像棚屋一样，与另一座相似的房子挨在一起。几百码外，是一栋古老的两层楼，八九个人同住在一起。我们都是素食主义者，也都有花园。大卫和我过去经常弓着背坐在门外的矮牵牛花花床旁边，天知道会有谁路过，并一起坐下。大多数时候，我们给他们煮好茶，大卫会谈论反征兵，我会听一会儿，然后起身，四处走走，再去做点面包。我们隔壁是罗伯特和克里斯蒂。罗伯特是位反征兵者，但他从不走运。夏天，他和克里斯蒂从不穿衣服。后来，当罗伯特和克里斯蒂更像一家人以后，他会进来用用削笔器。他坐在厨房的桌子旁，我的视线会在他腹股沟以上两英尺的地方停留，他削铅笔的时候有些部位还是能若隐若现。后来大卫被捕后，我也什么都不穿了，斗争山公社大多数实行财产共享的人也都这样。有一天，篱笆外停了一辆消防车，下来大概十五名消防员。他们假装寻找灌木丛里的火灾隐患，但会透过望远镜朝篱笆内窥视，我就不觉得那么无拘无束了。那种感觉就像你在做着美梦，突然意识到自己正光着身子在百老汇裸奔。

我一直尽力做个好妻子。我的恶魔们一直在侵袭我，我花了很多时间在精神科医生那里，让自己适应从女王到妻子的过程。

大卫养了一只名叫"月光"的萨摩耶，如果不是太过聪明的话，简直可爱得要命。它没受过训，但有种妖媚的笑，大卫让它随意在我们的小房子进出。它会笑着挠厨房地板上的土，会对铺了三层的卧室地毯嗅来嗅去。有一天，我发火了，因为我正给屋子吸尘，"月光"挠了一下地，并叫了几声，大卫就放它进来了。我生气地咒骂着挠出来的土："该死的大卫，我刚弄干净，可那狗又挠出了个土洞。"

大卫问哪个更重要，是狗还是一块木板。我说："你忘了更重要的东西。我！我更重要！"但大卫坚称我有洁癖。然后我说我想出去吃饭。他说在饭店门口等待是反革命行为，我说还是想让他带我出去。我说他以前买书，现在还买书，是一种资本主义的奢侈行为，穷人根本买不起，而且如果他每个月花三十美元买书，他也能在我身上花同样多的钱。再说大多数的钱都是我赚的。我只想让他拍拍马屁，对我！

有一天，三名妇女解放运动者来我们家抱怨了一通。她们不喜欢贴出来的反征兵海报。海报上，是宝琳、蜜蜜和我的照片，我们都戴着帽子，看起来像是吉尔伯特作词、沙利文作曲的喜歌剧《彭赞斯的海盗》里的三个小姑娘，海报的标语是："女孩对勇于说'不'的男孩说'我愿意'。"我认为这很巧妙。女性主义者却很讨厌，因为上面说"女孩"，而且女人无须给任何人答案，尤其是男人，无论是愿意还是不愿意。她们希望我能把海报从市面上撤下来。我向上帝发誓，我不知道她们在说什么。当她们你推我搡，十分生气地看着天花板时，我不停地在厨房跑前跑后，给她们拿三明治和柠檬水。大卫对这些抗议的人大声咆哮，称这些女人为"雏鸡"。

尽管我们出现了些麻烦，我却很忠诚，十分忠诚，即使在走入死胡同的时候。我在半夜里哭过很多次，他总是怀着无尽的耐心，希望所有事情都能解决。有时确实解决了，我也很自豪，一度为自己能真正成为一名妻子而自豪，并感受到平静与快乐。

拒绝入伍后没多久，大卫就收到了起诉书。审讯那天，法官们已经不指望每个人都能出现在法庭上。但是我们去了，为了表达对他的律师弗朗西斯·海斯勒的尊重。弗朗西斯是一位非常有名的、拥有爱因斯坦式的发型和佩剑般智慧的受人尊敬的老人，会用非常专业的辩护词让大卫逃脱处罚。当知道大卫是因为道德上的原因被迫站在法庭上时，他很受感动，而他本来是想在法律技术上展示他的非凡之处。法庭上弥漫着广藿香的味道，母亲们在哺乳，我们戴着鲜花在大厅里唱歌。

大卫很漂亮。检察官开始问，是否有什么阻止他走向征兵中心？是的，大卫，我认为有，我闭上了眼睛。是的，大卫，是你。是你阻碍了你自己的路。大卫开始回答问题，又停了下来，说了句："是的，等等。是我阻碍了我的路。"当陪审团开始判决时，我挥了挥手。陪审团中有位贵格会女信徒，我们一直对她抱有一线希望，期待贵格会教义能唤起她反对陪审团的指令。陪审团给出的判决是"有罪"，大卫让他们一个一个说，当她也说"有罪"时，我们都感觉遭到了背叛。

在巡回演讲的途中，我怀孕了。我们回到大学，我唱歌，大卫演讲，孩子们像是为我们着迷了。我认为大卫想单枪匹马扭转这个世界。如果单凭魅力就能行的话，他恨不得一夜之间就完成。有时候我听不懂他在说什么，后来我发现其他人也不懂，不过这并不妨碍我们张着嘴巴坐下来盯着他看。

总之，我们住在北卡罗来纳，每天晚上我都要测体温，早上还要用特殊的孕期体温计，体温图告诉我们正处于关键时期。那绝不是世界上最浪漫的事，猛地把体温计从嘴里拿出来说："就现在！"第二天早上，我和老朋友贝斯蒂一起做早餐。她一直很喜欢我的紫翠玉戒指，我跟金姆在一起的时候就戴上它了，突然我把它从我满是肥皂泡的手上摘下来，对她说喜欢的话可以拿去。她也很吃惊，知道我从来没摘下过。实际上，她知道我还有四个一模一样的：一个是黄晶玉的，一个红宝石，一个蓝宝石，还有一个我忘了。每个我都戴的不多，因为我最喜欢紫色的这个。她看着我掌心里漂亮的吉卜赛风格宝石，拿走了。也就是那时，我知道自己怀孕了。

例假已经延迟十一天，我去医生那里做测试。后来我们坐在她的办公室，她说："噢，有好消息要告诉你。"然后我开始哭了。她说，"我知道这是你想要的！"我哭着说："是的！"我打电话给大卫，但他不在家。我开车回家途中一直沉浸在婴儿床、婴儿车的幻想中，我想象大卫被释放了，尽管他还从没被关进去，想象我们一边在公路和偏僻小路上领导非暴力运动，一边轮流背着还穿着尿片的加布，直到他自己能蹒跚而走，而且我们将会有越来越多的孩子在地板上打滚，骑着大狗，抱着小猫。

回到家时，家里没人，我在屋里晃来晃去，沏了杯茶让自己平静下来。听到停车的声音，我赶紧冲到门廊边。大卫的妈妈来了，还带了一大堆吃的用的，大卫走在后面。她的笑容像是夏天的清晨，大卫的笑也是，直到我大叫一声"我怀孕了"。伊莱恩几乎把手里拿的一堆东西掉在地上。大卫特别激动，但是他觉得有点受伤，因为我没有第一个偷偷告诉他。我立即感到了后悔，但已经晚了。两周后，在圣何塞州（立大学）的演唱会上，我又干了一回这样的事。我一分钟都忍不住了，演唱会结束的时候，我宣布道："我怀孕了！"大卫是在

第二天回东部演讲的时候在报纸上读到的。他更倾向于让我们生活中的隐私作为真正的隐私。我以为自己已经改变，而且会换一种方式掌控事态，但是并没有，我知道。我再一次脱口而出。

有一天，我决定把头发剪了。自从开始唱歌生涯，一头长发就成了我的标志之一。我吃了两片安定后，直奔理发师那儿剪成了短发，短得特别像意大利电影演员。

大卫巡回演讲回来后说："你竟然没问过我就把头发剪了！"本来以为只是个玩笑，但他又一次受伤了。我们的生活有了龃龉。

1969 年 7 月 15 日，他们来逮捕大卫时，我们已做好准备。抗议团体已抵达我们的前院。我每天都在为源源不断而来的朋友和支持者们烤面包，做煎饼和蔬菜沙拉。他们的英雄很快就要被带走了，无法和他们任何人分享每天喝的咖啡，无法一起抽烟。我们估计警察来带走他的具体日期，那天，一阵长笛声伴随着温暖朦胧的清晨空气，飘进我们的卧室。一位长得像彼得·潘的疯狂信徒坐在树上给我们吹笛子。我又累又急地对大卫说，我希望那哥们儿掉下来摔死，但大卫说："他是个好人，是有点怪，但也是一番好意。"于是我缓和了些，这只是因为大卫的善良。于是我起床，开始在克里斯蒂的帮助下，为树上的寄居客、太阳朝拜者、吃嫩芽的人、水瓶座孩子、霸占者、抵抗者和其他忠实的朋友做早餐。我待在厨房里，一会儿冷一会儿热的，边听着车子呼啸而过，边煮咖啡和草本茶。

上午十点左右，其中一个帮我们盯梢的人朝车道的方向吼叫，告诉我们警车已经往山上来了。大卫的脸上笑容灿烂。等待的日子即将结束。他的生活也会更加简单——现在他只需要和一种现实打交道，而非在深夜里将他惊醒的种种幻觉。警长和他的助手都对我们的表现感到迷惑：我们十分友好，用咖啡、果汁和手工面包热情迎接他们。他们拒绝了一切。大卫正坐在沙发上和一个小团体谈话，被欢迎委员会从侧面保护着，他起身热情地和他们握手，让他们觉得比之前更加难为情了。大卫走到人群中，和每个人拥抱。我一直保持着距离，直到最后一刻。他们给他戴上手铐，在爬进后座之前，他举起双手做出胜利的手势。我抱着他说了几句话，但已经不记得说了什么。当警车在那个美丽日子的最高潮阶段驶离时，牌照上方的保险杠已被贴满了反对征兵的贴纸。这是我们最后的笑声，之后越来越安静，我决定出去走走。我沿着那些山走了很久，在斗争山最激烈、最美妙也最孤独的一天走了很久。

大卫入狱后，我的第一份工作就是完成联合制作的电影——《带上它》(*Carry It On*)。剧组跟踪拍摄了我的全美巡回演出，从丹佛到麦迪逊广场花园。每张票我收两美元，并把钱都给反征兵运动。两位抵抗者和我一起工作：杰弗里·舒特莱夫穿着马德拉斯布套头衫和橡胶沙滩凉鞋，用甜蜜的、有亮泽的嗓音唱着；还有冯德尔，头发蓬乱的慢动作吉他手，他的真名不是这个。我们的路演经理，就是大卫被带走的那天早上，在斗争山的树上为我们吹长笛的那位怪兄台。他会从公路小餐馆的桌子上跳下来，开始清理桌子，尽管会有一排体重两百磅的卡车司机转过身子来瞪着他。他也会在登记入住之后把宾馆房间里的家具都移出来，在墙上挂一幅曼陀罗画像，点上香薰和蜡烛，在莲花座上坐个三刻钟。杰弗里也会加入其中，然后，这两人就会把从健康食品店买来的棕色米煮上，再煮些西洋参茶，好好吃一顿。冯德尔和我会买些汉堡。杰弗里坐在台阶的莲花座上时，也会在室外蚊子的侵袭下自我斗争一番，不是出于对生活的尊重（我觉得不是），而是因为对自律的痴迷。

在几位抵抗者的建议下，我决定在南加利福尼亚的几场演唱会上，加上一些示威活动。一个年轻人计划了很长时间，决定上交他的征兵卡。他想"公开"进行，而且希望我可以在某个庆典上，当着观众接受他的征兵卡。我说行，并用了一点戏剧的手法。在节目中途，我宣布下一首歌献给反征兵者。如果在场的任何人愿意交征兵卡，我都会乐意接受。这时，这位年轻人走上前来交上他的征兵卡。一切进行得很顺利，只是我并不知道其他三十个年轻人也走上前来交上他们的征兵卡。我知道他们并没有做好拒绝的准备，便把所有的卡都还给了他们，告诉他们哪里可以获得征兵咨询（就是说，在后台），然后中场休息了一会儿。

我决定给大卫录制一张唱片，这会是个很好的礼物。我再次去了纳什维尔，录制了十二首西部乡村音乐。之前的晚上，我给大卫画了几幅他坐着读书的画像，现在选了一张最好的设计成专辑封面——他的头像在中间，四边是用三英寸半宽的塔罗牌多色图案组成的花带围着，背景是银色的。这是一项大工程，尤其因为我同时要录制一张所有曲目都来自迪伦的双专辑。我回到家，开始认真考虑孩子的出生问题。

我们有张加布很快要出生、我坐在屋外的照片。那是一阵风暴过后，院子里的一切都被风刮倒了，天空依旧灰暗。我坐在罗伯特已经设计了很久的厕所上。我的头发已经长起来了，正对着镜头挥手。母亲说那是我的"嬉皮时光"。

盖尔·泽莫诺为了非暴力运动，从伯克利大学来到非暴力研究学院。她在加利福尼亚时，是我们反征兵运动和非暴力社区的一名工作人员，最后成了我的贴身助理和好朋友。

我带上盖尔一起去参加无痛分娩课程。有天晚上，我因肌肉绞痛疼得醒过来，心跳加速得无法控制。我激动地把手放在嘴边而且难以置信地说道："自己冷静下来。"我慢慢地起身，看绞痛是否会止住。并没有。我决定去厨房，做点果子冻。我灌满了一小锅水，打开一盒冻草莓，一半倒在地上，另一半全倒进了碗里。我把包装袋都扔进了沸水，忍着烫用手指头夹了出来。我放弃了，回到床上，绞痛应该停止了，因为我一直睡到了七点。它们再次把我叫醒。那天是周二。大卫每周二打电话过来。盖尔过来了，我们一起下山去了诊所。医生说可能要等很长时间，我们又回到山上。等了五分钟，我还是希望能接到大卫的电话。我把自己扔在沙发上，开始痛苦地喘息。几个小时过去了，公社的朋友来了又走。当我胀得无法说话时，我抬起手示意，这样他们就知道我很忙。我们一直等到每间隔一分半钟痛一次时，再次下山，我的手一直在挥着。我们离开后五分钟，大卫打来了电话。

我原本计划坐着生孩子，但在第一次大的子宫收缩后，不得不把背靠着等着分娩。一个可怜的实习生进来用一张床单盖住我，被我踢跑了，我告诉他们我不需要任何狗屁床单。他走了后，我再也没见到他。我一直采用无痛分娩的呼吸方式，就像上岸后的河豚。医生进来了，告诉我要放松，否则生之前我会虚脱很长时间。除了一阵痛之外，我已经什么都不记得了。我抓住医生的手，使劲地捏着，声嘶力竭地大叫："他妈的！"因为没什么比阵痛更疼的了。他们把我推到了另一个地方，医生不停地说："你能感受到推力吗？"而我一直骗他们说没有，因为我害怕。我一直用力呼吸，我觉得我听到一只猫在隔壁房间号叫，但护士说那是我，最后我像个疯子一样被推着。哦天哪，我想，像是有座山要从我体内被推出来，我听到医生说："看起来是个健康的小男孩。"然后我清醒了，竖起了耳朵，感到特别开心，也不疼了，一直在哭，我好想见到他。他有点紫色，黏黏的，我抱起他并开始唱乔·科克尔[1]风行一时的歌曲《你好小朋友》。他们把他放在我的胸前有一分钟，我简直无法相信他是我的孩子。我有点饿了。我有了我的小男孩，现在我唯一想做的就是吃东西。当我被推出来时，母亲正在走廊里。得到消息后，她从卡梅尔开车过来。她亲了亲我，两只手握在一起，激动地泛着泪花。我穿着医院的袍子想着食物，一位护士走进来，说道："你喝水了没？"

"我喝了不少，但现在我想吃东西。"

"你犯恶心吗？"

"是的，我一生中大多数时候都会，但现在正好没有。"

她给我拿了点吃的，罗伯特和克里斯蒂也给我带了食物，我狼吞虎咽地吃了，然后给大卫打了个电话。"我们有了个孩子叫加布。"我告诉他。很久以来，我们一直在讨论是叫加布里埃尔还是华金（我们没准备女孩的名字）。一周后，我收到大卫给我写的最漂亮的信。

---

[1] 乔·科克尔（1944—2014），英国歌手，以对披头士 *With a Little Help from My Friends* 的经典演绎著称。

他一直在等医院的电话，一直在下雨的院子里走来走去。接完电话后，他想一个人静一静，所以钻进一个金雀花橱柜里，关上门坐在里面。他知道他在抽烟，因为他能看到一种偶尔突然爆发的光芒，随即又暗淡了，然后又发出亮光。"我们有加布了。"我对他说。生于六十年代，生于我们随性的生活，生于关爱，生于我们的梦想，我们有了一个加布。

加布里埃尔出生后，我们很快就去旅游了一番。我有他在圣特罗佩的游泳池里躺在橡皮船上的照片，那时他刚吃完便携婴儿料理机里树莓和香槟搅拌的食物。在华沙大广场和意大利沙滩日光浴时，我都带着他。盖尔一直是我的同伴，也是加布的代理妈妈。加布十七岁生日时，她送给他一个车载急救包和一口中式锅。

大卫入狱十个月，加布也出生后，我有了一段婚外情。每当电话响起，我就偷偷溜出去，浑身发热，去拉斯维加斯进行神秘旅行，很担心自己会成为一个很坏的人。我很害怕大卫回家。有位抵抗者的妻子打电话告诉我，她的丈夫已经提前出狱了。某天他走到门口用胳膊夹着她，一直到床上。她似乎欣喜若狂。我冒了一身冷汗。我很贪恋加布。我独自一人把他搂在胳膊里，在黎明时分给他写摇篮曲。在斗争山，抬头看着橡树，等待太阳落在桉树的树梢，我和加布一起骑着沉默的、没有翅膀的飞马逃走。沉默的灰马，套着黎明的缰绳……没人知道它来自哪座山……它嘴里含着金钥匙……没人认识它，除了加布里埃尔和我，加布里埃尔和我。

十个月后的一个刺骨的早晨，我们从监狱里把你带回家了。加布穿着蓝色的羊毛灯笼裤和骆驼毛毛衣。我穿着一件大大的阿富汗绣花外套，你穿着我给你带来的西服。媒体都聚集在旧金山机场。学院给你举办了一个大派对。加布在加州的阳光下蹒跚而行，每个人脸上都挂着为我们感到高兴的笑容，而我自己的脚像是冻住了。盖尔把加布抱到一边，这样我们就有了独处的时间。

我们的房子太小，大卫，你的块头太大！当你告诉我你在监狱里的充满男子汉气概的故事，你经历过的或听过的肮脏的、最暴力的事时，我很生气。你一遍又一遍地对崇拜你的那些人说话，但是当我问你们晚上吃什么时，却一句未回。（我很嫉妒那些崇拜你的小团体，你甚至都不用想晚上吃点什么，这么长时间以来，都没人问过你吧。）我并不介意分享加布，我早就考虑过我会这么做。但那是因为我觉得他是我的，只是借给你而已。当意识到你是他真正的父亲，对他、他的时间和他的爱都有权利分享时，我愤怒了。

我们没有因为加布分开，没有因为我的婚外恋分手，尽管它是格外真实的，而非暂时的迷恋。我们也没有因为政治分手。我们想分手时，就分手了，因为无法忍受。我不想再试着成为一名妻子，而且我只属于自己，自那以后我一直是这样，偶尔被野餐、蜜月、旅行中的通宵狂欢、我的梦想间断。当我们在一起的三年动荡生活迎来崩溃的终曲时，我所获得的深切体会，在十年之后我都能清楚地忆起。我生来孤独，不可能和任何一个人生活在同一个屋檐下。这已经不再是个大问题了。有时候我会非常非常孤独。但我宁愿选择这种孤独，也不想承受无法成为你的妻子带来的失败和绝望感。

我很抱歉，加布。我们无法组成一个完整的家庭。我认为我是个好母亲。我非常爱你。爱你很容易。有人警告我说两个人的糟糕，三个人的威胁，以及四个人的可怕，但你不会拥有这些。你很开心，不可思议的开心。你也很伤心。看着你平静地睡在鸭子、熊和矮脚猎犬中，玩累了的脸上泛出一抹潮红，这提醒我无论第二天有多美好，有些时光注定是远去了，因为我们永远也无法回到某个时间。所以从你一出生，我就开始失去你了。我不能在这本书里记下你孩提时的故事，你肯定会恨这一点。所以我来讲几个。有件事你可以恨我：我拒绝教你如厕。当我把你送进托儿所时，你太小了，他们说："我们一般不接收还带着尿布的孩子，但是当他看到其他的孩子，你知道的，学会如厕只是几天或几个星期的事。"而你是好几周、好几个月，当你学会把别针拿出来交给我，把尿布揉成团扔到浴室的垃圾桶里时，你已经三岁多了。从此才没发生意外。

大卫和我分手后，我住在伍德赛德。大卫住在一个半小时路程的山外。加布成长期间一直在我们之间来回奔走。我们谁也不喜欢这样的安排，但因为我和大卫都想和他在一起，也就只能这样。

我从未带加布参加过和平游行。我也从未带他参加过农民的葬礼。有一天他宣布，和我在一起最大的麻烦是我不怎么和他玩打仗的游戏。我说好吧，那我们玩打仗的游戏。我们做了几个小小的金属士兵，并选择立场。

"我这方都是好人。"加布说。

"好吧，好人都是什么人呢？"

"美国人。你那方都是坏人。"

"那坏人都是什么人呢？"

"嗯，日本人。"

"是吗？你的意思是像我们的园丁吉恩？"

"哦，好吧，那坏人是德国人。"

"天哪，你肯定是在说肖蒂。你认识的，就是那个你过生日时给你做馅饼的德国人？"

"哎呀，妈妈。得了，你这是在破坏游戏。"

"抱歉，加布。我们再想想，他们来自丹麦，就像你们班上在生日和圣诞节时对着全校唱歌的瑞秋。"

"好的。"

"我们现在该怎么办呢？"

"现在我们去打仗！"他兴奋地说。

他用喉咙和舌头发出咯咯声，制造出打仗的声音，并继续用一个人瞄准我这方的军队，乒乒乓乓地攻击了我的军队，一时间我已经全军覆没。我假装无力反击他的军队，但我所做的一切都是错的。不到六十秒，就已经结束，但还没完。

"真好玩，妈妈！我们应该多玩几次！"

"随时都可以，宝贝。"

鉴于他有位热衷和平主义思想的母亲，父母是两位著名的社会活动家，我认为应该补偿他，以免让他压力太大。他十岁的时候已经懂得在任何事情上反过来安慰我了，除了对军队的接受意识还很传统。一天下午我们正在看电视，那几天的新闻都在报道一种新型导弹的问世和首次亮相。当导弹对着镜头滑出来时，许多高级军官满怀深情地观看着。我适当地说了句："啊呸！"加布谦逊地说了句："我知道你在想什么，妈妈。"

"我在想什么呢，加布？"

"你在想，'瞧这个闪亮的大阳具，所有围绕在它周围的将军都硬了'。"

"你说得太对了，加布。"我兴奋地说。

我们是如何让《时代》杂志所谓的"世纪婚礼"解体的？我们是如何看顾我们的儿子的？和其他人一样。歇斯底里的争吵、哭泣，奋力争取和拉拢加布的真心，随后又崩溃，看到我们的行为那么可悲，再尝试学习如何彼此信任。信任一点一点产生，还要处理各种各样的工作。又因为我们都爱加布。没有谁对谁错之分。我们两人都是愚不可及、控制欲强、又很有爱心的父母。我们已经尽力做到最好了。现在依然如此。

为了爱和音乐

伍德斯托克是毒品、性和摇滚。伍德斯托克是詹尼斯·"休外射精"·乔普林，是吉米·"天才"·亨德里克斯，以及谁人乐队（The Who）的罗杰·达尔特雷汗涔涔的漂亮胸脯。伍德斯托克是帅气得像印第安人版的"乡村乔"·麦克唐纳[1]。"所以一、二、三，我们要为什么战斗？别问我，我才不管，下一站是越南。"伍德斯托克是斯莱和斯通一家乐队（Sly and Family Stone）和五十万人一起"嗨"。伍德斯托克是斗鸡眼的乔·科克尔，弯着腰像个大街上中风的怪人，唱起歌来却像雷·查尔斯。伍德斯托克是大雨和泥泞，美国大兵穿着便装，警察一边扛着枪把，一边为饥饿的嬉皮士们烤热狗。伍德斯托克是湖中的白人女人，横在金色的自由之城和她们的姐妹会中间的路障给她们壮了胆。她们用淌着湖水的漂亮手肘把河鼠似的头发往脑后拨去，并不是没意识到岸上咔嚓咔嚓的摄像机，正对着她们可爱的酥胸。伍德斯托克是威维·格雷维[2]和他的养猪场，"给四十万人做早餐是

[1] "乡村乔"·麦克唐纳（1942—），原名约瑟夫·艾伦·麦克唐纳，美国音乐人，迷幻摇滚乐队"乡村乔和鱼"的主唱。后面引用的歌词来自该乐队的作品《越南之歌》。
[2] 威维·格雷维（1936—），原名休·南顿·罗姆尼，美国艺人，和平主义者，由于经常在示威中被捕，后来便以小丑造型示人。其创建的小猪农场（Hog Farm）为美国存续时间最长的嬉皮士公社。在第一届伍德斯托克音乐节时，罗姆尼和小猪农场被请去帮忙。

什么感觉？”他的话中也闪着睿智："别吃棕酸[1]，你们懂吧？"伍德斯托克是阿比·霍夫曼[2]越过克里登斯清水复兴合唱团（Creedence Clearwater Revival）朝我耳边喊着把这把大折刀拿去，不过我没有接，因为他是在嘲笑我的非暴力运动，或者是我这么认为……

伍德斯托克？靠，我已经得寸进尺了。我已经在音乐舞台上唱了十年，从未嗑过药，也从未假唱过。

但伍德斯托克也是我，琼·贝兹，身怀六个月身孕，反征兵者的妻子，无尽地劝人不要参战的广场。我在那儿有自己的位置。我活在六十年代，而且已经幸存。

我们从纽约郊区上空飞过。我把母亲塞进直升机，挨着詹尼斯·乔普林，一路上掠过成片的农场和成群背包客的头顶。詹尼斯紧紧攥着一瓶酒，每个人都倾斜着身子，风简直把我们刮成了野人，蓝色、黑色的云在我们的头顶和身边簇拥着。是遭遇了诡异的天气吗，还是我们都感觉历史正在被创造中？

他们把我安排在假日酒店的蜜月套房。大厅的地板上满是喝醉了酒的人，而我得到了蜜月套房。我肯定放弃了，因为第二天早上，我在另一个房间里醒来，听到了一阵巨大的轰鸣声，看到一架直升机径直停在我窗外的停车场。我嘴里塞满烤面包，对着正朝我的卧室咧嘴笑的直升机飞行员拼命挥手。他点头示意会等我。我便把一群记者轰跑了（不记得都是谁了）。整件事令我很兴奋，因为我并不介意坐在

[1] 迷幻药（LSD）的别名。

[2] 阿比·霍夫曼（1936—1989），美国政治社会活动家，无政府主义者。"芝加哥七人案"的被告之一。

一架小直升机里飞来飞去。我们乘坐的是那天最后一趟飞往黄金城的航班。道路泥泞，我母亲直到第二天才去成。斯库普，那个疯狂的乐队管理员，一直开着车，车也陷得越来越深。他还告诉我母亲，大家都会 OK。最后他停了车，吸了口大麻，于是一切都 OK 了，至少对他来说是的。

在伍德斯托克，曼尼力劝我母亲吸大麻。但她没有。她说她觉得很害怕。

有时候，一些知名人物会嘲笑环绕在我们身边的光环。有时候出名带来的负累，远远超过得到的好处。不过也有几次很美妙的时刻！伍德斯托克就是其中的一次。我可以自由进入整个露天场地，包括后台，在所有事情上都能获得特许，不缺食物和饮料，随处有供我休息的地方。

一场大雨袭来（就在人群高喊"没有雨，不下雨！"时），我立即被领进了一辆厢式货车。这是乔·科克尔的车。我（身形臃肿地）和他的乐队成员（瘾君子们）一起聊天喝啤酒，感觉十分融洽，即使他们没完全听懂我讲的笑话。忽然，一位舞台工作人员把他的头伸进了货车。

"你还好吗，琼？"

"是的，我很好！"

"你确定？"

"是的，我确定……"

"不需要我们给你拿点什么吗？"

"不用，真的。这里啥都有，谢谢。"

后来就演变成了一则谣言，说我的孩子要生了。

是的，的确，伍德斯托克中有两个孩子出生，三个人去世。伍德斯托克是一座城。是的，它是暴雨和音乐混杂的美妙绝伦的三天。不，它不是一场革命。它是色彩斑斓、泥泞遍布的二十世纪六十年代的折射。

我在深夜里唱歌。我就站在黄金城的居民们面前唱歌，他们睡在泥泞里和彼此的臂弯里，我给了他们那个时候我所拥有的。而他们接受了我的歌唱。那也是一个令人谦卑的时刻，不管怎么说。此前我从未对一座城市唱过歌。

你知道巨星"义助非洲"（Live Aid）慈善演唱会是怎样的吗？它证明了过去十年里，每年伍德斯托克的周年纪念会上我所告诉媒体的事。永远不会再有第二个伍德斯托克。伍德斯托克，带着泥泞与荣耀，仅属于六十年代。那个反常的、被憧憬的、被浪漫化的、被迷恋的、悲剧的、疯狂的、胡子拉碴的和珠光宝气的时代。它已经逝去并一去不返了。我并不怀念。但有时候，我很讨厌八十年代。

我会甜美无比地为你歌唱

六十年代中期的某段时间，梅纳德·所罗门在先锋唱片提出要录制一张连说带唱的诗歌类音乐专辑。1968年，我录制了《洗礼》，收录了包括兰波、洛尔迦、亨利·特里斯、雅克·普莱维尔、威廉·布莱克、乔伊斯及其他几位诗人的诗，设定为古典主义风格伴奏。1968年的最后四个月里，这张专辑一直在排行榜单上：我的听众对音乐实验的接受度，显然比许多人想象的要广得多。

第二次进录音棚是为了录制《大卫专辑》和《现在任何一天》，这一张双专辑的曲目都来自迪伦。我喜欢在纳什维尔录制唱片，加上鲍勃音乐的丰富多样性，使其成为我录得最轻松的专辑之一。我把迪伦的乐谱铺满录音棚的地板，闭上眼睛一指，指到哪首，音乐一起来我就唱哪首。《现在任何一天》加上《大卫专辑》，作为西部乡村音乐的合集，我花了整整四天时间录制。《现在任何一天》成了畅销金唱片，《大卫专辑》也在排行榜上徘徊了好几个月。实际上，《大卫专辑》的销量更多的是因为我那几年的强劲势头，而非因为它是张西部乡村音乐专辑，正如它从未能让西部乡村音乐上排行榜一样。

二十世纪七十年，先锋唱片发行了一套集合了两张专辑歌曲的怀旧专辑《第一个十年》。二十世纪七十年，我还发行了专辑《一天一次》，这张专辑偏乡村风格，包括三首和杰弗里合唱的曲目。《第一个十年》和《一天一次》都曾好几个月占据排行榜单。

那些年里，我根本不知道什么叫"商业"压力，因为我的唱片卖得很好，而且梅纳德·所罗门对艺术的兴趣超过让我变红。实际上，我一直受热火追捧是时代原因，那时候很多歌曲都是高度政治性的，加上我本来就能唱歌。

1971年，又是在纳什维尔，我录制了《有福了》，第一张有很多我自己的歌的专辑。

《大卫之歌》描绘的是我怀中抱着"小人"，在监狱的石头门口等待大卫，歌中唱到他看到的星星和我看到的是一样的，也唱到他的狱友、后来成为加布教父的厄尔。我还写了《搭车人之歌》，讲的是搭便车的背包客，他们身上挂串珠子，脸上涂着颜料，在圣克鲁兹的山中小路上竖起大拇指。《有福了》则是写给有詹尼斯·乔普林这样的孩子的父母的，他们不想被打扰。《最后的、孤独的、悲惨的》写的是一个疯狂的、肮脏的、被上帝遗弃的家伙闯进我们的房间，在我们的浴缸里洗澡。《纳什维尔城外》写的是我带着秘密（不是密友）在这个国家的神奇一天。当我对他的爱流溢到大地之美时——"冬天要离去时，长出的叶子那么柔嫩；我们说话时，我想我的双眼会泪水盈溢"。《时间被偷走时》，写在一段爱情结束时；《加布里埃尔和我》则是我凭空想出的一首摇篮曲，让人觉得仿佛我拼命地想安定下来。当怀中搂着加布一起在欧洲旅行时，我写下了《米兰华尔兹》和《玛丽·弗洛尔》，写的是我在阿尔勒的一个十岁小朋友。有些歌曲来得很快，有些是半夜突然来的灵感，有些是我费尽心血所写。这些歌都很个人化，在我看来，没有哪首能打五分以上。但是写歌能带来满足感，因为我不需要唱别人的歌。

专辑《有福了》是以大卫在监狱中的场景作封面，有段时间一直排在前二十名，最终也成了金曲。其中我还录制了《顺其自然》，这首歌后来升到了榜单前五十名。

六十年代晚期和七十年代初期，我继续或独自巡演，或同杰弗里、冯德尔一道巡演，继续把我的大部分钱拿出来。我从专辑中获得的一些版税流向了反征兵运动。我的公众形象十分清晰：一个女孩、一把吉他、她的歌和一个信息。自那以后我剪了短发，但没什么人注意到这点。对于顽固的死忠粉来说，我依然是琼妮，一头齐腰长发、一口清纯的女高音。我不仅反商业，也不可能被商业化。在我的音乐会小册子里，我写下了这些东西：

　　[我]……长大后，想成为，

　　一名护士，

　　一名兽医，

　　一位大提琴演奏家，

　　一位英雄，

　　美丽。

　　绝不做歌手。

　　我不是歌手。

　　我唱歌，

我打架,

我哭泣,

我祈祷,

我狂笑,

我工作和幻想。

……娱乐业会要求我告诉你关于"民谣歌手琼·贝兹"的事。我如何"起步",曾在哪儿唱过,以及我的床底下都搁着哪些荣誉。

但是我明确告诉你,并没有"民谣歌手琼·贝兹"这个人。

有个我,二十八岁,怀着孕,丈夫还在监狱里,因为拒绝入伍和组织反征兵运动被判三年监禁……我,坐在这儿听着梅尔·哈格德的《唱回我的家》,思考……在越南、比夫拉、印度、秘鲁和美国……死去的儿童。

……在所有这些事中,我怎么能假装取悦你呢?

为你歌唱,是的。

为了刺激你、提醒你,给你带来快乐、悲伤或愤怒……而我会说……

念及生命。

让生命高于一切。

高于领土。

高于法律。

高于利益。

高于承诺。

高于一切。

十七年后，当我读到这里时，它显得过于残酷。这是一段很长很长的路，从斗争山到巴黎的拉斐尔酒店，到罗马的威尼托。

在大卫入狱期间，纪录电影《带上它》的工作继续。这是一部关于两个带着使命的人的出色片子，里面有大卫在演讲、我们一起旅行或者只是坐在斗争山家中的院子里，在斑驳的日光下谋划"革命"的场景。片中记录了他在监狱时，我在麦迪逊广场花园开演唱会的场景，舞台上摆满了康乃馨，门票两美元一张。纪录片的名字来源于吉尔·特纳的一首歌：

> 有个人从我身边走过
> 用一种声音和我聊着
> 用一种声音和我说着
> 带上它，带上它……

正好在大卫和我分手前，纪录片的原声专辑《带上它》发行。也是在这个时候，先锋唱片的梅纳德和我，都认定我是时候离开公司了。也许他感到我喜欢唱什么就唱什么，把一张素照片放在封面，这样还能登上排行榜的时代已经结束。

随着事情的发展，离开变得很亲切。他本已经把我十三年来和他合作过的音乐都包装了一遍，现在又重新包装，命名为《精选和其他》（我想称之为《精选和遗漏》，但他不觉得这很搞笑）、《琼·贝兹民谣专辑》《琼·贝兹情歌专辑》《六十年代最了不起的民谣歌手》和其他专辑。每次梅纳德制作和宣布另一张专辑的发行时，我便感觉自己像头枯瘪的奶牛又被挤出了点奶，但不得不承认，这些唱片的包装十分精美，而且直到今天，依然在全球发售，现在的新偶像也不一定能如此。离开先锋时，我们发行了《他们开往南部城镇的夜晚》，这首歌成了我到那时为止唯一大获成功的作品，它在热门排行榜单上排名第五，而且连续十五周排在前四十名内。

我又签约了 A&M 唱片。这是个全新的变化。我有种迈进了大时代的感觉——洛杉矶的办公室和录音棚、豪车和优厚待遇。另一方面，我认为比起一个更大甚至更耀眼的公司，A&M 唱片的规模和人员将让我能获得更多的艺术许可。

我是对的。我跟他们合作的第一张专辑《从阴影中来》，就得名于法国抵抗运动歌曲《游击队》中的一句歌词。这不是一张商业大碟。专辑的封面，是一对年老的中产阶级白人夫妇在反战游行中被捕的照片。我那时还没意识到这是张政治意味不太强烈的专辑，但是专辑里有两首我自己写的歌——《监狱三部曲》和《写给陌生人的情歌》，已经从类型"五"上升到了"六或七"。

1972 年底，我在圣诞节期间访问了越南河内，回到家时，把能给唱片公司带来噩梦的东西归整了一下。我向 A&M 保证，下一张专辑里不会再提到炸弹、警报声、高射炮或哭泣的母亲。神奇的是，《此刻你在哪里，我的儿子？》连续几个月出现在 1973 年的榜单中。我以为这是张很棒的专辑，而这种好让它走得相当远。美国公众尚未开始"自我感觉良好"的潮流，否则这张专辑可能会被雪藏。

1974 年，为了呼应智利的政变，我用西班牙语录制了一张专辑，为在皮诺切特的压迫中受难的人们送去一丝希望。专辑名为《因为生命》。音乐非常棒，录制背景音乐的人中，有从录音棚隔壁的饭馆里找来的墨西哥流浪乐队，一群合唱《没有诺斯莫维兰》的农场工人，以及一位智利竖琴手，这是我最喜欢的专辑之一。这张专辑在美国卖得不错，在西班牙语国家卖得非常好。

总之，A&M 公司对我异乎寻常地好。是的，我的专辑依然因为"我是谁"而畅销，但是时代正在悄悄改变。尽管已有很多年没正式唱"民谣"，我依然被人称为"民谣歌手"。

第四部分

此时此地多荒凉

PART
FOUR

"How Stark Is the Here and Now"

It's walking to the battleground that always makes me cry
I've met so few folks in my time who weren't afraid to die
But dawn bleeds with the people here and morning skies are
red
As young girls load up bicycles with flowers for the dead

They say that the war is done
Where are you now, my son?

走过战场时我总是哭泣
这一生中我未曾见过几个不怕死的人
但在这里，黎明与人民一同流血，早晨的天空变成红色
年轻女孩们在自行车上为死者满载鲜花

他们说战争已经结束
此刻你在哪里，我的儿子？

躺在玫瑰花床中

尽管后来爱上了法国，而且到现在依然视其为我的第二故乡，但第一个用语言、美丽、时尚、鲜花、理智和男人赢得我年轻的心并引诱我的国家，是意大利。1967 年 5 月我第一次走进意大利，就像以影星的身份走进费里尼的电影里。我的现实，以任何正常标准来说，都是种幻想：我被知识分子追捧，被作家、电影制作人和政客们盛情款待，成了罗马和米兰左翼知识分子圈里的宠儿。我遇到了富里奥·科伦坡——我叫他"马科"，他也许是我所认识的人当中最聪明的一个。他是意大利最大的两家报社之一的《新闻报》的记者，写了两本书，一本关于肯尼迪治下的美国，一本谈美国剧院，他也为意大利电视台工作。他把我带到一家小饭馆，那里所有的人都认识他，也都认识我。他谈论政治、哲学、艺术和宗教，而我则浮想联翩地坐在他边上，沉浸在他那天赋异禀的思维之中。我还被他带到那些最负盛名的商店，以十分劲爆的折扣买到最新款的时装。在这里，我得到了一套能够俯瞰公园和花园的漂亮套房。演员、作家、诗人、词曲作者、画家、议员和教授们争相给我送来玫瑰花束。

在埃克塞尔西奥酒店的豪华套房里，我坐在床上，在一片白色亚麻布床单、一堆枕头和被子的海洋里，点了羊角面包、果酱以及拿铁咖啡做早餐。我用吉他练意大利歌曲，一直练到饿得叫了一碗很有嚼劲的意面做午餐。暴露在目前的这种关注中，一开始还有点困惑，但很快我就被宠坏了，开始沉迷于这种绝妙的情境之中不能自拔。

在这儿开的演唱会，和以前那些场面壮观，类似节庆盛会、政治论坛的演唱会不同。我在米兰非常漂亮的李瑞克歌剧院开唱。这里塞满了精力旺盛的人群，人多到只有站的地方。在音乐会上半场的中间一段时间，阳台上发生了一场很大的骚乱，但我只是继续唱着，希望那些噪声能平息下来。有个政治团体已经在阳台的最上面一排扯出越共的旗子，他们看到我对此没有任何反应，竟十分愤怒。他们开始喧哗着要求得到注意，有部分观众支持他们，其他人则嚷嚷着让他们闭嘴，还有一部分人则表达了对整个场景的不耐烦和厌恶。最后，骚乱演变成暴乱，我也只好早早地结束了上半场的演出。

当然，我看向聚光灯时，并没有看到旗帜，但是那些挥舞旗帜的人要求我做出声明：一、我为什么忽视他们的声明；二、我在越战中的立场。回到舞台后，我做了一场有关美国入侵越南的简短演讲，马科帮我翻译。不幸的是，为了避免我遭受人群中的保守派的攻击，马科把"美国入侵"翻译成了"美国介入"，这又引发了一场激烈的争吵。人们站在座位上，相互朝对方扔东西，挥着拳头，而我也加入进去，咒骂起彼此的家族血统，并把侮辱的重心放到母亲那边。最后，我请求马科离开，然后伸出双臂开始唱《悲哀的朝圣者》。这是我曾经在格林纳达唱给金听的一首令人心碎的灵歌——这首歌，如果唱在正确的调上，我会持续用高音 F 调打动人群中最难降服的那部分人。

米兰人终于放弃了对冲突的热情，陷入对歌声的热爱。而且，或许这时，他们想起来这里曾是普契尼和威尔第的诞生地，他们屈服于我缺乏训练却令人印象深刻的声乐技巧，决定坐下来，听完整场音乐会。

被一再要求再来一首，我又唱了四首，抱着满怀的玫瑰离开舞台，精疲力竭地躺在已摆满鲜花的更衣室的天鹅绒小沙发上。新拿来的花多到没处放，只好放在水槽和卫生间马桶里。所有人都匆匆离开，我睡着了；十分钟后他们回来了，礼貌又满脸喜气地说：听众依然在欢呼，要求再唱一首。于是我光着脚走上舞台，唱了首阿卡贝拉[1]。这样，我与意大利人的浪漫纠葛，终了在他们毫不掩饰地接受他们疯狂的恭维中结束。

1970 年，我在米兰的拉雷纳足球场开了演唱会，之前我已经在电视台用意大利语谈及马丁·路德·金、越战、民主和非暴力了。我还用意大利语唱了一首《有一个男孩》，这首歌讲到两个年轻人——一个意大利人和一个美国人，他们都弹吉他，都听披头士和滚石乐队（The Rolling Stones）的歌。有一天，这个美国人收到政府的一封信，去了越南，他不弹吉他了，改用了一种新乐器，只弹一个音符——"嗒嗒嗒嗒，嗒嗒嗒嗒"。这是当时的一首热门歌曲，来自仅十几岁[2]的年轻偶像詹尼·莫兰迪。他拥有一副沙哑、性感的嗓音，卖出了上百万张唱片。依照马科的建议，我在电视台唱《有一个男孩》，这可真是个妙计。第一天晚上，一万六千人到体育场，来听这位直言不讳、激进的、反越战、倡导和平主义的美国歌手唱歌。我换了声线，用意

---

[1] 即无伴奏合唱，其起源可追溯自中世纪的教会音乐。

[2] 这里有误，詹尼·莫兰迪生于 1944 年，1970 年时已二十六岁。

大利语读潦草地写在小纸片上的相关介绍，唱了一个半小时歌，包括《所有的花儿都去哪儿了？》《贫民窟》《摆动低点，可爱的战车》《亲爱的加勒哈德先生》《有一个男孩》，以及其他的意大利流行歌曲。台下的观众很兴奋，行为也很文明，总之那天晚上特别成功。

第二天晚上，观众人数增加了一倍。年轻人为了不掏票钱，都爬到场外的栅栏上往里跳，到处都是警察。我暗下决心，要把控好眼下这三万多名疯狂的意大利人。马科在后台拿着一个麦克风，以防我随时需要帮助，因为人群中已经混进了搞政治的人。他们不断或高喊或念叨着反美、反尼克松的口号，时常打断演唱会。学生们和那些更善于控制舆论的搞政治的人，三百六十度无死角地挤在舞台周边的草坪上，保守派、当地政客、市长、明星和普通观众们，则远远地坐在距离我很远的看台上。一小撮右翼狂热分子坐在一起，他们高呼着"Viva II Duce"（墨索里尼万岁）。离他们不远处，红色的旗帜点缀在人群中，我会在每首歌之间说些俏皮话，连哄带骗，使尽了本事让整个晚上稳定顺利。

突然，人群开始自发移动，坐在地上的年轻人一起站起来，大喊着指向我身后的球场。我一转身，看到一个年轻人冲出宪兵队全速跑过来。我想，他应该是翻了栅栏，正要被"逮捕"。"No carabinieri!"（宪兵不能过来！）透过麦克风，我的声音穿过整个运动场。"Per piacere, no carabinieri!"（悠着点，宪兵不能过来！）一位可怜的警察，带着厌恶又尴尬的表情，回到了他的警察队友当中。人群中爆发出胜利的咆哮。那个年轻的擅闯者被簇拥着回到观众席后，跟大家拥抱亲吻，受到英雄般的欢迎。

有人告诉我，露天看台上的老人们带着钦慕地看着我这位政治公主与我那些不守常规的观众之间所发生的奇妙互动。每次我提到非暴力时，反对和平主义的左翼分子们就会大喊大叫，高喊他们自己的口号来反驳我。但我无所畏惧，像学校里的老教师那样韧性十足，无论有没有马科的帮助，我都能轻而易举地反过来教育他们。

一阵风吹来，我突然意识到，独自站在舞台上，是那样令人难以置信地脆弱。事实上，当时的天气也很快变坏了。我唱到了《贫民窟》的最后一段：

> 如果有革命这样一桩事业
>
> 会有的，如果我们起来呼唤，
>
> 当我们筑造、我们筑造，我们筑造新耶路撒冷，
>
> 将再也不会有贫民窟存在。

唱到"革命"一词时，发生了两件事。学生们发了狂，因为这个词点燃了他们。而雨滴开始朝人群和露天舞台拍打。三万个头颅向天空倾斜。布尔乔亚们朝露天看台走去，年轻人和其他一些很鲁莽的人则朝舞台方向拥来。我的舞台大概有四英尺高，年轻的人们主动地或被人浪推着也向舞台走来，电闪雷鸣的天空洞开，如大雨山洪一般。我绞尽脑汁，想找出一首所有人都会唱的歌，这或许是能使即将失控的全场尽快冷静下来的唯一方式。雨铺天盖地地倾泻，当我开始唱《到这里来吧》时，离我最近的第一梯队的年轻人已经爬上了舞台。一阵大风一直刮到深夜，席卷了场上的凳子、乐谱和水杯。我用麦克

风说的最后一句话是:"曼尼!曼尼!!曼尼,凳子!"——随即断电了。我知道自己落入了上帝和疯子的手中。意大利人突然朝我奔来。我尽力保持住微笑,把吉他高举在半空中,我感觉把它举过头顶至少比放在胸前、胳膊和大腿间要安全得多,不会被挤着。我看见马科在湿漉漉的尖叫的人群中挤出一条路来。我看见通常会静静地和加布在后台玩耍的盖尔,眼下则像只凶猛的母猎豹一样,用手肘推搡着朝我走来。

几张非暴力团体的学生的面孔出现了,早些时候我曾见过他们。他们颇为冷静地试着彼此挽起胳膊,希望能把我围在中间,助我离开舞台。这里,当然,已经没有后台了,只有一个马上就要被淹成湖泊的足球场。有人用一块很大的布裹住了我。我低头一看,原来是一面无政府主义的旗帜,我大叫道:"不用,谢谢,不用!"然后尽力挣脱开来,其间一直将吉他举在半空中。我又看了一眼马科,他跟我们一样,漂来荡去的像只浴缸里的软木塞,他一直在对我吼着吉他什么的。

弗朗西斯科,一个身形高大、长胡子的非暴力团体的学生,用胳膊夹着我,从人群里撞出一条路,走下临时搭建的梯子,走到一块虽然湿透但还算干净的草地。他开始一路狂奔,飞一般地从尖叫的歌迷中穿过,把我塞进一辆勉强可叫作"卡车"的车里。盖尔随后跟来,大叫道:"锁上车门!"车门锁上后,我感到了一阵小小的震动。我把手放在冰冷的、穿着迷你裙的屁股下,像只河鼠坐在那儿,被塞在一大垛不知从哪儿来的芦苇里。有人在猛地拍打窗户,是弗朗西斯科。他大叫着,要我开车门,我开了,他猛地把我拽出车门,像是母亲把孩子从悬崖边上拽回来一般。

"有电！"他大吼道，随后再次把我夹在他的胳膊下开始狂奔。这回是冲向一辆正等着我的车。

回到宾馆后我们终于坐了下来，身上一直在滴水，滴到大厅的地板上：曼尼、马科、弗朗西斯科、盖尔，还有我自己。柯琳（我在卡梅尔时的朋友——我们上次见到她时，她穿着绿松石丝绸，站在医院的马路牙子上，看着她的新车……）也到了，怀里抱着安睡的加布，刚刚发生在她身上的事和我们的一样不可思议。雨刚下起来时，她赶紧跑到走廊后的一间连通着看台的屋子里。她和其他一些女人决定待在那儿避开人群。风暴来袭后，越来越多的人离开座位来这里避雨。和柯琳待在一起的一位妇女吓得关上了门，担心人群都拥到这边来。人们开始愤怒地敲起门，柯琳赶紧起来开门，并邀请他们进来。这是最明智的做法，不然，他们可能会破门而入，并有充足的理由做些发泄怒火的事。十个月大的加布简直是个英雄，因为，那时淋得落汤鸡似的意大利人虽然很愤怒，在骨子里依然以保护弱小的婴儿为骄傲。柯琳最终被指引着穿过人群，经人的帮助上了一辆出租车。

我们就这样坐在瓷砖地板上，细数每一个插曲，大笑起来，直到哭泣。

"你们知道为什么我们还能活着吗？"我提问道。

"为什么？"所有人异口同声问。

"因为我侮辱了警察，而且他们也罢工了！否则如果他们动起控制现场观众的念头，我们肯定死翘翘了！"

我还记得马科的眼镜在一只鞋底下被无声地踩碎。

"对了，马科，你一直在冲着我吼什么？"

"我在说，别把吉他举在半空中！"

"为什么呢，上帝啊。它都快被挤碎了！"

"是的，我知道。但是你必须知道，当意大利人看到有什么东西高过头顶，够不着，浮在半空中，比如类似这样的情况时，他们会认为那是他们要征服的东西，就像战争中的旗帜。每一次当吉他举得越高，他们就越想得到它、征服它、够着它！这就是原因。"

第二天早餐时分，领班来到我们桌前。

"嗨，昨天开音乐会了。怎么样？成功还是失败？"

"失败。"我戏谑道。

"哈！"他骄傲地从身后拿出一张报纸在我面前挥动，反驳我。对于这场演唱会的溢美之词，占据了这张报纸的头版。

"很成功呢，不是失败！"他在我后面笑道。

"是的，我知道。一个巨大的成功。特别棒。"我说着，亲吻了他的手。

在我们断裂的链子上跳舞

1972 年春。

这是艾拉出的主意。

美国的妇女和儿童们将去华盛顿，手拉着手把美国国会团团围住，为了表明和越南的妇女儿童们团结一致的立场。我们要求不能再在这场战争中投入经费，不应再购置炸弹、燃烧弹、机关枪和汽油，不应再对那个国家的战争受害者施以酷刑和屠杀。我希望暴力，至少是我们这边的暴力，能够停止。

这也许是华盛顿历史上规模最大的游行之一。结果是，它简直成了我人生中最为复杂、士气最为低落、最受打击和最令人失望的工作。当我得知自己在做正确的事时，我才意识到自己的信仰有多么坚定，同时也意识到是什么破坏了这场游行。

我邀请科雷塔·金和我一起发起后来被称为"包围国会"（Ring Around Congress）的游行活动。我们俩，一个黑人妇女，一个棕肤色妇女，均致力于非暴力运动。我们在纽约相遇。听到这个提议后，她几乎已经迫不及待了，按照她的说法，这是个历史性时刻。

我们询问了女性和平运动的发起人科拉·韦斯，问她是否愿意帮我们组织这次运动。几年后，因为我公开抨击河内的人权记录，我俩分道扬镳了。她是极端左翼分子，自然也绝不是和平主义者。哪怕到现在，她都是我所见过的组织能力最强的人之一。她同意了，并征召了四位妇女：埃米·斯维尔德娄、伊迪丝·维拉斯特里格、芭芭拉·拉斯金和芭芭拉·比克。她们都很坚强，这是一支很彪悍的团队。

我们在全国范围内划分了自己的区域和任务。我的第一个目标，就是要与名叫"另一位为了和平的母亲"（AMP）的组织联系，问她们是否愿意支持我们，在她们的时事通讯上推广我们的游行。她们并不以激进行动闻名，也从未倡导过非暴力反抗。虽然我们并不打算实施非暴力反抗，但仍然必须将之考虑进去，毕竟这是在华盛顿行动，不能出一丝差错。

她们毫不犹豫地接受了这个想法。她们怎能失去这次机会呢？这次将由美国的母亲和孩子们对战争说不。和平运动不再仅仅由"肮脏的嬉皮士和克格勃特工"组成。"肮脏的嬉皮士"自然也有，很多人戴着联邦调查局花钱买的假发，克格勃特工也混迹其中，他们想分清人群中哪些是中情局和联邦调查局的特工。但是，这场真诚的运动是由牧师、家庭主妇、律师、教育家、商人、政治家和学生组成的，甚至还有一些娱乐界人士。

科雷塔给我分配了一项无论怎么都算不得体面的工作。"另一位为了和平的母亲"则负责把十万多份长长的运动倡议书发放到每个人手里。几乎在同时，我们得到了回应。"去"，母亲们说。"去"，一千多个声音都说要去。

从东海岸办事处得到的回应同样很热情。很快，艾拉和我开始考虑这场活动是否存在一个协调方面的问题，因为可能会有十万人参加这次"包围国会"活动。

两周后我们迎来第一个打击：科雷塔改变了主意。科雷塔的秘书给科拉打电话了。我十分震惊，并要求纽约的科拉、华盛顿的埃米、亚特兰大的科雷塔和卡梅尔山谷的我，举行一次我们之间的四方电话会谈。无论哪里出了问题，我们肯定都能纠正。在电话里，我敦促科雷塔为她的中途退出给个合理的解释，但她只是一味地说自己已经改变主意，而且认为游行的时机不太对。她会像已经出现在名单中的成千上万的女性，以团队成员的身份参与进来，但她想辞掉作为共同发起人的领导职位。我提醒她，她现在说时机不合适，可两周前还说这是个历史性时刻！但她已经铁了心不干。我绞尽脑汁地想找出是谁干扰了她，以及为什么。显然，这场游行，对她本人和她的形象并无什么伤害。她问我要发起人的名单，说她可以写信将她的新角色通知她们。

当风令我们偏离航线时，我打电话给艾拉，讨论是否要将这次运动继续下去。我们决定继续。而且我做了一个非常不甘地式的决定——没把发起人名单发给科雷塔。

艾拉和我飞到东部。我们在乔治镇的一家一星级小旅馆住下来，它靠近切萨皮克和俄亥俄运河。这家旅馆不提供客房送餐服务，只有一部电话可以用。但是无论从象征性的还是字面意义上说，这家旅馆成了我们躲避风暴的避难所。华盛顿有史以来最为严重的洪灾，正在我们头顶上闷热的云层中缓缓汇集，一股反对我们游行运动的力量也正在国会大厦的某个角落里汇集。

完全没有意识到即将大难临头的我们，举行了第一次大型会议。起初大家都很激动。屋子里挤满了强壮的女人们，无论白人还是黑人，都激情满满地准备行动。然而，突然毫无来由地，有人指责说我为团体内一名黑人妇女支付了酬劳，而其他人则没有。分裂已经开始。我闻到了这种破坏力的味道，并准备将之清理出来，这样一来或许能够缓和当下过激的情绪，一些人打的小算盘也能被适当满足。我找不到麻烦的来源。有些妇女提出要召开特别会议。她们说，我们一定要获得"华盛顿黑人社区"的许可才能开展游行。"好吧，"我说，"那我们开会吧。"

好在与此同时，各个团体、俱乐部、教会成员、学校的孩子们和家庭，都争先恐后地在会议上签名。我敢肯定，我们很快就能制止大家的内讧。

科雷塔的秘书打电话给我，问我是否把名单转发给她了……

第二天，华盛顿的天空像是报复似的张着大口。这个城市的很多地方都被淹没了，包括乔治镇旅馆的地下室和停车场。我们的房间里，挤满了一群湿漉漉的、愤怒的、粗鲁的、怀恨在心的黑人。他们声称自己是"华盛顿黑人社区的代表"。艾拉和他那群组织游行的妇女也都来了。所有人就座后，我们能听到屋外雨水的砰砰飞溅声，一阵短暂而严厉的声音又将屋外的声音遮盖了。开始时，我用的是一种欢迎式的调调跟大家说话，很快，在毫无任何征兆的情况下，我的致辞就被玛丽·特雷德韦尔打断。她是个如坦克般可怕的女人，刚和另一位出面领导团体的马里昂·巴里结婚。

"啊……我先说吧。"她宣布。

然后，她就开始说了。

她告诉我们别想插手华盛顿的事。因为当白人示威者和反战分子离开后，华盛顿当地的黑人们就得被打扫街道的工作累惨。她说，今天的问题不是越南战争，黑人和白人之间的问题，才是我们应该要解决的问题。我们必须取消不相关的游行和示威。她们团体内的其他人，一致点头表示同意。

我很困惑，但并没有吓倒。实际上，我很愤怒。他们已经忘了我付酬劳给黑人的事。这些指控似乎已经随着屋外暴风雨的到来而有所改变，我们的敌人正在寻找我们内心中最脆弱的点。我听着他们一个接一个发出最后通牒。"赶紧收拾东西离开华盛顿"，他们说。我想知道这帮人都是从哪儿冒出来的。但有件事我很清楚，如果一直听任这样的胡扯继续下去，我们的精力就会被完全耗尽。眼下我一点头绪也没有。

我盘腿坐在地上，钱包从腿上掉下来。金姆的一张照片露了出来，引发了大家的慌乱。那是一个浑身裹着凝固汽油的十岁小女孩，正光着身子冲到西贡街头。坐在我身边的一个穿西服套装的瘦黑人男子捡起这张照片，对它轻蔑地咕哝些什么。

"哈，我猜你对这张照片印象很深吧？"

"没错，是这样。"我回答道。

"好吧，让我来告诉你，姑娘，这什么也不是。她背上全是凝固汽油，那又怎样？他们每天都把那玩意儿泼在我的邻居们身上。你们这帮人可能从没有在意过这个事实。这张照片对我来说毫无意义，啥也不是！"

最后轮到我说话了。我和参加"包围国会"运动的其他组织者逐个儿劝说他们。我们被嘲讽、被怒吼、被否定。显然，我们的访客打算一直和我们待在这个快要被淹没的旅馆里，直到我们屈服，并告诉他们会离开华盛顿。

当发现我们中没人让步时，"华盛顿黑人社区的代表们"便说他们计划在我们示威的同一天举办一场"峰会"，探讨所谓真正的问题。如果我们愚蠢到继续游行示威，他们就会跑过来朝我们扔砖头。芭芭拉·拉斯金怒不可遏地站到一张椅子上，扯开嗓子尖叫道："峰会！去你的狗屁峰会！"我们哈哈大笑起来，回应我们笑声的，则是他们的冰冷、愤怒和鄙视。

凌晨三点钟的时候，他们也做出了让步：我们应该想想他们说的话，上午可以打电话给他们。说完，他们便起身离开了。

有个一晚上一句话也没说的男人，经过我身边时悄悄对我说："一小时后我再回来。"我们很想知道这人是谁，以及是否应该相信他。艾拉和我关上灯。两个自从我们到来后一直站在街对面的男人回家了。一小时后，有人敲门。

如果凌晨时分这个人没回来看我们，那么我们可能早就已经气馁，认为自己在茅茅党 [1] 式的运动中已然失败，得准备打道回府了。他轻轻地对我们说："有些很可疑的事发生了。华盛顿的黑人可不会在 6 月 22 日上午 9 点钟起床，跑到国会大厦下面朝你们扔砖头。这后面是有人指使的。但你们不必在意。你们的游行是正确的，你们做得对。

---

[1] 肯尼亚二十世纪五十年代出现的反对英国殖民统治的武装组织。

继续开展下去吧。别让他们的阻碍得逞。"说完，他就走了。

我们继续坚持，没让他们阻止我们。但这帮该死的确实拖慢了我们的进程。

首先，所有名单上的黑人都没来。有位自愿参加我们运动的女士，发现她车子的所有轮胎都被戳了。但游行的那天她还是出现在队伍中，这让我确实觉得她的人身安全受到了威胁。

朱利叶斯·霍布森是华盛顿的一位黑人组织者，因为癌症已经病危入院。他躺在床上抽烟，说香烟的味道特别冲，反倒减轻了疾病带来的恶心感。他对所发生的一切感到十分愤怒，认为这些人肯定是被想阻止我们游行的高一层级的人雇来的。他说 6 月 22 日那天，哪怕只有他一个黑人，他也要和我们一起去游行。22 日那天早上，护士们发现他在大厅里拄着拐杖，正试着往外挪，他们把他拉回了床上。

科雷塔的秘书打来电话，"请"我把名单发过去……

我们的反对方，现在正联系每一个反战运动的主要负责人，邀请他们参加 6 月 22 日举行的有关白人和黑人问题的"峰会"。对于任何一个已经为活动签名的人来说，这令他们很疑惑。许多心善的白人知识分子，当然，还有些白人激进分子，都放弃了。或者说，出于对黑人的尊重，最灵活的做法就是那天待在家里。我们的一位家住华盛顿的活动发起人，无法解除施加给她的压力，只好放弃。我们再也招不到新成员加入，因为我们的时间只够通知原来那些人，并向他们保证，示威照常举行。我抓住一切上电视的机会。在一次早问节目上，因为压力过大，我差点哭了出来。国家电视台将会亲临现场报道华盛顿的争执，并且会给我一个节目平台专门探讨这次示威，他们还会邀请全国的母亲和孩子们加入进来。我感到备受鼓舞。

我打电话给安吉拉·戴维斯，邀请她作为发起人。她的名字也许会使很多美国家庭主妇恐慌，因为实际上，她是个黑人，一个反对越战的黑人。她的秘书同意了，我甚至都没和安吉拉说上话。我向她们介绍华盛顿现在的状况，担心安吉拉可能会因压力太大而退出。秘书说，安吉拉已经知晓一切，她并不在乎这些。我又打电话给马里昂·巴里。

"马里昂吗？"我用付费电话跟他讲，"有件事你需要知道一下，安吉拉·戴维斯也加入我们了。"

马里昂在挂电话前沉默了很长时间。最后，他说："你们是不会放弃的，对吗？"我说："如果我真放弃了，你就不再尊重我了，对吗？"我不记得他是怎么回答的。

那天晚上，艾拉、妈妈和我在拉斯金家吃晚饭。西摩·赫什也在那儿。他很有意思，言辞犀利、愤世嫉俗，还斋戒。我模仿着芭芭拉在上次夜间会议中那样，站在沙发上声嘶力竭地怒吼，发泄愤懑，这时有人打电话找我。于是我立即收敛情绪，从沙发上站起来接过电话。

"哪位？"

"是琼吗？"

"是我。"

"听好了，琼，我跟你说！该死的，你以为自己是谁？你有什么权利打电话给安吉拉？安吉拉不是你的私有财产！如果她真的属于谁的话，那也是属于我们。你别想挖墙脚，别指望同安吉拉扯上任何关系！"

"安吉拉不是任何人的私有财产，"我义正词严地说，"她只不过正好支持我们的示威活动，仅此而已。"

"你们的示威，去你的示威，小妞，安吉拉对你们的示威毫不知情，你听我说，小妞。"我把听筒拿开，捂住声筒，悄声告诉满屋子的人电话那端的情况。

"干吗不挂电话？"西摩适时而又敏感地建议道。我又把电话放到耳边，听了一会儿，挂了。我感到精力恢复了些，但也感到自己似乎受到了某种生理上的攻击，继而感到后怕。

科雷塔的秘书又打电话问名单的事。

距游行还差几天时，科拉接到乔治·威利的电话。他是福利母亲权益会（WMR）的负责人，也是科拉的朋友。他是来劝科拉停止游行的。科拉找上我，一开始还有些犹豫不决，不能确定我们是不是在做一件错误的事。我告诉她，如果她退出的话，我肯定要倒下去，然后死掉。后来每次他一打电话进来，科拉就抓狂，最后我俩都把这件事当成笑话来讲。每天早上，靠一晚上睡眠恢复元气的我刚进办公室，科拉就会用"乔治·威利刚打电话了"跟我打招呼，我便声嘶力竭地喊"不！！！"。然后我们就开怀大笑好久，直到它变得不再好笑为止。唯一从未摇摆和犹豫的女人是伊迪丝·维拉斯特里格。她大概五英尺高，坚忍得像根钉子。正是她，猜到我们遭到了比当地敌对黑人团体更高一层的组织的攻击。

阻挠示威的活动一直持续到6月22日。两名黑人男子一直待在我们旅馆斜对面的角落里。"黑人社区代表"不再打电话骚扰我们，而是将全部精力放在邀请全国人民参加他们自己的"高峰"会议上。这期间，我一直在电视和广播里做巡回演讲。大雨继续在华盛顿上空倾泻。当我已经打包好准备飞往纽约时，有人打来电话说我的早间节目取消了。

"很抱歉，但是我们必须用另一个人顶替你上节目。这个节骨眼儿上……"

"你们不能这么做！你们告诉我——"

"是的，我知道，但现在发生了些事。不过，你应该看开点，顶替你的人是拉尔夫·纳德[1]，基本上他是在做和你同样的事……"我不记得后面他说了什么。

我爬上旅馆的屋顶，母亲和我曾在上面放了几把椅子。在暴风雨的间隙，我们可以一边坐在上面晒太阳，一边听这个城市空调转动的声音。我太震惊了，除了呆呆地瞪着越来越厚的云，什么也不想干。我甚至都没哭。回过头看自己一路走来的坎坷，我从未陷入现在这样低迷的状态，从未感到过如此气馁无力。

艾拉有着惊人的恢复力，他是我最好的药，经常乐观地提醒我要坚持。他认为，如果一个人觉得自己在道德上是正确的，那么就一定要破釜沉舟地坚持下去。他就这样噼里啪啦地说了一早上，告诉我事情的最新进展：两列载满母亲和孩子的火车正分别从纽约和巴尔的摩开来。坎迪斯·伯根[2]也会参加我们的游行。蜜蜜也飞过来支持我们。令人尊敬的议员弗雷德·哈里斯的妻子拉登娜·哈里斯，也会在国会

---

[1]　拉尔夫·纳德（1934—），美国律师、公民活动家，现代消费者运动之父。
[2]　坎迪斯·伯根（1946—），美国女演员，代表作有《墨菲·布朗》。

大厦的台阶上主持集会。还有越来越多的女性从遥远的爱达荷、艾奥瓦、肯塔基、密西西比和加利福尼亚州赶来。示威活动还会在旧金山、帕洛阿尔托、明尼阿波利斯和博伊西同期举行。我忍不住想，如果科雷塔也把她的号召力投入进来做后盾，将会发生什么。又或者，如果"华盛顿黑人社区代表"在 1972 年 6 月把时间花在更有意义的事情上，事情又会怎样发展。

6 月 21 日那天，科雷塔的秘书打电话过来，说如果我们不把发起人的名单发过去，科雷塔就会举行一个新闻发布会。我先道了个歉，说名单可能还在邮寄途中。已经无所谓了。（科雷塔和我之间的关系已经弥合，但彼此绝口不提这件事。多年以来，我对她越发尊重。）

22 日一早，飓风"艾格尼丝"过境，没有一块地是干的。我们考虑过将游行活动的名称改为"绕国会冲浪"（Surf Around Congress）。我们出去贴海报，让伊迪丝和艾拉负责告诉来电咨询的人说游行照常进行。雨总算停了，雨停的这段时间长到足以让我们在教会召集到两万五千名妇女和儿童，一起向国会大厦走去。一辆驶来的列车带来了从纽约佩恩车站赶来的游行人员，他们像从巴尔的摩赶来一样艰难。因为洪水的阻拦，列车只得又驶回去。女性们组织了火车上的人，在回纽约的路上，她们高举着条幅——"包围佩恩车站"。

给我们的游行命名为"包围国会"的，是芭芭拉·拉斯金十岁的儿子，在拉登娜和我的帮助下，他被举到麦克风前演讲。蜜蜜和我唱歌，跟孩子们玩，为越南的孩子们录制磁带。其他人则跟国会议员们不断游说。当我们真正把国会大厦包围起来时，科拉·韦斯拿起麦克风高喊："我们已经包围了国会！美国的妇女和儿童包围了国会！"

那时，我们的确胳膊挽起胳膊，形成了一道锁链。有三家媒体报道了我们的行动：《时代》《新闻周刊》和美联社。

后来我们都觉得，只是用民众连成一圈围住国会的方式来示威，有点好笑。但在当时那种情况下，这绝非一场拙劣的表演。

第二年，有个朋友给我打电话，说他在读"水门"窃听事件的诉状时，听到消息说"包围国会"正是尼克松政府想极力阻止的游行活动之一。这只不过是很荣幸地被别人稍稍提及了一下的极小的事，我已经查不到这个传闻的证据。但蜜蜜始终认为，正是我们为事件的发酵埋下了种子。

此刻你在哪里，我的儿子？

我在河内的时候，下雨了。雨下在弹坑里，成了一个个棕色的游泳池。人们扛着自行车走在废墟上，背着行囊不知要去往何处。

经过头几晚的轰炸，这个城市的大部分都已经被疏散。在第七、第八个晚上的轰炸中，这个城市又慢慢挤满了人。B-52袭击了城市边缘的村庄，我想人们可能宁愿死在自己家里。我不想死在其他任何地方。

这是我待在河内的十三天中所发生的事，其中的十一天是圣诞节大轰炸（Christmas bombing），是尼克松总统任职期间做出的"最艰难的选择"带来的结果。圣诞节大轰炸，正如后来事件所演变的那样，成了世界历史上最为严重的轰炸事件。

1972年12月，还在美国东部赶路的我，接到了科拉·韦斯的电话。科拉领导的"联络委员会"已经源源不断地往越南北部送去了一批批美国访客，以期与越南人民保持良好的友谊，尽管我们的政府依然在轰炸他们，烧毁他们的村庄，朝孩子们扔汽油弹。水门事件之前，任何述说或记录美军在越南军事暴行的人，都会遭到大部分美国民众的质疑，或被后者怀着极大的恼怒与愤懑对待。

我将做客于一个北越组织，名曰"团结美国人民委员会"。很多个月过去了，越南北部并没发生过严重交火，包括我在内的四个美国人接受了邀请，我们会在互动活动中寄送圣诞邮件给河内的战俘。加布那段时间和他爸爸在一起，而我会在圣诞节当天回家。

我一个人坐在宾夕法尼亚州伊利市一家汽车旅馆的房间里，一边咬指甲，一边思考我究竟能否拖着自己和满满的神经质，绕过大半个地球，去看那些自己不想看的事，去吃自己不敢吃的食物，去搭让我厌恶的夜间航班，而且是和三个素未谋面的人一道。我几乎吓得瘫倒在地，感到厌恶至极。与此同时，对旅行前景的揣测变得越来越难以抗拒。我知道，当自己坐在那个简陋的汽车旅馆房间里时，窗外飘着雪花，我那三岁的孩子正在咖啡店里，躺在疼爱他的祖母怀中，隔着八个街区的我却无法回家。

我在纽约的一家汽车旅馆里打了几百个电话，告诉所有人我要去河内了。

在同行的人中，有保守的律师、前陆军准将特尔福德·泰勒，自由派的圣公会牧师迈克尔·艾伦，反战的越战退伍军人巴里·罗摩。在出发前几个小时，我们才在肯尼迪机场的斯堪的纳维亚航空公司（SAS）的休息室里第一次见面。在这里，我们大张旗鼓地开了个新闻发布会，展示了要交给战俘的一大堆圣诞邮件。我们带着相机、录音机、电池、胶卷和几件衣服。我们的包里塞着几封在我们前面离开的人给团结委员会成员的私人信件，以及战俘所需物品的清单——象棋是他们的首选。

我们搭乘了晚上的航班，迈克尔·艾伦和特尔福德坐在我后排，叽里呱啦地聊天，巴里在过道打瞌睡。现在回想起来，牧师和将军（我们这么称呼他俩）都有点紧张。而曾在越南打过仗的巴里，面临眼下这种交火的局面，（在我看来）也有点打怵。毕竟要他像个朋友一样来到曾经待过的地方也不现实，说白了，毕竟那时他是作为雇佣杀手来的。我倒感觉挺好的，因为飞机飞得很平稳，加上又服了不少安定。

我模模糊糊地记得，后来在丹麦的某个旅馆，我们在餐厅里进进出出，相互点头致意，大家都在倒时差。我还记得在另一次航班上，因为要看太阳如何穿过薄雾，穿透云层，我把身子歪在了特尔福德身上。特尔福德说："快到曼德勒[1]了，有飞鱼在飞着玩呢……"最后我说："黎明在中国上空升起，就像闪电'划破海岸'。"我感觉自己像个可怕的伪君子，担心特尔福德会认为我会点诗，或者读过点书。其实我只是记性不错，因为每次开车去海边时，母亲和父亲总是会念那句诗。

在曼谷，巴里开始生病，我觉得他真正的心结在于马上要回到越南了。我给他注射了整支四环素，并试着和他多聊天。在曼谷机场，我开始痉挛，一个穿着泰国航空制服的女人给了我点卫生棉条，因为例假一向间隔很长，我一直将卫生棉条视为最后的奢侈，但那个月，例假竟然诡异地提前到来。

我们总算到了老挝万象。我们和《纽约时报》一位可亲的通讯记者共进晚餐，他极为气愤，因为他送到报社的东西从未被印出来过，

---

[1] 缅甸中部城市。

即便他没提到大屠杀。吃饭时，时差反应很大，我只得爬上床。第二天，我们获得临时革命政府颁发的、准许圣诞节前一周进入北越的签证。

我们和一群脸色阴沉的俄罗斯人及一些日本人登上了最后一架飞机，飞行时间很短，也很热。那些俄罗斯人全程阴沉着脸。

我记得，当飞机降落在跑道上，大家走出机舱时，我们遇到了一群最可爱的人。东道主清一色是男人，还给我们送了鲜花，我们的行李过海关时，他们请我们坐下来。夸特是这个组织的领头人，他活泼机智，很会讲笑话。我们在的那段时间，夸特的妻子在炸弹的轰炸中生下了一个孩子；这个组织的某个成员好像失去了妻子和他的八个孩子；另一个成员的妻子也失踪了，在没和我们一起的所有时间里，他都用来寻找妻子的下落，也不知她是生是死。但是照顾我们时，他们就像是给我们个人安排的守卫天使，专职守护我们，不干别的。

我和特尔福德开车去和平饭店，一路上遇到成千上万的人以及好几英里长的堵车。我看着路边的孩子们，显然，我所听到的关于他们的一切都是真实的：他们柔弱而腼腆，但一直在笑，他们应该觉得我们很滑稽。当我们的汽车被堵在路上时，孩子们开始聚集。其中有个孩子给了我一束花，后来我又试着把同样的花送给了一个害羞的小女孩——她站在那群人边上，但是同行的其他人不允许我这么做。他们说（有人给我翻译）花已经送给我了，所以我应该收下。

特尔福德对路过我们身边开往另一个方向的车更感兴趣。"那是个捷克斯洛伐克人，对吗？"他对司机说道。我被他看待事物的方式逗乐了。"看看那些漂亮的孩子。"我对他说。他非常真诚地回问我：

"在哪儿?"

我看见巴里下车,走开了。当然,我想,干坐在这儿得多蠢啊。于是我也下了车,然后立即被十到十五个孩子围住,他们抓着我的手好像要领我去个地方。我笑着,让他们拽着我,直到他们带我离开大道,来到一条更窄的人行道上,我才意识到这里发生了什么。我们逐渐靠近一座由披屋、鸡舍和户外厕所组成的房子。房子用生锈的瓦楞钢做"墙",靠在一排脆弱的栅栏上。设施本身甚至更为轻便,几个破碗看起来还在用,而不是被扔掉。我别无选择,朝孩子们鞠了一小躬,让他们站在离鸡舍大概十五英尺的地方,然后径直朝前走去,聚集起我的全部尊严,提起我的花呢裙子做鞠躬的姿势,这让我的小观众们更加乐开怀。不幸的是,脚底下是块花生地,而且七十五码外还有俄罗斯的护卫队从旁经过。我无法表演更多。当我站起来扯直裙子,向孩子们谢场时,我装作自己十分轻松且快乐。

我们进城时,车流已疏通。街道两旁都是树,人行道上都是人。女人们美得惊人。她们穿着白色上衣、黑色宽长裤,手里抱着个孩子或者在屁股上绑个包袱,戴着尖顶小帽,平静的脸上充满好奇。一缕缕头发松散在脸旁,其余部分则编成一根粗粗的辫子。女人们老得很快也很无情。老人们的脸上布满数百条皱纹,牙齿露出空洞的缝隙,镶的银质假牙在闪光。年轻人的皮肤是西方女人梦寐以求的那种。

我们在集市上看到各种各样的越南男人,他们在街上散步,盯着"入侵"的相机。我们早就从上千份报纸上看过他们的眼睛。我们看到他们——钢铁留在身体里的弱者——身上有弹孔,躺在自己的稻田里等死。在西贡的街头,他们似乎是在最为糟糕的情况下被迫西化的。

如今在越南北部，他们的眼睛里没有疑惑，而是喜悦。我们是入侵者，但也一定是朋友，不然我们不会被允许进来。所以绝大多数人在与我们交流眼神后，立即示以微笑。

中午时，我们抵达和平饭店。东道主建议洗漱后休息一下，再一起吃饭。我的房间和其他人的一样，是宽敞的法式老建筑。十英尺高的屋顶、木地板、一个朴素的阳台，可以望见小小的街道。街对面，是穷人住的小房子，泥土庭院，热带的树木上晾满洗好的衣服。

我的房间里放了一张单人床，白天蚊帐会被撤走。床边是一张小桌子，桌上摆放着洗漱用品、火柴和一支白蜡烛、一瓶饮用水。阳台边上有两把椅子，分别放在另一张桌子两侧。这张桌子上放着一壶热水、一个小茶盒和两个杯子。

浴室里铺着大块瓷砖，有个大大的脚盆当浴缸，浴缸底部还有干净的水流过后留下的黄棕色蚀痕。河内以前被轰炸过，自来水很难正常供应。卫生间是拉水箱式的，只在正常的时候工作。水槽上方还放了一瓶水、一块肥皂和几条破旧但很干净的毛巾。

我躺在一张嘎吱作响的床上，听着这个几乎没有车，依然繁忙的城市的喧嚣。小巷的广播里传来几首越南歌曲，我沉沉地进入梦乡。

大概一个多小时后，我被人叫醒。我要和委员会的一名成员进行一场正式谈话。我们每个人都有单独会谈的机会。我的谈话对象是夸特，就在我的咖啡桌边进行。夸特向我们转告了希望我们能够遵循的计划：走访当地名胜古迹，参观战争纪念碑，与北越当地人交谈，我猜是为了加深我们对美国入侵越南的可怕印象。第三天，他们希望我们能坐吉普车去海防市（Haiphong）周边的乡村看看。这趟行程听起来很美妙……海防曾经是那么美。

夸特说话时，我一直盯着他的脸。这是一张温柔体贴的脸。很有耐心。我们聊了点与和平主义相关的话题。他表现得很尊重我的信仰，就像我在全世界任何地方遇到的一样，尽管这种信仰在他们的国家根本没有立足之地。我问他是否知道"民族解放战线"曾经运用非暴力手段对付法国人，取得了一些成功。他礼貌地笑笑，说现在这么做很难。我告诉他，我来这里不是来改变他们的信仰，而是来跟人们见面和交朋友的。后来，在避难所里，我真的想为夸特和另一个名叫楚彦的男人而哭泣，因为我根本承受不了也无法想象他们曾受过怎样的伤害。楚彦是整个访问过程中，我所见到的人当中极少数对我哭泣的人之一。夸特和楚彦属于这样一种人，在传统的聚会上（那时我恰好也在屋子里），当 B-52 轰炸机被击落的消息传来，大家都在庆祝时，他俩却表现得有些犹豫。我认为，楚彦本质上其实是个和平主义者。

晚餐有十五到二十个人参加。我还记得自己拒绝喝的那种黄伏特加，以及一道又一道的美味食物。我唯一无法接受的食物是一整只放在碗里的鸟，还带着头，鸟嘴大开。除了这些，我的神经衰弱症好了很多，开始饶有兴趣地看着所有人松弛的样子。夸特醉得像一条鱼，特尔福德和迈克尔也加入进来。巴里还没被他们挑战过，但很快就轮到他了。

开始讲笑话了，快乐的气氛再次升级：首先有人讲了个越南笑话，我们必须通过一大堆翻译和解释，才能逾越文化隔阂；然后是个美国笑话，他们当然也得遭受同样的待遇。当这些笑话终于被我们双方理解后，胜利一般的欢呼声和大笑声爆发出来——其实这些笑话并没那么好笑。夸特捧着两小杯伏特加飞奔到我面前。我没法拒绝他的请求，但也没法将之"一饮而尽"。最后，夸特想到一个点子帮我解围，他说伏特加对我的嗓子有害，这样也就没人再让我喝了。巴里真的喝多了，像个剧团演员，两杯、三杯、四杯。我不确定他喝了多少装在小杯子里的、难看的黄色玩意儿，只知道他先前的拘谨眼下已烟消云散。随着每一杯酒下肚，他的脸越来越红。

喧闹和欢笑声到达顶峰，夸特高高举起双臂，说："现在，音乐！"两个越南歌手出现了。他们的声音受过很好的训练，水晶般纯净且充满力量。男人的歌声像爱尔兰男高音，女人的歌声像夜莺。我拿着自己的吉他，问他们想听什么。他们喜欢皮特·西格以及任何一位他们知道的反战歌手的歌。夸特喜欢传统音乐，在他最喜欢的一首歌的结尾，是这样唱的："嘘，小宝贝，什么也别说，爸爸会给你买只反舌鸟。"

喧闹声中，我突然察觉到巴里似乎特别紧张，似乎他先前掩埋掉的自己的罪恶已经慢慢被扒开，如今又在伏特加的作用下突然变得再也无法承受。我将一首歌献给在战争中死去的越南人和美国人，继而献给所有在战争一开始就拒绝作战的人，最后献给那些得以幡然醒悟（或者，被启蒙了）并退出战斗的人。我说，宽恕那些无法宽恕自己的人是很有必要的。我唱了一首《萨姆·斯通》，讲的是一个越南退伍军人的故事。巴里把手放了下来，在歌声中哭泣。这应该是由于他从中隐秘地再次看到了自己那些可怕的经历，那时我们当中的其他两个已付完账坐车回去。我将心里话唱给他听。歌声结束时，夸特又给了他一杯伏特加。巴里擤着鼻涕，笑着哭着。继而，那些越南人做了一件奇怪的事。他们将巴里拉到桌子上，让他坐下，好像要保护他不受伤害似的围着他，跟他聊天，开了一会儿玩笑，直到他停止哭泣。通过这种方式，巴里·罗摩——前海军陆战队士兵，已经被宽恕了，再没什么好问的，他已经融入眼下这群人中了。

第二天早上，我们参观了战争纪念碑。这很无聊。我对看那些头上布满弹孔的婴儿以及内脏掉落到泥土中的妇女的照片，感到厌恶。我厌恶恐怖故事。我已经听了、看了它们很多年了。但我有义务知道这一切。我也厌恶那些地图，那些对干什么被炸、在哪儿被炸的大段描述。楚彦能感受到我的不耐烦，他给了我两道允满同情心的目光。我耸耸肩，笑了。

绝大多数细节是特尔福德负责的，作为一位律师，他现在负责审查哪些罪行是可以作为战争罪起诉的。在法律事务上，我没有任何用处，特别是因为我那个根深蒂固的观念——战争本身就是一项罪。杀死一个孩子、烧掉一个村庄、扔下一颗炸弹，让我们陷入堕落的深渊中无法自拔，所以没必要在这些细节上扯皮。但特尔福德是个十分清醒的人，他不停地问各种问题，极为负责地将诸如后勤安排、日期等方面的所有细节都予以清查。我试着保持耐心，意识到特尔福德可能是我们这个团队中分量最重的一个，就我们想在国内赢得信誉而言。尽管我对地图和战争细节相当厌倦，但我还是很喜欢这个人，对他头脑的运作方式感到痴迷。

我们拿到了一些茶和橘子，并被允许走出纪念碑的那个小小建筑。稍后，在两个政治宣传环节的中间，我们快乐地散了会儿步，并且参观了湖边的一家餐馆。在那里，一个女服务生给我唱歌，作为交换，我也唱给他们听。楚彦将我带到一所音乐学校，在那里我和学生们互相唱了一个小时，最终大家还是讨论起美国在越南的干涉来。我将这些全部录了下来。

常常是夸特，微笑、欢乐且充满活力地给我们讲故事和笑话，一旦我们遇到什么问题，他就会聚精会神地听着，然后尽力向我们解释。正是在这些谈话中，夸特无意间提到了一件稍后我在避难所中一直耿耿于怀的事。我们坐在酒店的大厅里，饭前饭后聚在一起喝酒聊天。我问夸特如果这场疯狂停止了，自己有了自由支配的时间，他想做些什么。

"哦！"他说。他激动得脸上放光，穿过他的眼镜、穿过我，他在看那些自己想象的东西，"海防的北部有一些岛，我还没去过那里。我会坐上一只小船，在那周围转悠，每个小岛都花点时间上去看看。据说它们很漂亮。整个越南都很美。但听说这些岛特别美。"好像他很了解这些岛，它们就是他的香格里拉。可以肯定的是，他的生命中并没有时间留给他的香格里拉。他笑着结束了谈话："是的，这就是我要做的。"他的笑容并不显得悲伤，但也没有假装沉着坚定。那是一个真正乐观和快乐的笑容。是的，这就是这个可爱的人想做的。坐上一叶小舟去那些岛上。我说希望哪天他能够实现自己的梦想。"这我可就不知道了。"他大笑着说。

第二晚，在酒店的餐厅，他们给我们看了一些关于越南人民的爱国主义电影。其中一部是关于越共军队训练的，单向滑倒、荡绳和打靶。这些人看起来平均不过十四岁，虽然我知道实际上他们的年纪更大一些。一个看起来很讨喜的军官在用越南语向少年们讲解如何防范空袭。他用两块胶合板做的小飞机模型来展示一架飞机，如何能更有效地将另一架飞机击落。在电影的叙事中间插入了些英雄主义式音乐。我找了个借口回到自己的房间。稍后我再次下楼时，他们中的一个人对我说："累了吗？你需要小憩一会儿。"

"我不累，"我对他说，"我只是不喜欢这部电影。"他笑了。

最初的两天就是这样，之后更多的是参观访问，向我们解释这场战争。我们的一天三顿饭都吃得很好，还有茉莉花茶。（如今我一闻到茉莉花茶的味道就会想起河内。）我期待着去海防的旅行，但我们的日程安排得太紧。我想独自在河内的街上走走，不跟着团队，不按照日程安排。直到现在，我最喜欢做的事仍然是独自坐在自己的阳台上，听一些奇奇怪怪的音乐，或者在没有政治宣传需要的前提下，只和夸特或者楚彦聊聊。

第三晚，我洗好澡，下楼去吃晚餐。之后发生的事，我的脑子只记得个大概。我记得我们又被要求去看一些电影，但这次的电影吸引了我，因为它们是关于孩子和一些化学毒剂的，后者被美国军队用来毒杀未出生的婴孩。我还记得笼子里因吸入某种气体渐渐死去的猫，一只猴子也是同样的死法。我还记得一个美国士兵用一根水管浇向一间着火的小屋，还有飞机向数百公里的雨林播洒有毒的白色云雾。影片中还展示了一个因为化学毒剂天生畸形的婴孩。她平躺着露着自己的肚子，看起来身上没有一点肉。一个护士和医生站在她旁边，举起她的胳膊，当他们放手时，那胳膊掉到婴孩的一侧，整个人像条扁平的鲳鱼。

如果再看下去，紧张和恐惧一定会让我晕厥。我想要离开，让自已同周围的人和事隔离，给心装上盔甲不让自己再看。当我进入这种熟悉的退缩感情时，画面也开始颤抖起来。

整栋楼的供电断掉了，把我们留在黑暗中。每个人都僵直地坐着，美国人感到心神不宁，越南人则急切地低声与旁人交流。继而，我感到时间在打转，就像《绿野仙踪》里的桃乐茜。我听到遥远处传来的汽笛声，从几乎无声到逐渐清晰，在高音位置停留一两秒，继而像滑翔机一样缓缓滑向低音。所有我能想到的，只有在语法学校时所经历的公民防御演习。我仍然在那儿坐着，心跳也同步跟着跳动，等待着越南人的指示。随着汽笛开始了它的第二次哀号，我们东道主中的一人举起了一支蜡烛，用越南语平静且带着笑容地跟我们说："请原谅我。保持警戒。"

多么讽刺，请原谅谁？但我并没再思考这个讽刺。那时我思考的是得在黑暗中小心翼翼地站起来，不要撞到什么东西。我还在想，我们是在进行一场演习，一场例行演习，跟着小心、急速的步伐，我们走出了大门，走下大厅。在大厅的尽头有一个拐角，一个小屋子里塞满了自行车。我们人挤着人，讲着我已经记不起来的俏皮话。

烛火的闪光半是帮忙半是阻碍，它靠得太近会让眼睛看不清楚，但眼下也只有它能给我们光亮了。地上的瓷砖很不均匀，我们走着就能感觉到。酒店的其他客人也从别的大厅和楼梯走进来，把酒店后门堵住了。蜡烛全都拿了出来，我们倾泻而出，被困在酒店的院子里，月光将它照得很亮。

那里有迈克尔和特尔福德。现在我又看到印度人、拉美人以及其他一些人，后来我才知道他们来自波兰和法国。

"发生了什么？"我向一个拉美男人问道。他来自古巴。

"他们什么都不知道。也许是飞机。我听不清他们在说什么。我们还是等着吧。任何轰炸都不会很久的。"

轰炸？我听到了这个词。我确实很怀疑之前听到的那些汽笛声到底意味着什么，但真正听到有人说出来，看到他煞有介事地看向天空的样子，感觉就很不一样了。我意识到大家所站的地方正好在防空洞的外面。那些印度人开始开玩笑，所有人都笑了。我觉得我是这群人当中唯一感到紧张的人。特尔福德曾经去过战争区，巴里眼下不在附近，迈克尔也许和我一样紧张，但他正在和别人聊天，而且看起来状态也不错。我的神经稍稍放松了些。

一个高个儿印度人举起食指，说："嘘。"在稍远处，我听到了它们……飞机。所有人继续站在月光下，但我们都不说话。那声音逐渐远去，人的声音渐渐回来，但眼下已经轻柔了许多。人们开始叹息。我的心再次怦怦跳起来。在恐慌中，我逐渐感到孤独。这时，人群中已出现了越来越多的玩笑话，说话的声音也几乎回归正常。

然后轰炸就来了。

飞机快速袭来，伴着巨大的轰鸣。大家成堆地跑动，冲向防空洞的大门，那里有窄窄的楼梯。一声巨大的爆炸声不知从什么地方传来，防空洞的内墙颤动，让我们的肾上腺素飙升。人们急忙冲下楼梯。在那个古巴人的帮助下，我在一张长窄凳的尽头坐下，面对着另一张长窄凳。那会儿我特别想上厕所，可很快又是一场爆炸。

"这次炸得很近。"那个古巴人说。他和其他退伍军人正试着评估当前状况的严重程度。

我并不知道眼下发生了什么。我的耳朵里全是震颤声和爆炸声，好像我是在一架快速爬升的飞机上。古巴人告诉我说可以靠在墙边，通过不断地咽唾沫、拍打自己的耳朵来减轻轰鸣声。我两只手紧紧抓着他的胳膊。很长一段时间里我能想到的，只有尽力紧缩自己的括约肌。炸弹连续地投掷下来。古巴人朝我的耳朵大喊："会好起来的。它们并不像听起来那么近。别害怕。"

但我看到，并不是我一个人在害怕。那个大块头的印度人坐在我前面，低着头，看起来面色凝重。人们互相看着对方，摇着脑袋。外面突然平静下来，他们朝天花板上看了看。当震荡再次开始，水平方向的剧烈震动让我们几乎快从座位上跌下来。我身体的每一处肌肉都紧绷着，随时准备动起来。我不能再这样抓着古巴人的手了。每一次全新的震动我都要趴在他的大腿上，下次估计得趴到他的胸膛，才能感到自己被保护着。我实在是太害怕了。我对他说："我吓坏了。"

"我知道，"他说，"没关系。过一会儿你就会习惯的。再多一点突袭，你就是个老兵了。"

还要有更多的突袭！再多一点突袭，我就得死了！更多的震荡，更多的摇晃，更震耳欲聋的咆哮声。我的头不自觉地倒下。我不喜欢这种失控的感觉，我决定尽力尝试让自己的头保持抬起的姿势。

又是一阵平静。我们听到飞机的声音逐渐变得轻柔。我紧抓着的手放松下来。人群开始窃窃私语。

"也许它们走了。"

"是的，也许。但它们可能是在绕圈子。"

"你听到那些传言了吗？"

"没有。"

"也许是尼克松提前送来的圣诞包裹。"我们都笑了。

我环顾了一下这个防空洞。我们从一个混凝土楼梯井下落至此，它的宽度一次只够一个人通过。在左拐角的尽头，有一道窄窄的八英尺高的走廊。再走上几级楼梯，右边是一扇小门，里面的水泥屋子就是我们现在所坐的位置。屋子差不多十二英尺长，很窄，以至于当你坐在两张挨墙放置的长凳中的一张时，膝盖几乎要碰到另一个坐在你对面的人的膝盖。天花板的正中央，只有一个没有灯罩的电灯泡昏暗地亮着。这间屋子的尽头有扇门，门里面是一间附带的防空室，提供给在酒店工作的越南人用。他们有一个另外的入口。在多次空袭之后，巴里和我反抗这一规定，给那些越南人带去毛毯，跟他们坐在一起。

在这里有五个来自"国际控制委员会"的印度人。他们已经在河内待了十六个月。而这些古巴人则是因为他们的船在海防港被我们的炸弹击中，不得不停留在此。还有三个巴特寮（老挝共产主义解放运动），其中一个人的妻子的臂弯里正抱着一个三岁大的幼儿。大多数法国人并没有来到防空洞，他们为法新社工作，住在酒店的第三层，整天在阳台上观察，或者在大街上走动，随时留意有什么可以报道的。

我向那个古巴人介绍了自己。他的名字叫蒙蒂。我告诉他自己正试着不发抖，并且谢谢他"出租"了胳膊给我。我们这些美国人互相交换着目光，在震惊中摇着头。那些越南人耐心地坐在他们的房间里，里面的孩子已经开始玩耍。而我也渐渐从震惊中走了出来，几乎忘了自己是多么想上厕所。

"噼里啪——轰！"这次的炸弹，在我们还没听到飞机轰鸣前，就爆炸了。我深吸了一口气，很想呕吐。我再次抓住蒙蒂的手，深深呼吸，等待着。这一次，我很自觉地努力让自己的头保持抬起，但只有几次是成功的。蒙蒂解释说，这次我们听到的是地毯式轰炸。它就像道闪电，某种不断卷起的闪电，就像你看到的如同发光的枝杈一样的紫色电流，一直延伸到天空的边缘地带。似乎是来自酒店天井处的某种防空武器，正间歇性发出破裂声。我并不知道它是用来地对空的，而且它的体量也着实增加了我的恐惧感。

我们安全地度过了这几分钟，但地毯式轰炸是极为残酷的。我感到羞愧和恐惧，祈祷着飞机能离开，或者它们能把炸弹扔到别的什么地方去。我死死捏着蒙蒂的手，浑身大汗，身体再次颤抖，抖得比刚才还要厉害。但这次我也能把控自己。只要外面的声音还没有大到什么都听不见，我就想讲点俏皮话。

"我很好奇，今晚梅西百货还会不会开到九点钟。"

"什么是梅西百货？"那个大个儿印度人问。

"它是美国的一家百货公司。我得抓紧时间去做圣诞采购。"大家开始笑起来。轰炸也渐渐远了。

"哦，是的，圣诞节。你们的国家可真是有意思，竟用这样的方式来庆祝呢。"这句话听起来并不是那样勉强。

"我觉得应该停了。"蒙蒂说。再一次，我放下他的手。我的身体开始放松，一个长长的放松肌肉关节的过程，就像是在解开一只长时间扣得太紧的纽扣孔鞋子。我终于彻底放松了。恐惧消失，只留下一点轻微的焦虑感。

蹲在附带的那间避难室的越南人骚动起来。汽笛发出低沉的轰隆声，表达解除警报的声音继而升高，持续了差不多十五秒钟。所有人都站起来，聊天，开玩笑，四处张望。我们又走上楼梯，回到月光下。

我跟着迈克尔穿过酒店，在电灯还没亮起的时候路过那间看电影的屋子。我往里面瞅。越南人又开始放片子了，好像什么都没发生过。

"天哪，"我朝迈克尔嘀咕，"我不用了，我要睡觉了。"

我走过大堂，在那里，从防空洞中走出的人们聚在一起，喝着黄伏特加和啤酒。我拖着沉重的步伐，上楼走到自己的房间前。巴里那间房的门是关着的。整个空袭中，他一直在睡觉。

从嘈杂的播放机中传来的音乐，像是俄罗斯的行军乐。我笑了。它并不完全是俄罗斯式的，但显而易见受到了后者的影响。我倚靠在阳台上，感到一种十分奇怪的平静。人们行动如常。唯一的区别在于那些远处的汽笛声，以及天空诡异的明亮。

我记得自己洗了个澡，穿了一件很长的羊毛睡衣。多么清白无辜！我甚至都没有为了好找，把自己的衣服都拿出来放好，而是把它们一股脑倒在屋子另一边的椅子上。我点着蜡烛，放下蚊帐。我必须在三分钟内睡着。

一个刺耳的声音在用我根本听不懂的语言对我大喊，它来自酒店内部的某个地方。继而，汽笛声从窗外传来，遮盖了其他所有的声音，包围了我的脑袋。这是如此的真实，走廊里传来脚步声。我扒开蚊帐去拿蜡烛。门外传来敲门声，接着迈克尔·艾伦走了进来。

"需要帮助吗？想要我和你一起下楼吗？"

"是的，好的。谢谢。不过得先让我穿些衣服。"

迈克尔站在门边，手里拿着蜡烛。"好的，"他说，"不用着急。"

我在四周摸索我的衣服，但只找着一件水手短外套。靠在椅子上，我又摸着了我的长衬裤。那时天已经亮起来，阳台外传来一阵"啦嗒——嗒——嗒"的声音。我从窗户那边跳回来，抓起自己的外套。迈克尔笨重地走了过来，抓住我的胳膊。

"别管衣服了！我们赶紧走吧！"我的心都快跳到嗓子眼了。我的蜡烛也烧完了。我们在黑暗中跌跌撞撞走下走廊。天空很亮——我们经过窗户时就能看到。一定是有什么事发生了，我独自走在楼梯上。我想迈克尔是去找巴里和特尔福德了。我看到在贴着黑白相间、像是西洋棋盘的瓷砖的大堂楼梯间，人们飞也似的冲了过去。突然，我变得烦闷且愤怒起来，坐在最底下一层楼梯不走了。这次我不去了，我想，可真是愚蠢。一队古巴水手从我身边经过。他们中的一个对我说："快来。你不能待在这儿。很危险。"

"哪里都危险。我快被烦透了。"

"请过来吧。轰炸随时可能发生。来吧，我会带着你的。"于是我站了起来，和他一起走。

在飞机的轰鸣声中，我的勇气逐渐消失。我们开始跑动起来，古巴人伸出手肘让我拽着。飞机就在头上，我们像兔子一样乱蹦弹着穿过庭院。天空亮得就像我们驾着梯子上去点着了一样。这一次防空洞彻底满了，入口和走廊上也都被堵着。迈克尔和特尔福德已经在里面了。而震荡很快又开始了，声音震耳欲聋。我记得很清楚，自己的睡衣也跟着一起颤动。再一次地，我控制不住自己，又开始浑身发抖。我真想俯下身子，在地上蜷起来。好在眼下根本没有空间允许我这么做，所以我只能保持站立。我的睡衣一直不可思议地颤动着（稍后我才知道这种颤动，是由震荡形成的小股气流造成的）。接着是一阵平静。迈克尔·艾伦在我的右侧，我很确定他正在祈祷。

飞机盘旋回来，我的头再次低下，这次是迈克尔的胸膛。他用胳膊将我环绕住，什么也没说。虽然轰炸离我们很远，但情况仍然很糟糕，好像它会永远地持续下去。一些法国人也加入我们。最终，喧闹声停止了，唯一能听到的声音只有飞机离开城市远去时的嗡嗡声。现在可不是开玩笑的时候。越南人出现在防空洞的门边上，就像是解除警报的信号，我们迈着沉重的步子离开。越南人问巴里·罗摩在哪里，迈克尔说他想一个人待在床上。他们都笑了。

走廊上，我跟迈克尔及众人道晚安，走进自己的房间，穿上长衬裤、圆翻领毛衣、蓝色牛仔裤、靴子和我的水手短外套。我给自己弄了些茶，点上蜡烛，让屋子亮堂些，然后坐在椅子上试着去思考些什么。但屋内的音乐声像催眠曲。爬上床之前，我将自己的小磁带录音机放在了床头柜上。

我没睡够半个小时就醒了，屋外又有人声从大喇叭里嚷嚷。我坐起来等着。那声音又出现了，这个单调的、发音清楚的女人的声音带来了详尽的消息。我爬出蚊帐，将磁带放到胳膊下。汽笛开始作响时，走廊的灯也灭了。我吹灭蜡烛，试探着朝门走去。天空亮了起来，我听到飞机以极为可怕的速度向我们逼近，听起来似乎只有一架。我开始一边跑，一边试着打开磁带录音机。整个走廊只有我一人，其他人都下楼了。我经过走廊的一扇窗户，一道白色的闪光刺来，伴随着"啦嗒——嗒——嗒"的声音。我的膝盖撞到楼梯上。磁带录音机掉下来，摔在瓷砖上。"我在这里做什么呢？"我想。我不知道到底发生了什么。我低下身子缩成一团，从窗子下穿过，担心是不是有人能从窗外看到我。接着我站了起来，脑子突然变得非常清晰，那就是，我不能把自己跑死了。我可以在恐惧中死去，但不能在奔跑中死去。我试了下录音机，发现它还在工作。我听到汽笛声、跑动的脚步声、"啦嗒——嗒——嗒"声，以及机器掉在楼梯上的金属碰撞声。我那不怎么英雄式的逃跑全部被记录了下来。很好。我会留着它好让自己记得，像小狗一样逃跑是多么丢人的一件事。在接下来的十一天轰炸中，我只那样跑过一次，那还是跟着指示，随瑞典大使馆的人员逃跑，我们要穿过两条街道才能到达他们的防空洞。

第一个晚上有十次空袭。蒙蒂是对的：黎明时分，我已经是个老兵了。我甚至能在不怎么剧烈的空袭中给所有人唱歌。当我们在最后一次夜袭之后跌撞着走到室外时，太阳已经出来，一只公鸡在院子里昂首阔步，啼鸣报晓。妇女们结伴去洗衣服，孩子们在院子里玩耍。

令我欣喜的是，有人通知说海防还可以去。我们把所有东西拿下楼梯，站到了大堂。夸特的人给了我们每人一顶头盔。我当时就将我的头盔扔到了门后，因为我知道自己一定不会戴。

这些看起来疲惫、压抑和愧疚的越南人，好像是周末因为孩子而被毁掉的父母。他们告诉我们，去往海防的路很危险，无论是路况还是其所处的位置都不太好。我们还得待在河内。我同时感到释然和失望。我已经对防空洞上瘾，在炮火中将自己置于宽宽的马路上可不是我想要的。但冒险之心还在，这种渴望推着我走出河内，走向乡村。

我们去了市郊，特尔福德和我坐同一辆车，穿过头天晚上还是个村庄的地方。而今，小小的草屋被遗弃在几个巨大的弹坑之间，弹坑里填满泥水。人们忙于在这些废墟中寻找尚且能用之物。这些越南的东道主，常常想让我们觉得受伤的只是少数。我现在知道了，他们不想让我们知道死亡的代价。

特尔福德问了向导几个问题，我沉默着，站在弹坑边缘，朝里面看，继而又看看那些普通人。他们并不理会我们。回到车上。当我们感到一阵缓慢地与瓦砾和泥块撞击的沉重感时，我们已经驶在一条乡村土路上了。一个女孩从车旁经过，骑着她的自行车。她朝车窗里面看去，对司机说了些什么。我努力想听出点什么。我听到她说"尼克松"。

"她说尼克松的什么？"我问。

"她说，我们是不是来视察一下尼克松所谓的和平？"

我们朝回酒店的路驶去，除了新炸出来的弹坑，一路上什么也没有。午餐的时候，又是一次空袭。我们都喊着"该死"，然后抓起些食物，朝防空洞冲去。美国空军这些天的行动很有规律：每晚都空袭，继而是中午一次，下午一次。我们尽可能在空袭的间隙抓紧时间休息。那些滑稽的越南—俄罗斯式行军乐，透过大喇叭喊了一整天。午间空袭过后，我就去睡觉了。

第二晚的轰炸与第一晚的类似，不过并没有前一晚那么严重。我问巴里，他能不能帮忙带我出去一会儿。我一直找不到好的方式来感谢他。他不喜欢和平主义者的修辞，和其他武装斗争的支持者一样，他说那都是扯淡；而我也不喜欢他那些絮絮叨叨的关于法西斯主义、种族主义、帝国主义臭猪的废话。每次汽笛隆隆作响，整个城市的灯熄灭，巴里就走到我的门前，说："你准备好了吗？"然后抓住我的手，带我去防空洞。我对他说，在轰炸中尽量让我昂着头，所以之后一旦有震荡声，后面就必然跟着他提醒我抬头的"啧啧"声。有一晚，我俩待在防空洞中，继续着暴力与非暴力之间孰优孰劣的讨论。令彼此都感到灰心的是，我俩谁也说服不了谁。我们早已熟悉对方的说辞，同时极度坚信对方是错的。我们的讨论几近争吵，故而我们彼此约定，不要再讨论这个了。我不知道自己是否能帮到巴里，可以肯定的是，他是我们这个团队中，最能帮助我缓解恐惧的人。我不再讲关于甘地的事，他也不再说什么爱的子弹。我们一起笑了很久。我很感谢他能花这么多时间在防空洞里帮助我，因为我后来发现，如果当年他也感到恐惧的话，那大家定会被塞进防空洞，闷死在那儿不可。

对我本人来说，测量恐惧和焦虑的水银计忽上忽下的，已完全脱离了我的控制。最终，即便轰炸就在附近，我还是尽量让自己跟别人开玩笑、唱歌，为了让事情变得轻松而在歌里面填一些古怪的词。有一晚，我们在防空洞等待着，有个人请我唱一首《到这里来吧》。当我开始唱起来的时候，远处的飞机仍在作响，它正朝着这座城市飞来。我蹲在磁带录音机旁唱歌，飞机嗡嗡向前，声音越来越大。我唱的歌的下一段歌词是"救救孩子，主啊"。唱到第二段歌词的中间，炸弹如雨一般在我们的防空洞边落下，磁带录音机也被震到了地上。我抬起脚，紧抓住站在旁边的巴里，然后继续唱歌。当轰炸最终停止后，夜晚逐渐变得静谧，有人跟我说，这应该是他们最后一次要我唱歌了。

第三晚，白梅医院（Bach Mai Hospital）被炸了。我看到一个女人的尸体被抛在路边。她周围的尸体都被小心地拿蒲席掩盖住，只有她没有。这是位老人。我真想走过去躺在她边上，用我的胳膊搂住她，亲吻她。如果周围没人的话我一定这么做了，可我担心自己会冒犯到什么人，或者被媒体拍照，说我这个人太会演戏。我们在这家北越最大的医院附近转悠。医院的负责人说话速度很快，他指着那些被炸成三面的屋子残骸，一张张床悬在楼梯的边缘，床单的碎片在微风中轻轻摇晃。

"这是 X 光机。"他说着，用手指着一面墙边的机器残骸，我们费劲地盯着那堆光滑的碎片。特尔福德拿着他的笔记簿，向他们问了一些可怕的问题。

一个女人急匆匆走过，背着一个缠了绷带的男孩。在她的脸上，泪水还未完全干透。特尔福德问他们附近每一个弹坑被炸出的具体时间。这个是新炸出来的吗？那个是在六月轰炸时炸出来的吗？越南人快速地回复，解释眼前的一切。夸特也在那儿。他请我坐下，不要跟别人走太远。巴里待在我身边。在附近的角落里，传来了一股焦肉的味道。在医院入口附近的地上，我们看见一架吊车和其他一些小器械，正费力从一个防空洞的入口处吊起混凝土块和瓦砾，这里面还有不少人活着。走之前，我听到那边的消息说，他们的营救并不成功，十八个人死在了里面。

正是在这家医院，我看到了楚彦的哭泣。他从我们这个由他负责翻译的美国团队中走开了。有个人在叫他，他将自己的背转向另一个委员会成员，不再一个人独处，而是不断回应别人对自己的召唤。回到我们身边时，他的眼睛红肿着。良久，我一直抱着他，而他只是摇头。见识过了白梅的灾难后，直到晚上我才最终体会到这里所发生的一切。

我走进防空洞。巴里将我的毛毯分给了越南人。我患上了感冒，身体很不舒服，没法休息。睡觉是不可能了。一个印度人把自己的毯子铺在地上，让我躺下。巴里睡着了。小小的防空洞那么湿，那么冷，那么有害健康。我们的守卫站在台阶上，三个人轮着换班，在通向酒店后门附近的一张小床上休息。他们是我见过的最有耐心的人……当然也是最为勇敢的。楚彦那张满是泪水的脸在我眼前浮现，然后是夸特的脸，充满活力且愉悦……"海防北边的群岛……我将驾一叶小舟，在那里四处游荡……"突然，我呜咽起来。巴里醒了，坐起身，鼓励我哭出来。

"哭出来吧。你压抑得太久了。继续哭吧。"

我的哭声吵醒了那个印度人，他让我不要哭，因为那会让我更加心烦意乱。"不！你不能哭。给你个橘子，吃点吧，你会感觉好些的。"

"我不想要那该死的橘子。"我嘟囔着，巴里笑了出来。他继续鼓励我哭，而那个印度人不想听到哭声：我认为这是文化差异，然后接过了橘子。

"给你，我给你剥皮。"印度人说，然后把它从我手里拿了回去。在我看来，他非常想帮我走出困境。

"谢谢。"我叹气。

好吧，我只是最简单地发泄了一下，内心将会激起怎样的波澜，我一无所知。我想知道在轰炸中避难的孩子们怎样了。我遇到的孩子们看起来十分镇定。也许做些实事比在脑子里空想要好得多，就像我整个童年患恐惧症时那样。我常常在想我们自身的受害者和环境的受害者之间的差异，我和我那些年的治疗，我和我那些出入于精神医院的朋友，他们试着决定让自己是生还是死。但在这里，孩子们早就熟悉了战争，生命似乎更加宝贵。这和我平日里听过的关于亚洲人的肮脏的陈词滥调正好相反——"那里的生命很廉价"。也许正是在这战争之地，没有时间留给恐惧症。

情况继续。十一天没日没夜的轰炸，然后在早上从防空洞里走出来。我逐渐认识了法新社的人，让·索罗瓦尔和他的妻子。他们住在和平饭店顶层，似乎一点也不害怕。迈克尔·艾伦建议我到防空洞外面多走走，于是我就跟着索罗瓦尔一家。这些法国人很有趣，看上去心不在焉。他们一家给了我巨大的鼓励。我拿来了自己的吉他，大家坐成一圈。迈克尔、索罗瓦尔夫妇、特尔福德、另外两个法新社的人、巴里，还有我，大家一起唱。索罗瓦尔最喜欢的歌是《明天见》，一首巴西的狂欢节歌曲。他高兴得容光焕发，给大家跳了一小段舞。当警戒的声音从麦克风中传来时，让走到桌子旁，记录下空袭的次数。轰炸开始后，我放下吉他，捡起一根香烟，虽然我不抽烟。

有一晚，我们都来到索罗瓦尔的房间里聊天，喝啤酒，等着消息。我很紧张。这大晚上，我们挨了好几轮轰炸，我待在防空洞里早已是大汗淋漓。下一轮空袭开始时，迈克尔叫我赶紧来窗边看。

我不大乐意地走到阳台，看着整个城市已在前几轮的空袭中燃烧起来，而飞机仍在朝这边飞来。迈克尔站在那儿，一个劲儿想让我高兴起来。我们能听到B-52轰炸机发出的嗡嗡声有规律地逐渐变大，战争越来越近。我蔫儿了，紧紧抓住迈克尔的胳膊。"我不想看。"我说，然后走向玛丽。她坐在一把扶手椅里，抽着烟。透过从屋外照进来、又在屋内来回反射的光，我看清了她的脸。我走过去抓着她的手。

"我害怕。"我说。

"我也是，"她说着，拍了拍我的手，"眼下能做的只有等待。"

新一轮的地毯式轰炸反复卷起热浪。玛丽喊了句"我的上帝啊"。接着一阵气浪袭来，将窗子震得咣当响，桌子上的东西也掉了下来。我尽力站稳。

"啊，好吧，还是去防空洞吧，"以苦为乐的让说道，"我们去防空洞。"他说着，步调如常地走出自己的卧房，还不忘带着他的高卢牌香烟盒。我们缓慢地顺着楼梯逃难。玛丽叫丈夫快一点，但他并不。他还没去过防空洞，眼下那里又塞满了人，而我们的头上在进行"烟花表演"。

走廊里的印度人看起来很阴沉，他们连玩笑都不想开，也没兴趣请我唱歌。让冲到了院子里，看是否有飞机被打下来。玛丽近乎绝望地喊着，让他回来。我再次做深呼吸，想起了自己十年前从老多纳那里听来的一句话。于是我转向迈克尔。

"你会不会说法语？"我朝他的耳朵喊。

"是的，一点点。"

"那你肯定会喜欢这一句。我并不恐惧——我是因为勇敢而颤抖！

（Je n'ai pas peur—Je tremble avec courage! ）"他很喜欢这句法语，接着这句话在防空洞里传递着，被翻译成不同的语言。其间，巴里跑到大街上，去数有多少 B-52 在空中爆炸。

这边已经开始大肆宣传击落飞机和俘虏了六名美国飞行员的事。多么小的一场胜利啊，我想，但在所有路过的城镇，我们都在张贴的海报上看到了这些飞行员的面孔。我们受邀在一场新闻招待会上和他们见面。大楼被层层警戒，飞行员们只被允许见国际媒体。那里有政府官员、军事人员和无数的照相机与录音机。我并不想坐在他们为我们规定好的前排，我们四个都往后挪了几排。巴里坐在我旁边，看起来状态不怎么好。也许是担心看到那些飞行员后，他会控制不住自己的情绪。巴里管美国军人叫"臭猪"。特尔福德做着笔记，迈克尔和我打开了自己的录音机，准备开始记录。

接下来所发生的一切，完全出乎我们的意料。战俘们被汽车带到一个紧邻新闻室的院子里。一个接一个，他们围着天井站成一圈，记者们连忙给他们拍照。他们的身上都缠着绷带，仍在惊骇之中。让我吃惊的是，越南人竟然没有折磨他们，把他们撕成碎片。他们看起来很年轻，我真替他们难过。他们逐个儿走到麦克风前，念自己的名字、军衔和军号。他们获准可以通过媒体说想说的话。其中一个说希望"这场可怕的战争能尽快结束"。另一个表达了自己对妻子萨莉的爱，并祝愿家人圣诞快乐。我的上帝，他们还什么都不知道呢。这些人犯了种族灭绝的罪，当然我认为这样的罪过再也不会发生在他们的身上了。我很厌恶这场新闻招待会，我觉得它被北越政府管控得太厉害。当然，我也希望战争能快点结束，那个小伙子能尽快回到萨莉和他的孩子们身边。他能够得到一个不错的民事工作，比如当消防员或者护林员，烧掉自己的军服，将获得过的全部奖章寄还给白宫。

我们参观战俘营的经历，比那场新闻招待会显得还要古怪。这里的手续与我在其他任何地方的监狱里所遇到的一样烦琐，除了我第一次在看守长的办公室得到了些茶水。太阳西沉，这意味着夜晚的空袭随时可能开始。我带着我的吉他，迈克尔带着他的《圣经》，特尔福德带着他的记录簿，而巴里带着他的腹痛。其实我们带了什么或者我们计划在里面说什么做什么，都不重要。这个监狱，就像所有我见识过的其他监狱，人们最大的问题在于厌倦和孤独，他们想要回家，与自己的朋友和家人见面。我们在严密看管下，同从营地里带出来的飞行员们会面。昨晚飞来的碎弹片破坏了他们住的简易棚子，眼下没人给他们提供住的地方，他们都很愤怒。特尔福德也跟着愤怒。他们已经被吓坏了，根本不知道这段时间到底发生了什么。其中一个还举起一大块碎弹片给我们看。

"这玩意儿就从天花板的右边插了进来。我们都躲在床底下。我们又自己造了些住的地方，但数量并不多。我没法理解。"

"没法理解什么？"我问。

"这个，"他说，再次把那块面目可怕的铁片举起来，"我是说，我没法理解究竟发生了什么。"他说这话时看起来非常严肃。

"哦，"我试着说，"每晚都有飞机带着炸弹飞过来。"

"我知道这个。但我没法理解究竟发生了什么。"他第三次重复道。

"哦，这很简单，"我解释道，"这些人从飞机上扔炸弹，炸弹落在地上爆炸，导致了人和物的严重损伤。显然一个或几个这种炸弹落到离你们足够近的地方，把这块金属疙瘩送到你们的房顶上了。"

"我的意思是，"他坚持道，"基辛格说过和平已唾手可得，他不是这么说的吗？"

讽刺的话从我嘴里流出来，就像牛奶从一个小孩弄倒的杯子里倾倒而出。我真想叫出来。

"他是这么说的，"我对这位满怀期待的飞行员说，"但也许他不是这个意思。他们撒的谎太多了。"

迈克尔跪下，嘴里说着祈祷词。飞行员们跟着他跪下。我唱着主祷文，想着自己得把事情干得像圣诞节那样。然后我问他们想听什么歌。结果十分一致：唱那首《他们驶向南部城镇的那一夜》。

我大声笑了出来，然后开始唱。接着我们一起唱《到这里来吧》。这些飞行员战士被遗弃在一片陌生的土地上，和一个美国陆军准将、一个牧师、一个退伍军人和一个和平主义者站在一起，在"敌人"的监视之下，手拉着手唱歌，泪水在他们的眼里打转："不要再有轰炸，主啊，到这里来吧……"我逐个儿拥抱了他们，然后我们就离开了。我听到他们说的最后一句话是"带我们离开这儿吧……如果可以的话"。

回去的路上，特尔福德跟我说，自他来越南以来，最让他感到厌恶的一件事就是战俘没有住处。监狱的官员们曾反复向我们保证他们的住处正在建造，事实上，是这些囚犯自己在挖。

晚餐上，巴里和特尔福德争吵起来，直到巴里移到另一张桌上。我觉得他需要支持，于是就端着餐盘一起过去。在我们的团队里，这已经不是第一次，当然也不会是最后一次。迈克尔在中间调停，巴里和特尔福德似乎也以沉默表达了和解，就像之前巴里和我做的那样。迈克尔总能利用他的善良、布道方式和讲故事的本事，让事情整合在一块儿。巴里憎恨教会，但这次他似乎也从迈克尔有力的善良中获得了慰藉。

这周快要结束时，我们得知飞机场被炸了，跑道和机场建筑都遭到大面积损毁，因而我们离开的日程被稍稍推迟了。

随着圣诞节临近，轰炸暂时中断。虽然巧的是有一架中国飞机降落在机场，但我们没有中国签证，这意味着我们只能在和平饭店度过这个我最喜欢的节日了。

越南人把一株两英尺高的假圣诞树放在了酒店大堂正中的台子上，并在树上悬挂了一些装饰品。十五英尺开外我们就能看到，它提醒着我们和平之主（Prince of Peace）已来到这个世界，赎我们的罪恶，并希望世上的人们能够对彼此友善一点。迈克尔和我计划在大堂里为酒店的客人和我们的东道主做圣诞仪式，我认为至少能让他们乐呵点。空袭间隙往往有段平静，我希望眼下这次停火能持续二十四小时。

圣诞节的故事都是这样，关于满满的爱、牺牲、重生及宽恕，关于其所在时代的孩子们、他们的快乐、他们的魔法。每一年，这些故事都被一次又一次地讲述，它们常讲常新，温暖了那些疲倦和年老的人的灵魂。虽然它们只是些奇妙的幻想，如今却变得越来越真实。因为对我们来说，庆祝圣诞是一年一次无须找托词就能亲近彼此的最好机会。圣诞节于我，就是那样异乎寻常。

我不知道圣诞节对于 1972 年的美国总统和部长们来说是什么，

但真正的精神已经远离他们了。当然华盛顿跟这里有时差，但他们肯定也知道此刻的河内已经是平安夜，虽然在他们的"真实世界"里，节日还没到。

迈克尔用英语说了祷文，然后即兴地讲了段适合我们当下处境的简短的布道词。大堂里不超过二十五个人。我已经准备好用我的吉他给大家分享圣诞精神，无论它到底指的是什么。这是我一生中最为奇特的平安夜。我唱了《樱桃树赞歌》，接着迈克尔用法语读了会儿故事，最后我又用卡利普索小调唱了《主祷文》。

我的脑袋被感冒弄得晕头转向，但发出的声音还算好。"我们在天上的父，愿人都尊你的名为圣。"多么奇特且可怜的圣诞节啊。"我们日用的饮食，今日赐给我们。愿人都尊你的名为圣。"也许最终夸特也能得到他的岛。这是我对他的祈祷。"免我们的债。愿人都尊你的名为圣。"天父，请赐福和保佑加布。让他过个快乐的圣诞节。请保佑他的父亲。"如同我们免了人的债。愿人都尊你的名为圣。"我在想家人是否收到了我上次发的电报。我在电报上说这里一切都好，然后祝愿他们圣诞快乐。我还是最好别想家里的事吧。"不叫我们遇见试探。愿人都尊你的名"——一个炸弹在城市的某处爆炸，我继续唱——"为圣。救我们脱离凶恶。"灯灭了。我停止演唱。法国人请我继续下去，而越南人请求大家去防空洞。汽笛声开始了。迈克尔在咒骂。人们举起蜡烛，而我仍尝试继续演唱。我的声音是那样虚弱，以至于觉得那是别人的声音。我稍后意识到，我得保持安静，这样炸弹就不知道我们在哪里了。我漫不经心地弹着吉他，等待着酒店的状况能好转些，或者我的声音能恢复如初。这两个中的任何一个都能让我释怀。我跳过了一段歌词，在嘈杂的脚步声中，在法国人的鼓舞下，在警戒结束的汽笛声中，最终完成了《主祷文》的演唱："阿门，阿门，阿门，阿门，愿人都尊你的名为圣。"

"这些畜生，"当我们冲向防空洞时，我对迈克尔说，"如果说有什么事是我不能忍受的，那就是演出被人打断。"迈克尔则自轰炸开始，就在不断低声咒骂。

之后的夜晚，我们去做了子夜弥撒，那时我已接近恐慌的边缘。教堂的人很满，外面的街道上站着一排士兵和警察，显然是在空袭中作为应急备员来引导人们去防空洞的。弥撒非常糟糕，神父用越南语、法语和德语布道。他每念完一段，就显得更加浮夸和冷漠。这一次我给了巴里一些帮助：我若再不用粗鲁的评论跟他开玩笑，他肯定会冲上讲台把神父掐死。他很乐意看到夸特无视传过来的奉献盘。迈克尔待在这所神的殿里，显得很兴奋，他让自己沉浸在宗教热情中。我想他肯定领了圣餐。特尔福德看上去很严肃，这让我想到参加贵格派祈祷会的父亲。流动的新闻照相机的闪光灯也让我免于流露自己的愤懑。唱诗班用法语唱起了我熟悉的圣诞颂歌，我用自己的录音机将它记录下来。仪式结束后，我并没有感觉自己比仪式开始时更加圣洁。我只想回去，回到床上，一整天都不要再听到任何汽笛、飞机或者爆炸的声音。

我如愿以偿地睡了整整十六个小时。我想其他人应该也是如此，虽然其间东道主打断了我们一次。一场长达二十四小时的休战，这可真是一种奇妙的感受。

有些感受我必须说一说。在"休战"中，一种心理上的、可能也是生理上的巨大改变在我身上发生了。精力耗尽、睡眠、平静，经过二十四小时的休战后，都变得倦怠起来，就好像经历了一场漫长的演出或者令人兴奋的巡演之后，我所感受到的那种松弛。感觉很奇怪，担惊受怕了这么多天，现在突然又开始怀念起那种在刀尖上生活的感觉来了。这么说有点惭愧，但我也从经历过二战的人那里得知，他们确实也有类似体验。至少在空袭中，我知道自己还活着，我从未如那般珍爱自己的生命。为什么我要对承认自己怀念那种兴奋感感到羞愧呢？因为希望回到那时的念头是疯狂的，回到那种数百人失去生命，我自己也可能死去的日子。可以确定的是，只要空袭再次开始，我肯定就想要离开河内，我现在越来越想回到家乡，回到加布的身边。再一次，我感到了害怕。

历经特别糟糕的一夜之后，第二天早上我们被带去了一个名叫"坎添"的商业区。昨天晚上，这里被地毯式轰炸了一遍。让我们感到震惊的是，这里的情况比我们所看到的任何一个地方都严重，甚至我们的东道主都感到震惊。也许是因为这次空袭是在天快亮时发生的，当地人还没来得及清理。人们冲到废墟中，或者仅仅站着，看着眼前的一切，快速地交谈，摇着脑袋。接连好几里路，我们都在泥土、砖块和残骸中行走，盯着那些排成一条线的小屋子。不久前，这里还是一条街道。一个女人安静地捡着她的残羹剩饭，一个男人在独自哭泣，一个幸存下来的家庭像丧尸一般在这片小区域里游荡。到处都是头戴白布的人，这象征着丧失亲人的哀痛。

经过了一长排在昨晚还可称为楼房的建筑残骸后，我们来到一片更加坑坑洼洼、更加滑腻的地区。数百人骑着自行车艰难通过。一些人看了看路边的废墟，另一些人头也不回地朝前走。我看着他们，在跌跌撞撞地走向我的人流中，有一个很老很老的男人。长长的白胡须，面容和善。他弯着身子行走，将手低垂至地面，好让自己在摔倒之前，就能把自己撑起来。他的步调再次变得不稳，我几乎是不由自主地走上前，抓住了他的手。他接受了我的帮助，抬起头深深地看着我的眼睛，紧张了一秒钟，然后愉悦地笑着，朝我点头。他用德语说："谢谢！谢谢！"然后两只手都抓住我的手。我们互相鞠躬，然后他便离去了。

我还看到一位妇女坐在一小堆碎石上，用拳头捶打自己的大腿，绝望地哭喊着，看上去是那样残酷。她在那个悲惨的小小"孤岛"上，先是啜泣，继而呜咽，继而近乎咆哮，最后是悲惨地缓缓流泪。她的丈夫用手温柔地拉着她，看上去有些不知所措。他柔声斥责着她，想让她站起来和他一起走。她尝试站起来，但很快就屈服于痛苦，它夺走了女人全部的力量、骄傲和情感。哭吧，我想说，哭吧，看在上帝的分儿上。继续哭，直到井中再无源泉，直到沙漏再次倒悬。虽然我的全部常识告诉我不能靠近她，但我阻止不了自己。我蹲在她的身边，用自己的胳膊搂住她。一些人看过来，就像他们在看附近的其他场景一样。在这样一个绝望的时刻，她哀号着，将她的全部重量压在了我身上。继而她抬起头，发现我不仅是个陌生人，还是个外国人。这让她看起来很不安，虽然她仍然在哭泣着。我立刻站起来，回到巴里身边，抓紧他的手。

这个地方，就像是模仿月球表面的、昂贵的电影大布景一样。人们站在堆积着烂泥和垃圾的弹坑顶部，大喊着死亡人数。今天他们想让我们知道，死亡人数已经上升到了几百以上。那些头上的白色带子就像月球人服装的一部分。一些小孩子兴奋地大叫着，从一个弹坑到另一个弹坑，彼此争抢着"小费"。很多人的步调都极其缓慢。巴里引导着我在一个弹坑的边缘徘徊。这里有只鞋子，那里有一件半掩埋掉的小汗衫，一片破掉的碟子混在土地中，一本书敞开着，潮湿的书页粘在一块。法新社的人带着他们的照相机来了。巴里和我走在让·索罗瓦尔和他的翻译后面。一个三十英尺深的深坑另一侧，我看到一个女人正佝偻着身子，在十或十二英尺外的地面上蹒跚徘徊，边走一边哼着一首奇怪的小调。起初我以为她唱的是一首欢乐的歌，庆祝她和她的家人还活着。当我们走近之后，我耳中的曲调变得怪异起来。她只是独身一人。索罗瓦尔问他的翻译那女人在唱什么。翻译靠近听了一小会儿，然后告诉他："她唱的是，'我的儿子，我的儿子，此刻你在哪里，我的儿子？'"

哦，天啊，地啊。这样的哀痛可不能存在呀。我用手抓地，遮脸啜泣。那个女人的儿子正躺在她脚下的某个地方，被一大堆沉重的泥土包裹着。而她则像一只受了伤的老猫，只能在最后一次见到他的位置附近徘徊，呜咽着徒劳的歌谣："此刻你在哪里，我的儿子？"

巴里带我离开了原地，说："我们现在走吧。"我已经没法正常走路了，他一直在旁扶着我。我恨泥土，恨弹坑，恨死亡。不是为我，而是为那些在这里生活了这么多年的人。那堆法国人中一个比较年轻的人从我面前经过。他看上去很愤怒："啊，好呀。现在你还有什么好说的，嗯？你还在想什么和平主义者吗？经历过这些，你还能说什么放下你的武器？"我晃着手，指向那边的"月球布景"。"你觉得这些能改变我的想法？"我愤怒地说，"你可真是愚蠢。"而他朝着巴里招招手，他并不是无视我，而是指给我们看一只掩埋在废墟中的孩子的手，离我们只有几英尺远。它像一只玩具娃娃的手，在手腕处被炸开，娃娃剩下的部分已无处可寻。巴里将我带回了车里。

结束对坎添的访问后，一种绝望的气氛在我们中间散播开来。索罗瓦尔病了。他的妻子跟我们说他没法进食。他认为自己只是消化不良，但看起来要远比那严重。他已经在河内待了两年。越南的孩子们看起来有气无力且面无血色。我开始学越南人穿衣，下身穿黑色的越南式宽长裤和凉鞋，搭配我的衬衫和水手短外套。我担心自己会更加想家。在空袭中，特尔福德在烛光中耐心地读书。那些法国人看起来疲倦极了。那对巴特寮夫妇和他们的孩子整日在楼梯间上上下下。那位母亲太劳累了。我从一个妇女那里买到了五颗象棋子和一些珠宝。她在昨晚刚刚失去了自己的兄弟。她让我抱着她，足足有一分钟。我们的越南东道主出门给我的小加布里埃尔买了一件外套衫，这让我更加确信自己很快就能见到我的孩子了。我们已经在去机场的路上失败两次，都是到了检查站就回来。没有飞机。那些一直不敢说出口的可怕幻想，慢慢地在众人的头脑中形成，终于被人说了出来。

我想这句话第一次被说出来，是在索罗瓦尔的住处，以蹩脚的英语说出的，越过啤酒和香烟，意思却完好无损。现在清楚了，美国政府的策略是用轰炸北越的方式，迫使他们回到谈判桌上。但这个策略并不奏效。新制的俄罗斯导弹狠狠地羞辱了美国军方，它们击落 B-52 轰炸机就像在射一群胖乌鸦。而现在尼克松也被美国人民孤立，虽然他自己并没感到正在丧失民心。他已经深深地践踏了所有人的感情，除了那些极右分子和傻瓜。圣诞节那天，一棵圣诞树被送到了白宫，它的枝干全部破碎，所有的装饰品也被捏得粉碎。这个信号已经很明显了。

为什么政府如此坚持这个战略，并不惜损失大量的 B-52 和幻影战斗机？事实上只用一颗原子弹就能将河内从地图上彻底抹除掉。而我们，正像目前的事态所发展的，被别人利用了。

在这个节骨眼儿上，夸特准备了一个活动用来恢复我们的心智及希望。他安排了一系列告别晚宴，好像我们真的可以活着离开河内一样，我能清楚地记得这些宴会中的两场，在那里我们又开始喝酒、欢笑、玩音乐，并和我们这段时间以来见到的朋友们说再见。其中一场宴会上，一个女人用越南语为我们演唱，接着她满含哭腔地告诉我们，她的儿子正在前线，所以她想用英语为我们和她的儿子唱一首她最喜欢的歌。她拍着手，前后摆动着走向我这边，强压下泪水，唱着老斯蒂芬·福斯特的歌，一句接着一句。她知道这首歌里的词该怎么发音，而我们早在高中的音乐课上就学过，也早都唱过无数遍，但它实在是太美、太感人了。迈克尔不断地清嗓，特尔福德甚至眼睛都湿了。我试着和她一起唱，但总不在调上。她飙到了高音，却在低音上断裂了，随着每一声的断裂，眼泪从她的眼中涌出。她的演唱在一个颤音中结束，然后将双臂伸向我："谢谢你，谢谢你。"我什么也没有回答，我只是唱，唱他们喜欢听的歌，那时夸特也开始为大家分发伏特加。

另一场告别晚宴上，突然来了空袭，我们就到防空洞里唱歌。炸弹声中，两名女性稳稳地、目光炯炯地唱着，两个声音合成了一个，完美的和声，手风琴的声音淹没了飞机的轰鸣。我觉得听完她们这短短几分钟的歌唱，我甚至能带着些许尊严从容地面对死亡。宴会结束后，在巴里的建议下，我站到索罗瓦尔家的阳台上，呼吸着夜的空气，等待轰炸机盘旋而归。他说服了我，如果能直面自己的恐惧仰望天空，那我就能感觉好很多。

"如果你真的想变得勇敢，"巴里轻柔地说，"你得唱起来。"

于是我开始唱："哦，自由。"一开始声音很小，继而胆子越来越大，"在我成为奴隶之前，我会被埋葬在自己的坟墓里……"音调高且坚定。我唱了一小段，刚唱完，一阵掌声从我们底下的街道小防空洞里传了出来。我对巴里微笑。

"你知道吗？"他说，"你让他们感觉好多了。"

我又唱了一些歌。我的歌声穿过整个灯火管制的城市，随着歌声的绵长持续，万千思绪涌上心头。如果我的儿子死了，我会多么思念他呀，但不是的，我将会死去，他将会思念我。我还不想死。我不像楼下路上的那些人那样勇敢，我绝望地坚持着自己的人生。但我在唱歌：

"在奔向自由之地的路上，无人能令我转身，令我转身，令我转身……"

这次空袭并没有炸弹掉下来。如果有的话，也许事情会变得很不同，然而当我从阳台外走进来，我感到满满的全是胜利。

他们决定让我们尝试经中国离开河内，因为眼下只有中国的飞机留在河内的跑道上。这意味着我们得去中国大使馆获得过境签证。

这天下午，特尔福德、迈克尔、巴里和我早到了十五分钟。我们被领进一座黑暗阴郁的老式法国建筑，走廊上挂着胡志明和毛泽东的照片。我们坐进接待室后发现，这里面也挂着他们的照片。来了两个翻译，一个帮我们把中文翻译成越南语，另一个则再把越南语翻成英语。他们给我们拿来了中国啤酒，还有香烟。等了很长时间，大使终于来了。我们站起来欢迎他的到来，他只对我们说了句："……"他戴着圆形眼镜，穿着中山装，坐下来又说，"……"然后他跟翻译讲话，翻译再跟另一个翻译讲，后者最后再跟我们讲。

"大使说他昨晚睡得太晚了，睡眠不是很好。"

我们在自己的椅子里转动身子，想着该怎么恰当地回复他，但很快他再次说话。

"他说也许这是因为昨晚的轰炸持续了一整夜。"

"毫无疑问，毫无疑问。"特尔福德说道。

"告诉他我们也没有睡好，都怪那场轰炸。"我大胆地回道。这句话被翻译给大使听，他说："……"

"大使想要知道你们为什么今天来这里见他。"我们为什么来这里，他清楚得很。我心里想着。

"这个，"现在特尔福德成了我们这个团队的发言人，"大使先生肯定很清楚眼下的局势，找办法离开河内实在是太困难了。我们了解到只有中国的飞机能够正常使用。"他的话很快被翻译成汉语。

"大使想知道，这是你们来访问中国大使馆的唯一原因吗？"

"哦！"特尔福德连忙说，"不，当然不。但我们确实认为如果能在回家的途中，有幸领略到您的伟大国家的哪怕一小部分风光，对于我们来说都将是一场非常美妙的体验。"

特尔福德，你这个伪君子，我自忖。你以为你在骗谁呢？在这个当口，迈克尔·艾伦评价起了啤酒。多好的啤酒啊，中国的啤酒。在北京造的？太棒了！巴里在他的椅子里扭动身子，估计是在琢磨该如何才能得到这个北京啤酒的杯子，好作为纪念品。大使看着我们这些滑稽的不可理解的举动，肯定在想非把我们都牢牢钉在椅子的拐角上不可。

"我不想粗鲁地打断你们，"我脱口而出，"但请跟大使先生说，让他单独跟我讲话。我已经吓呆了，只想尽快离开这座城市，这就是我今天来见他的原因。"在他的下一个"……"之后，大使微微地笑了。迈克尔和巴里大笑出了声，但我不记得特尔福德是否回应了。

又谈了一会儿，大使收走我们的护照，决定在第二天给我们发签证，也许在一开始他就决定这样做了。我们试着强压住自己的兴奋和解脱感。我真想冲过去拥抱他，但这样肯定是不被允许的。我们都站了起来，做着自己不能理解的姿势，说着自己不能理解的话，握手、鞠躬。巴里一直沉默着，他的时刻终于到来了。正当我们都朝出口处走的时候，他将手插到口袋，拿出一把"越南战争退伍军人反战组织"（VVAW）的纽扣，僵直着身子走到大使面前，将纽扣放在茶几上，说："我和您一起战斗，踩碎法西斯帝国主义侵略者。"大使看起来很困惑，他瞥了一眼那堆小纽扣，上面的标语就像巴里这段很短的讲话，令他们感到不解。"哦，看在上帝的分儿上，巴里，"我对他嘟囔道，"他根本不知道你在做什么。"

"他会明白的。"巴里说。

回到酒店下榻的房间，我第三次收拾起行装。这一次看起来我们要真的离开河内了，我想再听听从阳台窗外传来的音乐声，想着这里的人民，享受着即将回家的美好期待。夜里仍然有空袭，随着中国飞机的到来，乐观的气氛弥漫开来。

早上，我们吃好早餐，最后一次在大堂会合，我拖着我的包，拿着录音机、照相机和礼物。再一次地，我试着把发给我的头盔扔下来，当我上了车才发现，这次它被放在了我的脚边。第三次，我们分别坐在三辆车里，朝机场驶去。再一次地，我们路过了一个火车仓库的光架子、毁坏了的茅草小屋、弹坑。我们驶上一架简易浮桥。我吞了两片安定。这座桥是穿过河流的唯一方式。我们从一个方向驶了半小时，然后又向另一个方向驶了半小时。我缩在自己的座位上，等待着汽笛的声音。如果在桥上遇到空袭，那将是我的噩梦，因为这意味着我们得逃出来，藏在车下面。这将是一场关于头盔的战斗。最糟糕的是，在桥上也意味着我们会彻底地暴露在广阔天空之下，我肯定我们会成为最好的靶子。穿过这座桥花了我们差不多一个小时。

在机场，那些椅子仍然如我们两周前来的时候一样排成一列，屋子却只剩半个屋顶，墙也少了一大块。残砖瓦砾被倾倒在了角落里，大概扫了一遍，用湿布抹了一遍，到处都是沉闷的色调，原来是因为周围都是灰尘。酒吧还在。我请求去女厕所，然后被引导进了一个还算完整的小隔间，至少能够保障自己的一些隐私。这里的管道裸露在外。从坏掉的窗户处，可以看到外面有一些俄罗斯人、一些越南人，还有一组受了伤的波兰士兵，他们要和我们搭乘同一班飞机。

我们在外面徘徊，想看看这里的破坏程度。我看到一堆碎石，一半被埋在厚实的泥土里，另一半掉入弹坑中，一截形状很罕见的金属片插在上面。我抓住它，用力将它从烂泥中拉出来。毫无疑问，这是一架飞机的一小部分，已经熔化成了一只坐在枝杈上的小鸟的形状。

我将它放进自己的手包里。大厅已经被填满，我知道又要开始空袭了。一阵电话声响起，所有人缓缓穿过航站楼前的凹坑区域，走向机场的防空洞。

这里有十一个波兰士兵，其中两个装在棺材里。和蒙蒂他们的情况一样，他们的船也在海防港遭到了袭击。我们到达防空洞外的区域时，人们已经开始聊起天来。一些波兰人问我要签名，我遵照他们的意愿，并和他们握了手。还有些人太疼了，只是在旁边看着。

我们被引入防空洞，这里一片漆黑，直到某个人举起了蜡烛。一位胖女士很不好意思地拿着蜡烛走下台阶。防空洞像是一个地下墓穴，每个隔间都漆黑一片，直到我们将蜡烛台带进来。我们当中十到十二个人进入了一个小窝洞，于是大家都坐在那里等待。一个波兰人站在门道处，我靠在巴里和迈克尔的身边。靠近我另一边的，是一个受了伤的波兰人，他的头深深陷进了膝盖间。所有的波兰人看上去都筋疲力尽，像是患上了战斗疲劳症。我们听到了远处的飞机声。防空洞里的每一个士兵都僵住了，其中一个开始哭泣。我伸出手，拍了一下那个离我最近的人的头。他疲惫地抬起头，继而又垂下来，像刚才一样。我开始唱歌："嘘，小宝贝，什么也别说，爸爸会给你买只反舌鸟。"我继续拍打他的头，"如果那只反舌鸟不唱歌，爸爸会给你买只钻戒。"让那些该死的飞机离开天空吧，让这些小伙子离开这里吧："如果那只钻戒是玻璃的……"我唱完了歌，飞机也走远了。我们站起身来，缓步走向室外，其间没人说话。

中国的飞机已经降落。士兵们太过疲倦，早已无法微笑。我们走到跑道上，站成一列。那些棺材先被抬上去，接着是波兰人，然后是美国人。我们不断转身，对夸特、楚彦和其他人一遍又一遍地挥手说再见。飞机又小又闷热。飞行指令是用中文说的，大喇叭里放着的也是中文歌曲。引擎发动了，透过窗户我看到，飞机正顺着残破的跑道滑行，夸特他们仍然朝我们挥着手。突然，他们一致把头转向四周和天空，我知道一定是 B-52 回来了。但接下来什么事都没有发生，他们转过头来，继续对我们挥手，直到我们飞到半空中，而他们也变成了底下坑坑洼洼的地面上的斑点。

我们在新年那天平安抵达故乡。在旧金山的国际机场，我的儿子从人群中站出来，给了我一个跟他一般大小的金合欢花束。他说："嗨，妈妈。"我将他搂进自己的臂弯里，说："嗨，甜心。"然后给了他一个消防车玩具，那是我在东京机场买的。

刚回来的头两周，我一直待在大卫的屋子里，大部分时间我在睡觉，剩下的时间则留给了报纸和杂志的采访。每次我在长沙发里睡觉，都能听到加布的喊叫声响彻整个屋子，而唯一能叫醒我的，只有他将自己的东卡（Tonka）玩具卡车扔到我头上，要不然就是猫跑到我的肚子上，或者加布自己跑到我的胸口上。然后我就抓住他，抱他，告诉我会跟他玩几天，直到自己恢复健康。晚上我都会留一支点着的蜡烛，以至于一有飞机飞过，我就会发现自己从床上坐了起来，伸手摸索我的水手短外套。我应该已经适应了在家的生活，但我精神的一部分仍然留在了河内。

恢复了全部的精神力量之后，我便回到自己的房子，花了十五个小时去听我在越南录的磁带，包括汽笛、炸弹、幻影战斗机、B-52 轰炸机、防空武器、孩子们的笑、蒙蒂说的话、越南人的歌、我自己在避难所唱的歌。我做了一个十分粗糙的剪辑，然后把它送到唱片公司，尽最大可能地剪出了我在河内的圣诞节故事。这是一首部分可唱的长诗，始于我在空袭中跑向瑞典大使馆的防空洞，一些轰炸，继而是坎添那个老女人的念诵："此刻你在哪里，我的儿子？"这是这首歌的名字，也是它的最后一句歌词：

　　哦，防空洞里的人们
　　你们给了我什么样的礼物
　　对我微笑，安静地跟我分享你们的苦恼
　　我只会在彻底的谦卑中弯腰，请求
　　宽恕啊，宽恕些什么
　　我们都能挺过去。

　　那个黑色宽长裤的文化，我们想要谋杀
　　用弹孔
　　这些成排的小棺材，我们不得不赎罪
　　用我们的灵魂
　　在女人和男人那里设立一个稀有的心灵
　　白梅的白色花朵确实将会
　　再次盛开。
　　我听说战争已经结束
　　此刻你在哪里，我的儿子？

　　专辑的名称叫作《此刻你在哪里，我的儿子？》。这是我送给越南人的礼物，以及我的祈祷，用来感谢自己还活着。

太阳的勇士

1973 年，我和哈罗德·埃德尔斯塔姆大使在一次草坪募捐宴会上相遇。这一年他在智利当瑞典大使的时候，正好遇到政变。而我听到了这个关于他的故事。

刺杀阿连德之后是连续几周的血腥冲突，大街上弥漫着恐惧、绝望和死亡的气息。一天晚上，有人跟埃德尔斯塔姆先生说，军政府的坦克已经朝墨西哥大使馆开来，威胁里面的人出来投降，否则就开火。枪口从大使馆的窗户里伸了出来，这样的抵抗出于无奈且毫无用处。坦克上有人拿着手提式扩音器朝大使馆喊着最后通牒，在这场完全非法的政变中，大使馆里的人毫无疑问都有生命危险。

埃德尔斯塔姆大使将瑞典国旗高举至头顶，带着他的工作人员从坦克边上走过，走进墨西哥大使馆。在国旗的保护下，他们把大使馆里的人带了出来，护送进了瑞典大使馆。这些人待在里面，直到通往墨西哥的道路重新畅通。

"这个故事我没讲错吧？"我问他。

"差不多。"他用那唱歌一般的斯堪的纳维亚口音回答道。大使高且瘦削，形貌高贵。他的手像纸一样白净。

"你为什么这样做呢？"我问。

他笑了，好像在听一个很好笑的笑话。

"很简单，"他说，"我从来都不能容忍不义。"

而我，从没忘记过这个简单的声明。

1974年，我在委内瑞拉开的演唱会可真是乱七八糟又让人血脉偾张，原因在于地方长官把体育场的大门开早了。可能是因为他想获得学生们的欢心，或者是因为他不想花钱买新门——旧门几乎被热情的人群完全压碎了。演唱会的承办者是一个左翼分子，一个极为阳光且坚毅的混血年轻女子，名叫玛丽亚，她被彻底激怒了。这很自然，因为地方长官的突发奇想让她损失了不少钱。

这场在学校体育场举办的演唱会这么规定：不能上到演出区域，所有人都必须坐在露天看台上。基于先前的经验，我知道这些规矩其实完全不现实，它们对我和多达六千人的学生观众一样，都起不了什么作用。

看台坐满后，一个年轻的委内瑞拉民谣歌手用呐喊、喊叫和跺脚来暖场。她的歌曲非常政治，就像眼下这些观众中的绝大部分一样。她的节目结束后，是一次简短的幕间休息，然后我被介绍入场。我穿过看台下一大片拥挤的人群，爬上演出台。随着第一个音符响起，观众们开始离开看台，拥到体育场，以蓄积之势冲向我的这个小舞台。年轻人的脸充满活力，十分美丽。从舞台到地面，再到看台，我们之间通过呼喊来对话。情绪已经调动起来，我那两首歌还没开始唱，大家已经成了一家人。

我唱到第二首歌时，电扩音机坏了。人群中开始出现喝倒彩声，大家都不知道发生了什么，音响设备周围乱成了一团。我索性蹲到舞台边缘，和人群中不同的人交谈。好在他们可以用他们语法书上的英语，而我也在贝立兹语言学校粗略地学过一些初级西班牙语。电扩音机的问题似乎仍没有进展，但大家似乎也不那么着急了。晚会照着拉丁人的节奏快乐地进行着。

消息传来，说这所大学的校长下了命令，除非学生们回到看台上，否则电扩音机就不开。曼尼推搡着人群开路，来到舞台的一侧。在长达一分钟的"嗯？""你说什么"之后，他终于明白了我所想的，然后回去和校长商议，为我争取到一分钟的开电扩音机的机会。我继续和爬到舞台旁的学生们交谈，间或试一试麦克风是否有声音。在一阵兴奋的旋风中有消息传来，校长同意开一分钟，但必须被用来通知大家回到自己的座位上。我感觉自己像是被困在了一个高中的动员大会上，校长说除非七年级的人回到礼堂里他们的指定区域，否则大家都得回教室。电音回来了。

"我要感谢这所大学的校长，"我那蹩脚的西班牙语脱口而出，"感谢他把电扩音还给我们。正如您所看到的，这些观众都很有礼貌，他们待在这里完全不是问题。""我想为您献唱一首，以表达我的感激之情，如果您喜欢的话，那就请用保持电扩音打开的方式来让我知道。非常感谢您，我们都非常感谢您。"

也许他是觉得我没文化，折腾不起什么风浪，所以电扩音一直开着。一场绝妙的晚会奉献给了大家，观众和我都沉浸在这一以人民的名义获得的奇异胜利中，校长最终也成为那一晚某种意义上的英雄。

我还将这场演唱会献给智利战乱地区的难民和囚犯，毕竟自智利政变以来仅仅过了一年，很多智利人为了活命逃到了委内瑞拉。当时，我并不知道一个金光闪闪的智利代表就坐在看台上，坐在地方长官的边上。

演唱会结束后，我得到邀请，一位名叫弗雷泽·巴里亚的委内瑞拉女作家让我去参加她的私人晚宴。宴会上只有十个人左右在场，包括她的孩子们，以及一个名叫奥兰多·勒特里尔的男人。

我在一个无法避免能听到大人物消息的场合，听说过奥兰多。关于他的故事，带着爱和一点敬畏。他是智利前驻美大使，在政变中被捕入狱，是所有认识他的人的力量源泉。

他来了之后，我们被介绍认识。我很吃惊他竟然有一头火红的头发。如果戈雅受命画一个神情愉悦、脸上有雀斑的红发男人，那他肯定会画奥兰多·勒特里尔，因为他身材修长，有着拉丁贵族般的风度，这些都是戈雅经常画且画得很好的人物形象。奥兰多手上的伤仍未痊愈，那是他用手抓栅栏时留下的。在狱中他和他的狱友们受到了虐待，被逼着不停地跑。他想边弹吉他边唱歌，但一弹他的手就很疼。他还想跳"库埃卡"（cueca），那是智利的一种民族舞蹈。他与这里的朋友已认识多年，他很快乐，满肚子都是故事，大笑着、唱歌、讲笑话。我在欢笑和鼓掌声中实在经不起诱惑，和他一起跳起了库埃卡。其实我也只能挥一挥手绢，模仿着奥兰多的舞步，在欢乐和嬉闹中，笑得像个开心的傻子。

能量被释放殆尽，舞步也慢了下来，奥兰多开始了更加严肃、不过语调更加轻柔的讲话。孩子们上床睡觉去了，蟋蟀在潮湿的夜中和鸣。我的西班牙语就那样，所以对于自己能够分辨出音节、舌颤音 r 和摩擦音 s，感到相当满意。我在想，将奥兰多这样的人囚禁在他自己国家的冰冷岛屿上，是件多么可怕、愚蠢和邪恶的事。奇迹的是，他没有死。他击败了寒冷、饥饿、殴打、羞辱、财产剥夺，并用充沛的精力和训练有素的头脑打败了恐惧。同样奇迹的是，出狱后他并没有被谋杀，而是好好地在这里，在康复、在微笑，在轻声讲着故事。时不时地，他几乎抽泣出声，他的朋友们眼睛也湿润了，我感到自己也因这个男人满心柔软。继而，在一阵沉默中，屋子中的气氛发生了变化，虽然大家同时在呼吸同一种空气，但我们突然地、不停地意识到，奥兰多的悲惨遭遇离我们如此之近。当我们在初升朝阳的静谧中屏住呼吸，罪恶的谋杀也正在长长的白色尖叫中发生，却是我们无法阻止的。

回到家中，我决定写本书。我已经很多年没写东西，也不知道自己想要说什么，只是发现自己在长长的白色尖叫主题中来回兜转。

1976 年的一天早上，我终于开始在我的打字机上与文字搏斗了。凝视着窗外，我看到我的秘书突然出现在屋外夹竹桃间的小路上，她的头向前伸着，眉头紧缩。她是一个非常有效率、十分热情的女人，心地善良。她走路的姿势让我明白，她带来的一定是坏消息。她坐到我面前，说话时尽力控制着自己颤抖的声音，眼神中满是对我的回应的期待。接下来我记得自己坐到了厨房里，盯着马克杯里颤动的咖啡，听着我的上下牙控制不住地打战。那时我刚刚去东部为智利的囚犯们义演，和奥兰多又见了一次面，他还如我们第一次见的那样独特、精神饱满。那场晚宴上的我们，还是两个完完全全的陌生人，通过跳库埃卡建立起了友谊。

我飞到华盛顿，在一个公园里当着游行队伍的面，为奥兰多的葬礼而演唱。歌声在那些震惊的、被深深伤害的人当中回荡。他们中有外交官、学者、诗人、官员、流亡者、工人、学生和政治家。葬礼队伍庄严肃穆，悲伤得令人心碎。一个深沉的声音从手提式扩音器里发出，穿过雾蒙蒙的朝日："我的朋友，奥兰多·勒特里尔！"步伐沉重的哀悼者们回道："我在！"那声音再次响起："现在！"接着人群回道："以及永远！"我们这些拿着花的人走出队列，将鲜花放在奥兰多遇害的地方。他的车被装了汽车炸弹，驶到使馆区时发生爆炸，他和他年轻的同事罗妮·墨菲特当场身亡。谋杀者是来白智利秘密警察组织 D.I.N.A. 的职业杀手，在达成认罪辩诉协议后，成了检方的主要证人。两个来自 D.I.N.A. 的官员受到起诉，却并未受到任何审讯，只有两个古巴流亡者被判了刑。美国中情局对那场军事政变和颠覆阿连德政府提供了资金支持，帮助当今拉丁美洲最为高效的独裁者皮诺切特将军在智利上台。

游行队伍的终点站是圣马太大教堂。仪式开始前，按照事先指定给我的工作，我帮人们找好座位，智利共产党的成员们试图占据第一、二排的座位。我严肃地将他们引导到自己该坐的位置上，告诉他们前排是留给勒特里尔的家人的。我知道他们是想借这位杰出的人、这位外交家的精神来宣传自己的主张。但他比一个政党要更大，他的精神应该属于那些诗人。

我在大弥撒的仪式中歌唱。从拥挤的集会人群中，我看到了奥兰多的妻子伊莎贝拉，以及他那四个漂亮的儿子。伊莎贝拉那双漂亮的大眼睛因哭泣而肿胀着。我唱到"感恩生命"，尽力将自己的目光从人群中抬高，因为已经有很多人开始哭泣了。我还记得罗妮·墨菲特年轻的丈夫在讲道台上哽咽着讲话，吞下愤怒和哀伤，他的眼泪和言词混在了一起。

回到家中，我又想到了伊莎贝拉和她的四个儿子，梦见大主教在葬礼弥撒卜四处移动时，自己无法逃离他行经的路线。梦见自己再次看到奥兰多躺在他的棺材里，但这次他的脸成了一个骷髅，上面还残存着一些碎肉，鲜血是湿湿的、闪着光的深红色。当我试着去亲吻他，我的双唇被浸润，那骷髅头微微转向我，好像在向我请求着什么，但能听到的只有绝望的呜咽声。

几个星期以来，我都试着在写自己的书。现在我把它扔在了一边，在长达十年的时间里，再也不想碰它了。

我第一次碰见 1977 年 [1] 诺贝尔和平奖得主贝蒂·威廉斯和梅雷亚德·科里根时，他们朝我喊着："嗨，简！"而我就想，哦，天哪，他们想必是把我跟简·方达搞混了。其实这只是贝尔法斯特口音的结果。

1976 年赴北爱尔兰的访问，有两件事十分值得追忆：

城市道路的树篱结着霜。一对双胞胎的母亲跟艾拉、艾拉的新妻

---

[1] 原文如此。应为 1976 年。

莫莉和我，讲述了 1976 年 8 月她们第一次自发的和平游行。母亲们彼此靠近，她说，天主教徒从一个方向，新教徒从另一个方向。她们也不知道彼此相遇后会发生些什么。她自己被人群挤到了前排，她说，因为她推了一辆大大的婴儿车，她的双胞胎孩子就在里面，她们觉得没人会愿意伤害这对双胞胎。好吧，她说，她们只是继续走，母亲们、孩子们和婴儿车，在沉默、恐惧和惊叹中，穿过分隔两个区域的大油罐做成的栅栏。在之前从未有人这样做过，从未有人越过那栅栏，现在却有两千人在这福尔斯路上会合。

他们相见了。他们欢呼、拥抱以及哭泣，不敢相信自己所做的这件极不寻常之事。他们继而走进公园，聊啊聊，互相邀请对方喝茶，计划着今天之后的活动。他们当中没人想展望今天之后的事情，担心眼下说的话会被中断。他们甚至不想离开公园。

有个女人，大家说她已经疯了，她整日整夜坐在儿子的坟前哭号，拒绝离开。她的儿子只是去见一些朋友。他们听到敲门声，对外面的人说马上来开门。那敲门声突然变得狂暴起来，然后他们就听到了机关枪的声音。当他们打开门时，那个男孩竖躺在走廊上，死了，夹克衫上挂着一道不均匀的十字形，血从上面的每一个小洞中流出。

与爱尔兰的和平人民一道，我们带着自己冻伤的脚趾，在团结、和平和自由的名义下，为终结那毁灭了爱尔兰岛的古老宗教隔离制度开始游行。我们坐上车准备回贝尔法斯特的住所，转动车钥匙开始打火，突然听到车里发出碰撞的声音，然后什么事也没有发生。我唯一能记得的另一个令自己无比恐惧的时刻，是离开河内经过那座浮桥时。

我肯定车已经被装了诡雷，我们马上就要被炸飞了。但我的爱尔兰伙伴们在迟疑了一毫秒之后，继续捡起刚才的话题聊起来。他们甚至告诉我说，他们连检查车底的想法都没有。如果你想开，那你就开，他们说。

我还记得梅雷亚德，上帝之息拂过她，像是一阵和煦的夏日微风。她常常微笑，常常祷告，她极为勇敢，不带武器、带着愉悦的面容走到街道上，走进"敌人"的家中。没有什么邪恶能够将她包裹，甚至接触她也不可能。我确定她现在依然从未改变。她肯定不喜欢读我在书中对她的描述，因为她就像其他的圣人一样，不喜欢引人注目。上帝保佑你，梅雷亚德·科里根。上帝保佑勇敢的爱尔兰妇女。她们在一个短暂却非凡的时刻，及时地引导大众在这个世界上最暴力的国家之一，进行非暴力的战斗。

在安德烈·萨哈罗夫和妻子叶莲娜·邦纳被流放到高尔基城的前一天，我给他们打了电话，只是为了说声"你好"，祝愿他们一切都好。我本以为他们接电话的程序十分复杂，实际上只花了三分钟。

"您现在在莫斯科线路上。"接线员说，快得好像我在跟洛杉矶打电话一样。

我的上帝，我想。这么高效。接着我才开始想，我到底该说些什么，用什么语言说。

"你好！"我大胆地开始了。

"嗯？"一万公里之外的回复传来。

"哦……你说英语吗？"

"不。"

"你说法语？"

"不。"

"你说德语？"

"不。"

"哦，"我满脑子都在想，自己可真是个傻子，"我是琼·贝兹。"

"是的。"

"我想我还是等下再打给你吧。"我大声说，感觉自己真的是太蠢了，然后挂断了电话。我想象着在莫斯科的某个公寓里，满屋子的客人抓耳挠腮，认为刚才这一幕一定是克格勃的把戏。我打了个电话给吉尼塔。

"啊，我可真是头蠢驴，"我说，"他就在电话线上！"

"再打一次，给他唱首歌！"

这是当然。我又打了过去，又等了差不多三分钟，这次接电话的是萨哈罗夫先生。我扯着嗓子喊："我是琼·贝兹。你好，安德烈·萨哈罗夫。你好，叶莲娜·邦纳！"然后我唱了五句《我们将得胜》。每一句的最后，我都能听到他们在讲："是的！请吧，是的！好啊，好啊，请吧，是的，亲爱的！"我继续唱，他们则一个接着一个传着电话筒。最后，我高喊着："再见了！是的，再见了！"他们也再一次高喊起来。我挂断电话，坐到床上，哭了。

1978 年的夏天我去俄罗斯，与萨哈罗夫相见了。

列宁格勒广场计划举行一场规模盛大的演唱会，我和桑塔纳乐队（Santana）、海滩男孩乐队（The Beach Boys）都受到了邀请。在此之前，我上了俄语课，学会了由深受喜爱的诗人布拉特·奥库扎瓦[1]写的一首优美的俄罗斯歌曲，安排加布去露营，准备了堆成小山似的口香糖、糖果、磁带、唱片，以及我所有的用斜纹粗棉布做成的玩意儿。我还联系上了萨哈罗夫的继女（叶莲娜的女儿塔尼亚），好安排与他见面。一场盛大的新闻发布会将我们的旅行透露给媒体。发布会上，海滩男孩展示了一块冲浪板，卡洛斯·桑塔纳讨论着和平与爱，而我说自己对苏联没什么先定之见，也不会评价那里的人权状况。

距离演唱会正式举办前两周，苏联政府取缔了这次活动，没给出任何理由。我猜他们已经发觉（虽然有些晚），这场演唱会的规模将和伍德斯托克音乐节一样。观众们会穿着蓝色牛仔裤，听着摇滚乐跳舞，就像那些西方的堕落者。

我很愤怒，决心自己申请一个旅游签证，自费拜访萨哈罗夫。

这就是我跟他以及叶莲娜相见的经过。我与《旧金山纪事报》的约翰·瓦塞尔曼，以及格蕾丝·瓦内克一道出发。后者是一名摄影师及翻译。到地方后，我们按照预先安排好的时间，径直走进他们的公寓楼，坐上小电梯，然后向右转，敲了一个房间的门。这个门看起来好像已经被踹过、砸过几百遍了。

这位诺贝尔和平奖得主和他的妻子已经当祖父母了。在沉默中，他们令人十分动容地拿起儿女们托我们带来的信件和磁带，肩并肩，一页接一页，缓缓地热切地读着。我那时真的想离开，第二天再来拜访，好让他们能独自沉浸在刚建立的、与所想念之人的联系之中。

---

[1]　布拉特·奥库扎瓦（1924—1997），苏联诗人、音乐家，"Author's Song"流派的创始人之一。

我们留下来吃了晚餐。安德烈说了两件令我极为难忘的事。一件是我刚刚为他唱完一首歌之后，他说："你知道，克格勃正在监听。"

"哦，我觉得是的。"我回道。

"哦，好吧，"他说，"为什么不呢？他们也是人啊。"

另一件是在我要回国之前他嘱托我的，他认为我应该鼓励自己的国家发展兵工厂、核能和其他军事设施。他认为只有这样才有和苏联谈判的能力。

"您不是诺贝尔'和平奖'获得者吗？"我问道。

他大笑起来，但看起来并不那么冷酷无情。我常常认为，应该设置一个和平奖以及一个人权奖。

现在，应该再加上第三个——勇气奖。萨哈罗夫夫妇应该获得后面两个奖项。

PART
FIVE

"FREE AT LAST"

```
We shall overcome
We shall overcome
We shall overcome, some day
Oh, deep in my heart
I do believe
We shall overcome, some day
```

我们将得胜
我们将得胜
哦，在我心深处
我如此坚信
未来，我们将得胜

雷纳尔多和谁？[1]

　　鲍勃围着围巾，戴一顶灰颜色的花边宽帽，穿一件小立领的条纹衬衣，还有背心、蓝色牛仔裤和牛仔靴了。他与乐队、朋友们要做一场两小时的演出。另一些人作为特约嘉宾，会分别在不同时间上场。其中一人名叫斯嘉丽·里维拉，有厌食症，善于看手相，留着一头及腰的黑色长发，涂着褐红色的口红。她拨弄着吉卜赛式小提琴，在羽毛和亮片装饰中不停地前仰后合，时不时地瞥一眼鲍勃。有个天使一般的小伙子名叫大卫·曼斯菲尔德。他负责演奏民谣吉他、小提琴和钢琴，鬈发下是一张可爱的白色脸庞。有一次，滚雷乐队（Rolling Thunder Revue）的女士们让他穿上带有翅膀和光环的天使装，下身只穿短裤，就这样为我们演奏小提琴。有一个得了白化病的南方人，个子很高，皮肤白净，眼圈很黑。他唱了一首七分钟的歌，歌中唱的是一个日本女人，我想，是切腹自尽了。罗杰·麦吉恩上场了，他唱了一首《栗色的母马》，在即将唱到尾音时，被"漫游者"杰克·艾

---

[1] 1977年，鲍勃·迪伦与妻子萨拉正式离婚，同年，迪伦投入再一次的滚雷乐队的巡回演出中，并据此推出了一部长达四小时的影片《雷纳尔多和克拉拉》（*Renaldo and Clara*），主演为鲍勃·迪伦、萨拉以及琼·贝兹。

略特用套索套住。这个艾略特，曾在某个夜晚光着身子从一堆拖车前飞奔而过。"牛仔"金基·弗里德曼咆哮着登场。他戴着一顶十加仑大的帽子，穿着皮裤，唱了一首《来自艾尔帕索的浑蛋》。罗妮·布莱克利，长相介于葛丽泰·嘉宝和中西部妓女之间。她每晚都会坐在钢琴边，唱一首痛彻心扉的歌。这首歌的副歌绵绵不绝，她唱起来就像是狼嚎。她的嘴唇像玛丽莲·梦露那样噘着，就像在等着某人给她送来吸管和一杯奶昔。我跟她说过，如果哪天看到她把嘴巴合上，我会给她一百美金。为我们提供欢笑和疯狂的人是纽沃思。（他是我多年前伦敦之旅的大救星。早在与鲍勃认识之前，我和纽沃思就已是朋友。我们住在波士顿附近的贝尔蒙特时，他就常来看我和蜜蜜。他总让我们开心，把我们逗笑。）他会戴上一个红鼻子、秃头顶的小丑面具，顶上有一簇绿色的尼龙假发，上台和鲍勃一起演唱《文森特·凡·高去哪儿了？》。鲍勃戴着一个透明的塑料面具，这使他看上去像是自己的蜡像。每个人都穿戴完毕后，罗妮戴上一副镶着水钻的火焰状眼镜和一顶贝雷帽，脸颊上涂着红色的心形，漂亮的上嘴唇上画着一撇大黑胡子。

乐队的领队罗布·斯托纳，野心勃勃的帅小伙，长着性感的眼睛和青春痘，在鲍勃的巡演影片里出场了好几次。我听说过这个电影；它与拍摄于1964年的纪录片《不要回头看》不同，有表演和情节，还有场景和角色设置。我听到有谣言说我拒绝参与其中，其他人，如吉他演奏者、鼓手、灯光和音响人员，都在其中有演出。有一天，我戴上一顶红色假鬈发，穿上带腰带的长款 T 恤和高筒靴，在脸上随意化了点妆（包括一对漂亮的大印记），往嘴里塞了几片绿色口香糖，偷偷地溜到酒店的阳台上。那里正在拍摄一个镜头。时髦的斯托纳打扮得光彩照人，穿一件亮闪闪的黑色牛仔衬衣，梳着高卷式发型，戴着墨镜。我走上阳台，倚着栏杆，双腿钩着他，将口香糖吐出，粘在他脸上。我捧着他迷人的雀斑脸，用法式接吻吻了他。我就是用这种办法让大家知道我是有心参与电影制作的。

有一天，我与迪伦在加拿大农场周围的雪地上艰难地跋涉着。当时正在拍摄一个镜头。我花了半个小时贴好假睫毛，再戴上一顶新的长黑假鬈发。当然，我要演的是一个墨西哥妓女——滚雷乐队的女性都得演妓女。镜头开始时，鲍勃推着我穿过雪地，向一个棚屋走去。事实上，这个场景，既没有情节，也没有脚本。演员随机应变地"发展"出一个角色。我走进棚屋，悄悄地接近一个由哈里·迪恩·斯坦顿扮演的英雄。他是我们这些人中唯一真正的演员。我们把他从好莱坞召唤来，让他演一个好人。按计划，他要和我一起唱《鸽子之歌》，我们用西班牙语交流，坠入爱河，然后接吻。突然迪伦闯了进来（也有可能是杰克·艾略特，我记不大清了），我们大吃一惊。这位英雄为我壮胆，我用浓重的墨西哥口音咒骂突然闯进来的人。那天很冷，如果迪伦是认真的，那我怀疑自己其实干了一件很蠢的事。萨姆·谢泼德就在现场，这个片子本应由他来导演和编剧。但剧本从没写好，他几乎没有指导拍摄。于是鲍勃就自己站在摄影机后，对着自己痴笑，他让每一个人到处跑，把他脑袋里构思的电影演出来。这部电影就这样在各种小意外中愉快地完成了，它把鲍勃在夜里做的不管什么梦都拍出来了。有一天，在缅因州波特兰市的一家酒店里，艾伦·金斯堡给坐在舞厅里玩麻将的一屋子人念了首诗。摄像机拍下了他的朗诵，还捕捉到了深感意外的犹太群体的反应。他们不知道该拿这位留着大胡子、闻名世界的文学界人物怎么办好。此人开始时是温和的，结束时却大喊出什么长毛的阴道。他眼镜后的一双眼睛睁得越来越圆。

另一天，我们乘坐大巴前往纽约北部的一个吉卜赛人聚居地，看望阿罗·格思里。那地方有个带吧台的餐厅。正当大家围坐着喝热棕榈酒时，鲍勃突然发疯了一般试图把一个情景实现出来。一个老吉卜赛女人盯着我，跟我说让我一定要上她的房间去一下。在那间房里，她向我展示了一个污渍斑斑的绣花枕头。这枕头中有她刚刚去世的丈夫留下的灰尘。她跟我说，她从未感到过孤独。床上放着一件褪色的、镶珠的白色晚礼服。礼服长及脚踝，缎子胸衣上挂着蕾丝肩带。放在礼服边的是一个古色古香的绣花钱包，以及一串用假珍珠和假钻石穿成的项链。

"把这礼服穿上。"她兴致勃勃地说着，我照做了。礼服完美合身。她擦了擦脏脸上的泪水，像个有智慧的老者那样摇头，说尽管不知道我是谁，但她早就知道这天我会来，礼服、钱包和项链都归我了。她亲了亲我，让我下楼去，回到众人中。我备受鼓舞，就像自己有了魔法一般地飘下楼梯。所有人一下子就注意到了我，齐声喊着"噢哈"。而鲍勃决定要与我一起拍一个镜头。在拍摄开始之前，我们一起下山行至一个小湖边。正值秋天，灰色的天，很冷，秋日低垂。我赤着脚，我们站在树下，窃窃私语（我忘了当时说了什么），如同普通的两个人。有那么几分钟，我们回到了另一个时间，刚刚十九岁，也是站在树下，棕色的落叶纷纷，雪花落在我们的头发上……我知道，若是我们回头，那魔法就会消失。但我没在意。我们走回山上，去拍摄那个场景。在摄影机前，我把进入我脑海中的所有想法都说了出来。我问鲍勃，为什么他从不与我谈起萨拉，又问他，若那时我们就结婚将会怎样。他没办法在即兴的情况下回答得好，于是我就自己回答了。我说，那并不能解决问题，因为我太政治了，而他又撒了很多谎。他只是站在那里，手搭在吧台上，尴尬地笑着，他不知道还能做什么，尽管我说的那些，对他而言早已不是什么新鲜话了。

火车上，萨拉坐在鲍勃的腿上。孩子们分开来，坐在凳子上。这些孩子中有四个迪伦、一个加布，还有加布的朋友伊基。我不妒忌萨拉，尽管我认为我应该那样。事实上，我感觉我应该保护她。作为一个母亲，她太脆弱了。她的皮肤白净有光泽，眼睛大而黑，脸上的一切看上去都很脆弱：随着情绪变化若隐若现的额纹，天使般稀疏而柔软的黑发，嘟着的嘴唇和完美的鼻子，高高拱起的眉毛。萨拉在冬天是冷的，她看起来缺乏足够的能量。我们彼此笑着。有天我们开始无话不说——当然，谈话的内容是关于鲍勃。她很小心。她很忠诚。但我感觉在某种意义上，我和萨拉之间建立了一个对抗她丈夫的幸存者联盟。

面对日常生活中的实际问题，鲍勃和萨拉总没有很好的解决办法。我总是要给他们递毛巾，取水和咖啡，点烟，照看孩子，试着让他们坐在一张桌子上吃晚饭。我不知道对他们而言，我意味着什么。我想，有时候我就像男人，守护着从另一个时空过来的两个挣扎者，两个行动缓慢、外貌怪异的挣扎者。我呢，就如冬天里的狼，被神抛下与他们一起，守护着他们。

萨拉害怕站在下面是静水的桥上。我想这种恐惧，比她对被抛弃的恐惧，更有诗意。我给她写了一首歌——《夜晚的静水》。

有一天，我穿得跟鲍勃一样。一样的帽子，一样花色的围巾，一样的衬衣和背心。我也叼着根烟，画上同样的胡楂儿，穿一双相同的牛仔靴。我轻轻走进鲍勃的摄影棚，靠近一个保安坐着，我以鲍勃式的语气对他说："给杯咖啡。"不一会儿，咖啡来了。然后我又说，"给根烟。"嘿！好家伙！真快！一根点着的烟，毕恭毕敬地递到我跟前。

"你喜欢我穿成这样吗？"我用自己的语气问那保安，忍不住咧开嘴笑场。

"哦，老天！竟然是你，琼？"

"啊哈。有没有被吓到？"

这事也给鲍勃留下了深刻印象。于是，我们以此拍了个很傻气的场景。在这场戏的最后，我像鲍勃·迪伦那样唱了一首我写给萨拉的歌。而鲍勃呢，就演一个不知名的音乐人，走上前向我推荐他的歌。我演鲍勃，对这个不知名的音乐人表现得很粗鲁。萨拉正好进来。伸着头看看我们，摇了摇头，然后就笑了。她坐下来看着我们，表情怪异。我唱完了，说了段生硬的迪伦风格的结束语。然后这场戏就结束了。

"不错，"鲍勃说，"可以了！"

"我要再来一遍。"我用自己的语气说道。他看上去有些发毛了。

"嘿，够了吧。别扯淡！刚才这样就已经不错，很棒了。"

"嘿，够了吧。别扯淡！这他妈到底是谁的镜头？它拍得不好，我就要重拍一遍。"我向台上弹了弹烟灰，又猛扯了一把假鬈发，让自己看上去很狼狈。然后，我们就重新拍了一遍。让自己高兴之后，我就回到房间，披上白头巾，又假装自己就是萨拉。

"你要唱那首叫什么《知更鸟的蛋和钻石》的歌吗？"排练的第一天，鲍勃这样问我。

"哪一首？"

"你知道的，就是那首关于蓝色眼睛和钻石的……"

"哦，"我说，"你说的一定是《钻石与铁锈》，那首歌是写给我丈夫人卫的。我写这首歌的时候，他还在监狱。"

"写给你的丈夫？"鲍勃问。

"是的。你以为是写给谁的？"我反问。

"哦。嘿！我他妈的哪里知道？"

"无所谓了。如果你喜欢，我就唱这首歌。"

在蒙特利尔，我估计自己又要演一个妓女。我戴上新假发，贴上新假睫毛，穿一件搭配蕾丝吊带袜的火红色紧身背心，在房间里漫无目的地走着，抽着烟，喝着红酒，准备好了迈向银幕成为影星的另一次表演。这时鲍勃把我叫去对我说，他改变主意了：我来演萨拉，萨拉演妓女。而我的建议是，我来演鲍勃，他来演萨拉。但他不认为这很有趣。他处在创造性的迷狂状态中，展望着一个有我们仨的场景。服装师给我递来萨拉的衣服，白头巾、冬衣加手套。当时我正坐在大厅的一张沙发上练习如何扮演萨拉，一个小声音问了我一个问题。那不是加布的声音，而是鲍勃和萨拉的某一个孩子的。他向我诉说他的小心思。我转过身，咕哝着让他去别处，因为我要集中精力。他照做了。没察觉到我不是他妈妈。我入戏了，按照情境所要求的照做不误，这让我对自己感到满意。萨拉戴着一顶有亮泽的波浪式假发，与鲍勃在床上拥吻。这时，需要我恰好闯进来撞见他们。令我感到失望的是，他们不停地喊停，让我改这改那的。很显然，这是因为我给他们的感觉是个怪兮兮的萨拉形象，而且我也无法迅速转变角色，这场戏结束得比平常更为不顺。

1975 年 12 月 9 日，滚雷乐队的第一次巡演在麦迪逊广场花园结束。在鲍勃授意下，服装师给我穿戴整齐，包括新帽子、胸花，还有鲍勃的衣服、白脸妆，还画上了胡楂儿。于是，演出的下半场就有两个鲍勃在台上。相同的吉他、外形、声音，以及相同的手势。唯一能看出来的差别，就是站在第十排之后，侧面能看到我们的蓝色牛仔裤。我的牛仔裤是反着穿的。

那场演出，我上场二十分钟。其间，我为玛莎与凡德拉斯姐妹合唱团（Martha and the Vandellas）的《街上起舞》伴舞，当然还有《钻石与铁锈》。

滚雷乐队的第二次巡演开始得并不好。我很浮躁，脑子里想的全是在演出中，我的地位和报酬应该与我的付出相称。鲍勃执意让我留刚出道时的发型。他曾跟我说，如果我开始留长发，我的专辑就可以再次卖出去。但是我在滚雷乐队期间就把头发剪了。有一次，我走进位于佛罗里达的杰克逊维尔的排练室，鲍勃问我："你他妈的对自己的头发做了什么？"

"你他妈对自己的脸做了什么？"我反问，一下子就恼了。他不愿与我排练，过一会儿再排也不行。当时我还感冒了，回到床上自己可怜自己，还写了一首愚蠢的关于鲍勃的歌。歌词里的某处是这样写的："我们没有太多共同之处，除了我们太像。"这是整首词里最奇怪的一句。过去和现在，我们几乎没有任何共同点，除了他是我隐秘的哥哥；我们曾是街上的双胞胎，共同被时代与环境裹挟着。

与十年前在英格兰的那次一样，我躺在床上，又哭又气。鲍勃有个善良而忠实的歌迷叫路易斯，是个犹太人，渔业大亨，爱收集古董车。路易斯来看望我，问他和奎尼能为我做些什么，他的性格有些轻微反常，但在我有急难时，总是对我很好，也替我想得很周全。那个时候正是急难之时，因为过两天第一场演唱会就要开场了，鲍勃和我却没排练过，而我又威胁着要回家。

我是那种只要好言相劝，就很容易恢复理智回到巡演中去的人。鲍勃来看我，对我还算不错。他离开后，纽沃思跳着进到屋里，用意大利口音大声嚷着："她要走啦！女王要走啦！"他打开窗户，冲着窗外大喊，喊声回荡在整个酒店大堂和曲折的游廊中。突然，我感觉好多了，但为自己脸色发红和忍不住发笑感到尴尬。

我像只春天的土拨鼠那样探出脑袋。鲍勃的团队里，有个棕红色头发的女孩，穿一件救世军的衣服，正走在系在两株长满苔藓的树间的绳子上，小心翼翼地练习着她的秘教冥想。她是个很讲究实际的人，巡演的大部分时间里都和我们在一块儿。到处都是音乐人。鲍勃没再戴他那可爱的牛仔帽，而是戴了头巾。每个人都走来走去，戴着头巾，再绑上几根破布条。直到巡演结束，我都没有跟这个潮流，只系了一条在西班牙买的八英尺长的丝巾。我把它裹在头上当头巾，再在额头的位置别上一枚俗气的胸针。王公贵族们也是在那个位置镶枚王室珠宝的。我认为这次的滚雷巡演没什么吸引人的地方，也不好玩。我开始意识到，无论在音乐、精神、政治还是其他方面，我都把自己严重地束缚住了。

萨拉在巡演的后期出现，像个疯女人那样从飞机上飘下来，拎着一篮子皱巴巴的衣服。她一头乱糟糟的头发，眼圈发黑。但不到两天，她就恢复了她所谓的"能量"。鲍勃并不搭理她，他认识了当地一个鬈发的莫普西（Mopsy）[1]，他在酒店大堂对面的一个舞厅里排练时，她就倚在钢琴边。萨拉穿着鹿皮衣，戴着祖母绿项链，涂着带有浓重香甜气味的油彩，轻盈地出现在门外。她不太热情地向我打招呼，漫无目的地跟我说着什么，一边盯着舞厅关着的门。我想她肯定对那个屋子施展了某种魔力，不管鲍勃计划点什么，都会被这魔力很快搞砸。舞厅的门开了，莫普西被赶了出来。

"她是谁？"萨拉说道，那双又大又慵懒的眼睛，带着满是怀疑的目光盯着那女孩的侧身。

"就是个迷妹。不会有人喜欢她的。"我答道。这是事实。我们喜欢那个走钢丝的女孩，她在萨拉出现后就悄悄地消失了。而莫普西是个无礼的闯入者，我这才意识到自己有多么挺萨拉。

我印象中的下一件事发生在午夜场演出的后台。穿过一扇神秘的、大开的更衣室大门，再从霓虹灯那儿折回，我见到了萨拉。她穿一件

---

[1] 女漫画家格拉迪斯·帕克的作品，从 1939 年起连载至 1965 年。主角莫普西是帕克以自己为原型塑造的，其名字来源于一位漫画家说她的头发看起来像拖把（mop）。

油亮的鹿皮大衣，静坐在一张直背靠椅上。她的丈夫单膝跪在她跟前，没戴帽子，明显有些心烦意乱。这场景就像是无声电影。鲍勃的脸是白色的，脸上画着查理·卓别林式的眼线。萨拉的唇色是冰冷的炭色，还有一点胭脂色。那一夜，我唱了《低地的愁容女士》，献给萨拉。

鲍勃生日那天下着雨，有近万名歌迷在露天体育场中为他合唱生日歌。他把脸搁在扩声器上，直到歌曲结束后，再投入到《暴雨将至》中。那晚，我们为他举办了一场时断时续的生日聚会。在聚会的最后时刻送来了蛋糕，还算是完满。他喝醉了，看上去很累，我决定送他回房间。他对我甚至有些轻佻。我叮嘱他就在原地待着别动。我冲出去找萨拉，把她带回来送给鲍勃。他俩都笑了，笑得跟绵羊一般，看上去很温顺，也很满足。我说了句"生日快乐"，就回了自己屋。我对自己的所作所为感到很骄傲。

在西北部的某处，巡回演出很不光彩地结束了。天气开始转冷。我不喜欢自己的房间。有些想家，觉得在这疯人屋里浪费了太多生命。到最后，我不再怎么能见到鲍勃了。有一次和其他成员一块儿吃晚饭时，他也进来了，我甚至有些惊讶。他试图说服我延长巡演，说我们应当沿着西海岸南下，继续签订演唱会合约。巡演结束后，我们就可以想去哪儿活动就去哪儿。他说我们是有史以来最伟大的巡演歌手。我说我想回家。

"为什么？家里有什么是滚雷没有的？"

"我的孩子和我的花园。还有我要做的一些事。"

"是吗？比如说？"

"比如，我不想再疯下去了。"

"你不会跟我说，你在家里就不会那么疯了吧？别这样！"他从酒店浴室的玻璃杯里拿出个东西，塞进嘴里，走起路来也不稳了。

"我们可以雇用一堆女用人、老师、助教和其他必需的，这样我们就能一直在路上了。对孩子们来说，这主意也很棒。他们就像是一件小小的行李。这对加布也好。他也离不开你，琼。"听上去很有意思……接着，他发表了一通令人吃惊的长篇演说，说我有多棒、有多特别。事实上，只有我是独一无二的，其他人完全不值一提。他们啥都不是。

"只有你。"他说，坚定地点着头。

"谢谢，鲍勃。你喝多了。"他在那种状态中持续了一段时间。他兴奋得单膝跪地，笨拙地摸出一把折刀，说我们应当成为血亲兄妹。他弄出刀片，在手腕上随意地割着。我让他稍等，从服务员那儿要来一把干净的牛排刀。我把刀浸泡在苏格兰威士忌中，取出后在我们的皮肤上划了几道。伤口渗出一点血，我们把手腕对在一起。他开心地、醉醺醺地点点头，对我说，从现在开始就是一辈子的事了。

"什么一辈子，鲍勃？"我问道。

"我和你。"他十分严肃地说道。

无论如何，至少在音乐上，滚雷乐队的巡回演出是成功的。正因如此，我才觉得多年以后的"欧洲1984"巡回演出也是可以实现的。我与鲍勃常常一起聊起在欧洲巡回演出的那些年。我发现如果时机恰切，他应该会再去欧洲巡演，还能因此赚上一笔。在我们的欧洲推广人的鼓动下，我建议他一起搞一次短期的欧洲巡回，他却说不，绝不可能。他要和桑塔纳一块去拉美，因为那更容易些，反正拉美人民对他一无所知。我猜他的意思其实是，在对他一无所知的地方，他做音乐时所面临的压力会更小，也能更自由地做自己喜欢做的事。

我爱我的推广人弗里茨·劳和他的助手约瑟·克莱因，我们共事过多年。我们有一个做了十五年的梦，梦想着能在欧洲实现伟大的"迪伦/贝兹"的重组。所以那次我和鲍勃聊完拉丁美洲的一个月之后，他们把我叫去，"他会去的！他肯定想去！"我估计他们已经开了一个足够好的条件，让这个重组计划足够吸引鲍勃。但我又不够确信，因为鲍勃已经在筹划"迪伦/桑塔纳"巡演了。

从海报与广告的尺寸和名字排序，到曲目顺序和时长，我都提出了具体意见。最主要的是，我坚持要和鲍勃在演出中具有同等地位，而且要在演唱会安排同时登场的机会，暖场演出则由桑塔纳来负责。

承诺得太多。

落实的却什么也没有。

每个承诺只得到含糊的许可、应承，或仅仅是奢望。

巡演的前几周，我曾试图与鲍勃沟通，但他总是没空。于是，我就抓住约瑟。

"我要得到一些保证，让鲍勃有和我同台的意愿。"

"比尔·格雷厄姆那天和他说过这事了。"

"那演出中的曲目顺序是怎样的？"

"每件事都是为法兰克福的演出服务的，我想其他人也是这样。"如果我有一个属于我的私人经纪人，我想那时他会让我退出巡演。但从 1978 年与曼尼分开直到那时，我就没有过经纪人。

在弗里茨和约瑟的请求下，为了做伟大的"迪伦/贝兹"重组事件的推广，我开了一场媒体招待会，上了一次电视台摇滚秀场，还做了一些专访。与弗里茨和约瑟一样，我一直盲目地埋头于重组的事，而且越来越兴奋。直到第一场演出的前两天，我都没有机会和鲍勃具体谈过。试图在电话里与我的结拜兄弟聊这事的情形就像这样：

"你好，我是琼。请让鲍勃接电话。"

"哦。嗨，琼！哎呀，我不知道，他刚刚还在这儿。我会让他稍晚给你回电话。"

"可是，呃。我刚刚还在哪儿看到他的。呃……"

那边打回来。

"嗨，琼。我是斯坦利。我能为你做什么？"

"也没什么事，斯坦利，因为我不认识你。除非你能把鲍勃变出来……"听筒里全是电流音和杂音。最后，鲍勃还是接我的电话了，他意识到他没办法摆脱我。

他听上去很糟。但我在一旁逗他开心，告诉他，我听人说，他将在威尼斯举办一场很棒的开幕演唱会。他只是咕哝几下。我又建议，我们可以为演出先排练几首。他的反应很不好，于是我意识到他对"排练"这个词很敏感。最终，他说我们可以先"熟悉一些东西"。

我飞去汉堡见他，去"熟悉一些东西"，到头来却发现他和我不住在同一家酒店，而且直到最后几天他都不会出现在城里。事实上，他只需坐他的私人飞机，在他的个人节目开始前准时抵达就够了。

因此，弗里茨和约瑟就要开始在比尔·格雷厄姆的团队和他们的"schmetterling"（弗里茨给我起的深情的昵称，意思是"蝴蝶"）之间斡旋。就这样，我经历了人生中最令人沮丧的一系列事件。它堪比在应对 1972 年"艾格尼丝"飓风时，乱得团团转的国会。

在某种程度上，第一场演唱会很勉强地兑现了对我的承诺。卡洛斯·桑塔纳——愿上帝赐福他的心——开场，他在演唱中打开心扉，放飞自我。我的表演也非常成功。我被安排在鲍勃的演出间隙登场。在保安们的保护下，他曾是不可接近的。而现在他独自一人站着，挖着鼻孔。

"你好，罗伯特。"我开口道。

"我们要一块儿唱吗？"他说。

"是的，我想我们一块儿唱是没问题的。我认为他们也有点期待这样。"

"×。我这背简直是要搞死我。"他不抠鼻子了，摸了摸自己的脊椎。他跛着脚，做出个怪相。我想是我让鲍勃的后背那么疼的。但是，我还在想着重组的事。我告诉他，我将登场与他同台演唱，而桑塔纳会在《在风中飘荡》时上来。这个安排也是比尔·格雷厄姆极力建议的。

"当然，如果你觉得喜欢。"可怜的鲍勃说道。

最终，效果充其量只能算是过得去。我的巡演经理大红（Big Red）发起了一场把我和鲍勃分开的战役。很快，我就输了，甚至不能在桑塔纳之后出场。因为桑塔纳也是比尔·格雷厄姆的艺人，所以我只能在暖场的时候登台。那时，我的财务还没有自由到可以让我罢演八场报酬很高的演唱会，但演出中的地位越来越被贬低，让我很受打击。

在柏林的一个夜晚，弗里茨和约瑟找到我，想让我在开场前的十五分钟上场，说是因为宵禁。柏林当地的宵禁行动时断时续。距开场还有半个小时，一万七千名被淋湿了的德国人站在雨中。因为他们很不爽，所以责备我。我在开场后的第十分钟上场，观众已湿透，惨兮兮的，醉醺醺的，脏兮兮的。后来入夜了，雨也就停了，我去看鲍勃的演出。夜空中星星闪烁。明亮五彩的灯光在台上舞动。我不再去骚扰他，要求共同表演已经有很长一段时间了。当然，宵禁也没有影响到他：像往常一样，他连续唱了两个小时。那晚我躺在床上，从头皮到脚指头都疼。喉咙最疼，眼睛下方也疼，胃也疼。凌晨三点，我起来了。出去，在柏林的街头晃荡，直到凌晨六点。

我住的套房里有扇落地窗。向外看去，能见到一棵巨大的枫树。我把沙发靠枕撂在一块儿，躺在上面就可以直接看到那些叶子。微风中，它们就像是一本被遗弃的书的书页在轻轻翻动。叶子的两侧边缘在色泽上微微不同。我窝进美妙的树杈里，有如躺在温柔的怀抱中。就这样过了三四个小时，我就这样闭着眼睛躺着，让自己慢慢变好。

中午我起床，决心集中精力在法国演唱会中拯救自己。我给约瑟打电话，让他答应我，在我们三场法国演唱会的海报和宣发上亲自下功夫。我要求在演出名单上把我放在合适的位置，否则我就不上场。他答应了，或许也努力过，但还是失败了。在维也纳的一个桑拿浴场，越过一些典型的奥地利人瘦削的白色膝盖，我看见巴黎《解放报》上有则广告。"琼·贝兹"的字样印得很小，小得几乎看不见。我再次被定义为特邀嘉宾。

我打电话告诉比尔我不会去巴黎。他认为我想要更多的钱，我没有。是因为我想再次和鲍勃合唱吗？我说，不，太晚了；我也不会再和鲍勃合唱了。正当比尔提高音量时，我挂了电话。我感觉自己就像是刚刚泡了一次桑拿浴、蒸汽浴，做了一次美容、美甲，然后又参加了一趟贵格会的集会。第一次，我有将近四个星期的时间处于休闲状态。一窝蜂的电话打来，还有电报，甚至威胁。我给法国媒体发去了一份外交辞令式的电报。我为自己很不幸地取消了巴黎的演出向他们致歉。但是我的巴黎推广人召开了自己的新闻发布会，说贝兹女士肯定会出场，此前的一切都是谣传。

只有这一次，我们自己的粗心大意恰恰为我争得了利益，这让我很高兴。我们没有和比尔·格雷厄姆签带约束性的合约。当他们明白我并非肆意威胁他们时，巴黎的推广人就发通报说，如果贝兹女士没出场，那只是因为她的鲁莽，并以奚落巴黎人为乐，但她再也不会在巴黎表演了。

他赢了公关战；我失去了睡眠，但我的头脑一直保持清醒。我跑去意大利。比尔从西班牙飞来，试图劝说我改变主意。他向我献殷勤。如果我不离开巡演，我想不会有人会在意我是如何被对待的。比尔用尽了各种办法。在恳求和诱惑之间，试图用后续可能发生的，而且是合法的可能性把我套住："我希望你明白你还是'能'上台表演的"，再就是"当然从没有保证说你将会与鲍勃合唱，只是说有希望"。当他彻底放弃劝服我的努力时，我给他点了一大杯有四种口味的冰激凌，因为对于他这个不习惯于失败的人，他需要得到某种补偿。最终我赔付了一定的罚金，我也本打算这么做，但与要忍受一个月的自尊心和精神伤害相比，那点罚金又能算什么？

我最后一次见到迪伦，是在哥本哈根的舞台后台。那一夜，我的表演很出色。在赶去意大利的飞机之前，在我即将开始非常成功的单人意大利巡演之前，比尔找到我。他说，他已经听说我要离开了。

鲍勃的重装卫兵出现了。

"如果你真的要离开，鲍勃有话要和你说。"

我笑了。"如果我只是假装要离开，他就没话说了吗？"

当"鲍勃有话要和你说"时，它的意思是你要去找他。他从来不会主动找你。

"我就在这儿呀。"我很开心地说道。

"他在自己的屋里，过了楼梯再过去——"

"如果我恰好在离开的路上路过他房间，你们就把我抓住。我大概在十分钟之内离开，但是我会走得匆忙。"

卫兵在我和那个圣所之间待命。我路过那里时，他们上前把我围住了。

"他在这儿。"他们指着那里，带着几分敬意。我被引进他的门，像是进入了一座教堂。

鲍勃正躺在沙发上。他的头对着门。看上去像是穿着一件正装。他闭着眼，腿跷在沙发扶手上。我进来时他刚跳上沙发，所以我知道他醒着。

"别起来。"我开玩笑道。除了在我进来时抬了下头看我，他一动不动。

"哦，是的，咳，真是，我累了，真的累了。"

"是，好吧，你看上去没有发烧。你有没有好好照顾自己？"

我靠上前，亲了亲他流着汗的前额。涂白了的脸上全是汗水。他看上去一团糟，用英国人的说法，就像被人在篱笆中倒拖着走。

他睡眼蒙眬地环视了一圈屋子。

"我想我梦到在电视上看到你了。至少，我想那是一个梦。但是很难说清楚是不是梦会有什么差别。当时你围着的正是这条绿围巾。对，那一定是围巾！"

"那不是梦，鲍勃。那是在维也纳的电视节目里。"

"妈的，你一定在开玩笑。我肯定比我想象中的还要累。"鲍勃把手伸进我的裙子，在膝盖后窝附近停留了一会儿，就向上去摸人腿。

"哇，你的腿真棒，你从哪儿练出这样的肌肉来的？"

"排练啊，"我说，"我常常站着排练。"我把他的手拿出来，放到他的胸前。

"那么，"他直直地伸开像猫一样颤抖着的双臂，说道，"你就这样走了？"

"是的，我要走了。"

"怎么会这样？"

"我必须赶上飞机。是那种你必须赶点的飞机，而不是会来接你的飞机。"

"你不想再待会儿？或许我们可以一块儿干点什么？"

"你的意思是唱吗？"

"是，一块儿唱。"

"不，我不这么认为，鲍勃。不是那样的。我是很想这样做，你知道。但是现在不行。将来有机会吧。我得走了。"

"真糟糕。你过得愉快吗？"

"是的，鲍勃。在这世界上，这是我最喜欢的巡演。"我再次亲了亲他，然后就走了。

再见，鲍勃。在农场援助音乐会（Farm Aid）上，你看上去很开心。我想可能我不应该写下这些关于你的文字。但是你看，这些写下来的，不都只是和我自己相关吗？这些东西不会影响到你。埃尔维斯[1]之死影响到了你，但那也与我无关。

---

[1]　即"猫王"埃尔维斯·普雷斯利。

写给陌生人的情歌

　　我在去往柏林的路上。同行的有珍妮，我的朋友和从前帮我打理业务的南希，南希的朋友弗里茨和约瑟。珍妮迷恋着约瑟。南希有她的朋友。弗里茨喝烈酒，睡漂亮女人。我呢，孤身一人。

　　在法兰克福机场，我跟大家说：除了我，每个人都有人可睡。南希是一个为了给我买新鲜奶油而愿意横穿英吉利海峡的人，如果她认为这能使我开心。她皱着脸，绕着候机室走来走去，陷入沉思。突然，她停住不动，捂着嘴，把注意力集中在候机室对面的什么东西上。

　　"你看到那个了吗？"她说道，戳了戳我的肋骨，紧盯着那儿。

　　"什么？看到什么？"

　　"那里！"她兴奋极了，指着那边说道，"那儿！"

　　一个年轻的男人——一个小伙子，我猜——安静地坐在那里，脚边放着一个劣质的行李箱，古铜色脸蛋很漂亮，一头齐肩长的棕发，夹杂着几丝夏日里的金黄色。他的个子不高，身穿一件亮色皮夹克。柏林的寒冬里，那件皮夹克不足以御寒。他确实漂亮极了。

　　"要我把他带给你吗？"南希太大声了。

　　"南希，嘘！"

"好吧，你要吗？？他太漂亮了！"说完她就出发了。我的脸发烫，窘迫得不行，把目光转到一边。南希拽着那甜美的、古铜色皮肤的人儿的胳膊回来了。他有着大大的棕色眼睛，一张噘着的天使般的嘴唇，像是风中飘动的叶子一样顺从。他很单纯，我想，无论如何都不会伤害别人。我有些尴尬，但他的魅力让我难以抵挡。

"这是安迪！"南希很自豪地介绍道，"他喜欢民谣。"

安迪腼腆地笑了。他的牙齿不好。但我不在意。南希让他在我身旁坐着。

"琼？琼·贝兹？"

"是的，琼·贝兹。"我说。

约瑟和弗里茨走上前，跟他说德语。他们说着说着表情就变得柔和起来。我问南希，她到底跟这个年轻人说了什么，我听不懂他说的德语。南希为自己的突然行动而兴奋，她一边说着刚才的情况，一边大笑起来。没人能像南希那样笑得如此歇斯底里，音量大到出奇，还具有感染性。整个候车室的乘客都转身望着她。

"刚刚我向他走去，跟他说：'介意我坐这儿吗？'"她咯咯直笑，"他说他不会说英语。然后我说：'那正好！你知道琼·贝兹吗？'他没有马上回答，于是我就这样用手比画着弹吉他的姿势。他最终还是弄懂了我的意思，就笑着说：'耶，耶，琼·贝兹！'然后我就拽着他的胳膊，把他拉了过来。他可不可爱？我觉得他真是帅极了！"

安迪和我们坐同一个航班去柏林。飞机上，珍妮与他换了个位置，让他跟我一起坐在头等舱。我们就像结伴离家出走的两个少年。

"晒的？"我鼓起勇气，指着他古铜色的手臂和胳膊。

"哦，是的。我在玩潜水。斯里兰卡。我爱太阳。我讨厌德国。太冷了。"

"你愿意参加我在柏林的演唱会吗？"

"愿意。约瑟跟我说了。我来。"

我把手伸进他的胳膊里，握住他迷人的手，脑袋搁在他的肩膀上睡着了。他的头也靠在我的头上。飞机着陆时，我取出一枚我戴了很久的金质大戒指戴在他的手指上。

"你姓什么，安迪？"

"什么？"

就这样，我们就称他为"安迪·沃特"（Andy What）[1]。

接下来的整个巡演期间，安迪·沃特都与我们在一块儿。西班牙巡演也是。他总是一个人，散着步，抽着烟，听着磁带，享受着演唱会，爱着他的"家庭"。他把我们称为他的家人。他做着关于斯里兰卡和太阳的梦，和我做爱。真是完美。

---

[1] 不知道姓，取这个名字的意思是在调侃，像是"安迪·那谁"。

我们绝不动摇

我一直拒绝在佛朗哥统治下的西班牙唱歌。1977 年，他死后的第二年，我在那里开了首场演唱会。在内战和佛朗哥政权的这四十年里，西班牙人经历了挣扎与苦难，最终赢回了权力。太多的狂喜和困惑弥漫在西班牙自由派、社会主义者和共产主义者之间。

1974 年，在上校团政权[1] 倒台之后，我曾在希腊待过几个星期。疯狂的庆祝持续了两天后，民众们提心吊胆地回到了各自的住处。人民无法适应自由；他们害怕突然到来的自由会突然消失，就如春日初生的蝴蝶那样短暂，很快他们将被重新扫进政治大网中，然后他们的恐惧一切如旧。西班牙的情况与希腊类似；许多人迷失了方向，惴惴不安。生存在佛朗哥政权之下需要勇气和冒险，现在他们同样需要勇气确信佛朗哥真的已经死了。

过去，保守的西班牙人常常买我的唱片，尤其是那张《因为生命》。但是在这张专辑里，有两首歌因为涉及解放斗争，从原版专辑中被删除了。

---

[1] 希腊军政府时期，始于 1967 年 4 月 21 日清晨希腊军方发动政变，终于 1974 年 7 月。前后共七年。

在马德里，我们住在丽兹酒店。在那里，安迪和我有一个套间。浴池里有个浴缸。一住进酒店，我们就泡进浴缸里。房间里预备着香槟，我们一找到就拿出来喝了。香槟边上放着玫瑰，是推广人、酒店和共产党送来的。

圣诞节期间，我送了一本画册给弗里茨。画册的内容是关于我们的巡演，其中有我用速写笔画的线条优美的卡通。其中一幅画的是马德里媒体招待会。

"贝兹女士，你为什么现在来西班牙？"

"贝兹女士，为什么之前你没来西班牙？"

"你喜欢马德里吗？"

"鲍勃先生与你同来吗？如果来，为什么？如果不来，又为什么？"

"听说你不再关心政治了，只在乎赚钱。"

"为什么你在这里的演唱会要收门票？你不认为应该免费吗？"

"你结婚了吗？"

"为什么你的合同里说，你的座驾必须是劳斯莱斯？"

"贝兹女士，你为什么要参加明天的商业电视演出？你知道那是西班牙最具商业性的节目吗？"

在我的一生里，我从未听过这么多关于我的谣言，其中最具想象力的恐怕是劳斯莱斯了。于是我试着幽默一下，我跟他们说，我的西班牙推广人没办法为我搞来两辆劳斯莱斯，所以我就只要求了一辆。我看到记者们在他们的速记本上写下我的话，只好迅速澄清刚刚只是开了个玩笑，我并没有要求、也不坐劳斯莱斯。但直到今日，西班牙依然有许多关于我的白色劳斯莱斯的说法。

次日我要上一个电视节目，是件很费工夫的事。我想那个节目的类型应该是类似于约翰尼·卡森脱口秀和维加斯夜总会的混合体。事实也确实如此。弗里茨冒着风险让我参加这个节目，因为他听说"整个西班牙"都会在每天下午五点停下手头的事务，准时观看这档节目。舞台上闪着迪斯科灯，播放已录制好的音乐，一个歌手先上台对口型假唱。接着，一支在欧洲很有知名度的摇滚乐队邦尼·M上场。最后，黑色幕布在所有舞台灯光之前降下，节目氛围也转入昏暗色的严肃气氛。这时我登场。唱了三首歌，整个节目就结束了。

为了这三首歌，我下足了功夫，使它们既合乎时宜又有力度。其中的两首，我用西班牙语唱。我还能记起用西班牙语写的介绍词。

演播室的布局真是让人伤脑筋，简直是个地下迷宫，安迪和我一块儿待的那个化妆间很小，令人感到幽闭恐惧。我一边踱着步子，一边练习自己的西班牙语，预估夜里将会发生的事情以及临场应对策略。节目将会以现场直播的方式播出去。突然，我听到弗里茨在尖叫。这事原本并不稀奇，但今晚，他几乎在暴怒式地尖叫。

"她是大明星！谁是他妈的邦尼·M？没人可以在首席明星之后登场！"他的话很快地被翻译了。慌乱的脚步声，恳求的声音，然后是更多的咆哮声。

"她只能在黑色幕布的环节中演唱，应该是她而不是别人来结束整个节目。这是合同里明明白白写着的，否则她可以不上场，明白吗？"

弗里茨出现在门口。"没什么好担心的，只是要让这些狗娘养的搞清楚，我会用双手杀了他们……哦，是，当然，非暴力手段。"

最终，黑色幕布属于我们，由我来压轴演唱。演播厅很小，前排的观众是经过精心挑选的，他们来自西班牙中上层阶级。我想，也有几个富人家的小孩。

令我记忆深刻的是一串宝石项链。它戴在位置离舞台最近的女人身上。她用漂亮修长的手指抚弄着它。尽管她对我的政治立场和形象颇有质疑，但还是看重自己选中的位置。在随后的夜间鸡尾酒会上，她将会有许多话题可以跟她的朋友们说。她的脸色黝黑，保养得很好，而且她健康的身材也着装体面。她不是那种很好对付的观众。我不得不提醒自己，我的主场不在这个演播室，不在这些精心挑选的小团体，而是通过直播和演播室，直抵成百上千万的人民。我理解媒体发布会上那些左派记者的怨言，并照计划行事。

接下来所发生的超出了任何人的预料，它是那些人将会永远铭记的罕有之事中的一件。

在台上，我说了一个在反法西斯斗争中最为知名的女英雄："我希望为那位在抵抗运动中以她的勇敢而闻名的女人唱首歌。我也是一位为正义而抗争的战士，但我的斗争不用武器，而是非暴力。我想把这首歌献给'热情之花'[1]，以表达我对她的深深敬意。"

"热情之花"一词就像一把令人惊心的枪。戴珠宝的女士不再用手抚弄项链。几对出身良好的夫妇面面相觑，我搞不清他们说了什么。我用《我们绝不动摇》向"热情之花"致敬。这首歌曾是抵抗运动

---

[1]　即多洛雷斯·伊巴露丽（1895—1989），西班牙工人阶级领袖，常以"热情之花"（La Pasionaria）为笔名发表文章。

的圣歌之一。在英语中以 *We Shall Not Be Moved* 为人所知与传唱。这首歌在我的西班牙语专辑里被禁了，而且被禁止在西班牙公开演唱达四十年之久。我用西班牙语唱道，"在斗争中团结起来，在生命中团结起来""在死亡中团结起来"。开头的部分我唱得舒缓，有节奏，表达得直白、感性和简洁。我们绝不动摇。就像一棵树，依水而立，我们绝不动摇。

唱的时候，这首简单的歌对许多人产生的冲击力我还一无所知。我仅知道那位珠光宝气的女人和她古铜色皮肤的男人的反应很复杂；他们低眉窃笑，我看到了。但是到了歌曲结尾，他们也与摄像师一样热泪盈眶，站起来加入大合唱中。在热烈的掌声中，我结束了为西班牙商业电视台的献唱演出。

突然，出现了很多人，挤满了后台的楼梯。他们不知从哪儿蜂拥而来，他们哭泣着，想要拥抱我。弗里茨大声咆哮着推开众人。弗里茨、约瑟、珍妮，还有南希，都英勇地堵在走廊上。我关上化妆间的门，向安迪耸耸肩。接下来发生的事情，我已记不大清，直到最近珍妮跟我谈起这事。她说当时她很害怕狭小走廊里的人群会失控。在人群后方，只有一个出口，而他们已挤满了整个走廊。我也不记得我是如何艰难地挤进车里的。人们相互推搡，扯着我的头发，试图摸到我的脸、肩膀和手。不知怎的，弗里茨在我身边，冷静地指引我向车里走去，不时地发出几个带德语口音的西班牙词，分开蜂拥的人群。

当我们在车里坐定，一辆梅赛德斯车停下来，里面的男子向我打招呼。我摇下车窗。我不喜欢他的脸，但还是笑着并向他招手。

"你不应当牵扯进西班牙政治。"他说道。

我用手贴着耳朵向他表示自己没听清。他重复了一遍他那不祥的警告，僵硬地笑着，然后在下一个绿灯口处疾驰而去。

"那算是一个威胁吗？"我问道，感到震惊。

"操他妈的法西斯，"弗里茨说道，"别忘了，佛朗哥死了还不到一年。[1]"

电视节目播出后所产生的势不可当的效应，让这件小事黯然失色。梅赛德斯司机也因此回归到本属于他的恰当位置。我被告知，当人们听到《我们绝不动摇》和"热情之花"时，魔咒就被冲破了，或者说，冲破了依旧笼罩在已被埋葬的大元帅佛朗哥周围的防护性沉默。到处都是疯狂的庆祝、拥抱、亲吻、哭泣，以及在西班牙的客厅和酒吧里的举杯相庆。一种新的力量依然注入穷人大军的幽灵般的记忆中，从中又萌发出新的力量。母亲们的记忆中，重新浮现出那些成排的小棺材中躺着的孩子的面孔，泪流满面的她们再次处于惊恐中。父亲们亲吻着她们的额头。我为西班牙带来了和解与欢庆的礼物。西班牙左翼也原谅我上商业性的电视节目。

节目的制作人被辞退了。他早已知晓我所选择的曲目，依然坚持不干涉，因此失去了工作。

我们离开那座没完没了的喧闹着的城市，上山呼吸新鲜空气，参观教堂。长明的蜡烛，跪拜着的信徒，流血的心，彩绘玻璃窗，圣婴像，荆棘冠，沉静的管风琴，明亮的铁器，一个世纪的石头里散发着的霉味，以及乞援者的喃喃低语。我沉浸在弥漫着这一切的礼拜堂里。

---

[1] 此处应为作者记述错误，佛朗哥死于 1975 年，当时已是两年之后了。

哦，下午五点钟的时光真令人敬畏。我跪着，为格尔尼卡[1]的孩子们的灵魂，为他们的母亲和父亲祈祷。感谢生命。感谢生命赐予我的一切；欢笑与泪水，在走了太多的路之后，我的腿累了……我为那个留着大背头发型的法西斯分子祈祷，因为他告诉我要远离西班牙政治，感谢我在斗争中使用的武器——我的歌声和我对歌唱的渴望。

我们不知道我们的司机是在车外给我们的对话录了音，还是做了大量的笔记。还有一位受雇于一家报社的摄影师，假装自己是狂热的歌迷，偷拍了我们不少劲爆的照片。那个丽兹酒店的客房服务员一定是拿了什么好处，也在监控我们。几天后，我们才在报纸的八卦专栏里读到了关于我们的各种说法。上面写着，我们中间的谁跟谁睡在一起（他们让约瑟和我一起，安迪和珍妮一起，不过没人在意），写我们吃了什么喝了什么，也写我们穿什么聊了些什么。所有本不值一提之事，都被添油加醋地写在报道中。

报道发出来时，我们已经在巴塞罗那，也有了新的麻烦要处理。

我真是个可怜的白痴，竟不知道巴塞罗那属于加泰罗尼亚，那里的大多数人显然不说西班牙语（或者不愿意说），而是说加泰罗尼亚语。一般认为这种语言与法国南部省份的方言相似，但我完全分不清。我为演唱会准备了西语歌以及西语开场白。当我迈步走向舞台时，他们报以疯狂的欢呼；可当我投入事先已排练好的唱段和表白时，所获得的欢呼就不算太热情了。我用西班牙语唱，只收获了冷淡的回应。这种感觉真糟糕。当一个人试图用尽各种专业技巧去讨好观众时，首

---

[1] 格尔尼卡，西班牙北部重镇。"二战"期间，纳粹德国空军轰炸此镇，无辜者死伤甚众。另有毕加索的同名名画。

先就得让自己显得真诚，但越是这样越感觉自己深陷于泥潭般的窘境中。

那晚为我救场的是一位创作型歌手胡安·曼努埃尔·塞拉特，他是加泰罗尼亚人。我知道他的歌。他有一张漂亮的脸蛋，一副好嗓子，还有一颗善解人意的心。在第二场演唱会开始之前，曼努埃尔跌跌撞撞地来到我的化妆间。身后跟着他的随从，手里捧着好大一束花。他在我的椅子旁蹲下，向我解释说，我必须用加泰罗尼亚语唱上一两句，只有这样，演唱会之夜才能魔术般地融为一个整体。我跟他说我会唱一首他的《夜莺》，他说那再完美不过。他教我用加泰罗尼亚语说"我们绝不动摇"，我用音译把这写下来。我也用同样的方式在纸条上写下"晚上好""谢谢""没关系"，等等。曼努埃尔还有一个真正绝妙的主意。他跟我说，当年佛朗哥担任加泰罗尼亚政府主席时，约瑟普·塔拉德拉斯[1]被放逐到法国。直到佛朗哥死后，约瑟普才再次见到他挚爱的祖国，并再次被任命为主席。据说，当他出现在他的人民面前时，他说了一句："晚上好，女士们、先生们！我在这儿！"人民听到这句话后就幸福地狂欢起来。

曼努埃尔说，所有我需要做的只是走上舞台，向观众说约瑟普的这句话，一切就会变得完美。

这个故事打动了我，我很激动，疯狂地把我要说的每一句话的加泰罗尼亚语发音写下来。曼努埃尔拥抱我，祝我一切都好，然后我就出发去另一场演唱会了。当我走向麦克风，如他建议的那样说了我的

---

[1] 约瑟普·塔拉德拉斯（1899—1988），加泰罗尼亚政治家。1931 年，任加泰罗尼亚左翼共和党总书记。佛朗哥掌权后，被放逐于法国。1954 年，当选为加泰罗尼亚自治区政府主席。

开场白，顿时欢呼声响彻云霄。当他们几近于歇斯底里时，我在他们那里看到了自豪。说完那几句加泰罗尼亚语后，无论我唱什么他们就都能接受了。在唱到《可怜的游子陌客》中间的某处时，我听见从人群中传来一把口琴发出的哀怨之音。八千人向那个"侵入者"发出嘘声，但是我鼓励道："哦，不。没关系的。让他继续！"在这一段悠长而美妙的乐章中，那个加泰罗尼亚音乐家倾尽灵魂中的所有。现场除了一把吉他、歌声和那哭泣的口琴，没有别的声音。

那晚快要结束之时我演唱了《夜莺》，大厅被几千支蜡烛照得亮如白昼。让我感到欣慰的是，加泰罗尼亚人不只是在听一首用他们的语言写就的曲子。对他们而言，这首歌是刻骨铭心的，他们站在那摇晃着光的蜡烛之下，跟着唱这首歌中的每一句。在令人幸福的嘈杂声中，我开始唱那首《我们绝不动摇》，孩子般的和声与喜悦传来。此时，一切尽在不言中。蜡烛重新燃起，他们热泪盈眶，把鲜花抛上舞台。一位在任时曾公开反对佛朗哥政权的参议员，在我的邀请下登上舞台。胡安·曼努埃尔也出场了。我们一起演唱那首《我们将得胜》。在拂去玫瑰花上的尘土之后许久，加泰罗尼亚人手挽着手，摇晃着身子，也和我们一起唱出声来。这人世间的挣扎啊，变成了我们的眼泪和笑容。那个梳着大背头的法西斯驾驶着佛朗哥的车，车上白骨累累，只留给将军很少的地方坐下，消失于死亡的深谷之中。

马德里。

演唱会。

太多的媒体。太多的摄影师。有安迪在那儿，让我宽心。我有了一张更好的曲目单。我身穿深棕色的裙子，还有毛茸茸的小毛衣，脖子上围着圣罗兰牌玫瑰花样的米黄色和暗绿色围巾。我向前迈步，出发去体育馆演唱。那里有超过十万的西班牙人。

摄像师就像训练有素的民兵把闪光灯打向我。唱前两首歌时，我还不在意这些。然后我要求、请求，如果他们可以，帮我个忙，再唱完一首歌以后，就不要再拍照了。让我震惊的是他们生气了，而且还准备抗议。在下一首歌结尾之时，我又试着劝了一遍，这次我用西班牙语：请你们体谅，拜托，对我来说这是噪声，摄像师们。我讨人喜欢的微笑毫无效果，只好躲进角落里发抖。照相机越过一片疯子般的推搡与叫嚷的汪洋，咔嚓咔嚓响个不停。"在这儿，胡安，看这里！"人群冲着他们大喊，让他们坐下，他们也喊回去。我感觉自己已沉不住气了。在混乱中，我唱了另一首歌。我厌恶这首歌，也厌恶他们。我感到绝望、渺小和精疲力竭。安保人员开始周旋于双方之间。天哪，我想，他们要做他们唯一知道该如何做的事了——强制性地把摄像师们从乐队演奏处推出去。公众理解我的困境，而且他们自己也对破坏了演唱会的秩序感到厌烦。但是在他们的记忆里，将留下与镇压无异的残酷形象，以及警察们脸上那无能为力的表情。情况开始变得复杂，已超出我能否将它解决好的经验与能力范围。摄像师们在怒喊的同时，警卫们越来越暴力地推挤他们。正当摄像师们已近乎被清场时，一个令人生厌的小浑蛋躲在一个大个子警卫的胳膊下，准备按下最后一次闪光灯。我下意识地摆出一个愤怒的姿势，把左臂插着我的右手肘部，右拳紧握。西班牙人把这种姿势称为"butifarra"（香肠），我想它的意思应是强烈的"去你的"。闪光灯闪了一下，人群哄然大笑，那摄像师看上去就像是"中枪"了。刹那间，我觉得轻松了。表演继续，也很成功。最后大家点起蜡烛，一起高声合唱。我差不多要忘了之前发生的不愉快。但是真正的重头戏刚刚开始。

酒店里安排了媒体招待会。我很兴奋，准备好就任何主题做出说明，急着要马上开始。我领着自己的随员，小步向前。

"不要进去。"一个女人说道，她突然出现在我们边上。

我停下步子。

"为什么不？这是我的媒体招待会。"我说，对她的干扰感到厌烦。我的西班牙推广人看上去有些局促不安。

"他们生气了。"她继续说道。

"谁生气了？"我质问道，自己也愤怒了，"不管怎样，我会处理好。"

没人能主动告诉我的是，我对那摄像师摆出的迷人手势的意味，远比"去你的"更严肃。这手势还有跟母亲做了可耻之事的意思。最近一家解禁的西班牙媒体集团发现，这手势在根源上与天主教的禁欲主义相关。在被我不淑女的手势侮辱，又进一步被警卫激怒之后，当地媒体发动了一个工会组织用罢工来反对我。当然，也不完全是罢工。因为他们就在那儿，足有上百人，甚至更多。

当时我对此毫不知情。我冒冒失失地大步走上去，来到麦克风前，那样子就像一个在生日宴会上被宠坏了的孩子。我还想着能安抚他们，劝他们不要那么傻乎乎的就急眼了。我笑着问他们，是不是想让我摆个姿势拍照，不管是在提问之前还是之后。

他们对我价值千金的笑，有的感到愉悦，有的感到愤怒。我想起了刚才在大厅里那位女士试着跟我说过的话。

"有人能告诉我到底出了什么问题吗?"最终,我问道。一个男子从他座位上跳起来,取出一张打印好的纸开始宣读,以他的个人情绪控制着节奏。他的同行用点头与随声附和来怂恿他。我请他使用麦克风。他跺着脚跑上台,念了很长一串不满事项。简而言之,他们被羞辱了,而且还是被一个女人和外国人羞辱。

他们认为是我叫来了警卫吗?他们知道我没有。在新近被解放的西班牙,这真的只是因为一个手势?他继续咆哮着。我瞥了一眼弗里茨。他看上去害怕极了。我的西班牙推广人也一样。我倒不害怕,只是困惑和没耐心。现场翻译完成。草草写就的两张纸上的抱怨事项,最终要点就是要求道歉。

"当然,我会向你们道歉的,"我当时就说,"我不知道自己的手势在西班牙竟意味着这么严肃的事情。那手势是我气愤之中、情急之下做出的,而且我觉得自己的气愤也是正当的。我为自己粗鲁的手势道歉,也为自己羞辱了你们道歉。"

沉默。

没有什么能比致歉更难以预料或令人泄气的。很显然,他们更想要斗争。一个男子起立,冲我挥舞着拳头,用西班牙语向我喊着:"你说你搞不清楚那个手势的意思,这是什么意思?你肯定是知道的。你在这个国家也四处逛过。我无法接受你的说法,还说什么不知道这个大家都知道的事实。"

人群里传来附和声。

"对不起,但是你错了。我为什么要与媒体不和,如果我也需要媒体？如果我确实知道一个无意间做出的手势的意思，那我为什么还要做那手势，使自己陷于被攻击的境地？是的，我确实游历广泛，事实上这也不是我第一次发脾气和做诸如此类的事情，但那些事通常不过五分钟很快就被忘记了。再说一次，我为自己的无知而致歉。"

沉默。

"仅仅向我们道歉是不够的！你必须向公众致歉。你为什么不向公众致歉？"

"先生。正如我刚才所说，第一点，我不知道这个羞辱手势的真正本质。第二点，现场听众也笑了。我想他们是觉得搞笑。只有你，而不是群众，感到自己受到了冒犯。"

他们对自己和彼此更加不满了。

"不管怎样，"我大胆地说道，"我当然会向任何人和每个被我伤害或羞辱的西班牙人说，我为我的冒犯和无知真诚地道歉。"

还是有更多的不满。

"现在，如果你们希望有一个媒体招待会，我非常愿意马上开始。"

问了更多问题，但是没人拍照。我在发抖，也确信自己的脸上写着委屈。但是如果我表现出更多，而不只是悄悄地在脸上表现出不满，我就会完蛋。我真的做错了什么吗？面对人群，我竟能如此坚强！当夜里大家都睡去时，我会哭的。安迪会理解我的，他也会抱着我。

次日清晨，事情变得更糟。我们出门去帕西奥街买报纸。在每个报刊亭的报架和报夹上，都挂着一张贝兹女士的照片。这张照片以极度的失调和丑陋的幽默的方式，极尽丑化之能事。她下流的表情在模糊的报纸纸张上印刷得几不可辨，还有她那著名的拳头。其中一份很滑稽的标题是这样写的："弹着吉他的香肠"。我崩溃了。我那么努力地工作，唱得那么好，想着在整个世界，或至少在整个西班牙，人人都会爱我的。但在这里，他们印下这么一张可怕的照片，让我的整个西班牙之旅最终显得如此丢脸。

当我和我的"家人"经过那成排的报刊亭时，我可怜的脸越拉越长。

弗里茨想要和我说的是报道本身写得很好，而且在西班牙我也获得了巨大成功，我已掌控了整个马德里。他还说，那张照片只不过是为了确保报纸的发行量而已……但我什么也没听，大声地哭出来，在令人伤感的阴云密布中离开了西班牙。登机后，我买了一份《国际先驱导报》，发现还是同一张噩梦般的照片在盯着我看，下面有一段小小的文字说明：在西班牙，贝兹女士失去了对观众的控制，并叫来了警察。

献给萨莎

德国，乌尔姆，1978 年 8 月。

那是阳光灿烂的一天。放眼望去，有五万五千人，其中大部分是年轻人，有的坐着，有的站着，还有的躺着。我坐着梅赛德斯来到节日现场，又被人带到我的拖车前。在那儿我遇见了弗兰克·扎帕。我是从一张海报上认识他的。海报上的他脱下裤子坐在马桶上。我们亲切地交谈了一会儿。我走过去坐在拖车的阶梯上，那里被绳索隔开了。我给吉他调音的声音，盖过了扎帕的声音。

今天是一次尝试。我会在一个摇滚演出中登场，表演安排在扎帕和创世记乐队（Genesis）之间。日落之时，我有四十五分钟的表演时间。当时，我还不知道弗里茨在后台和其他推广人打赌，他们赌我会在舞台上被嘘，弗里茨骂了句，去他妈的，我是个明星。

但这是摇滚演出，人们来这里是为了狂欢，拥吻，跳舞，"沉迷于音乐中"，醉酒，然后晕倒。我该给他们唱什么？我可以唱一点披头士，一点迪伦，西蒙和加芬克尔（Simon & Garfunkel）[1]，或者用

---

[1]　风靡于二十世纪六十年代的摇滚二重唱，最著名的作品是电影《毕业生》中的《寂静之声》。

德语唱《所有的花儿都去哪儿了？》……

弗里茨尝试鼓励我。

"他们会喜欢你的，我的蝴蝶。"他说道，用大手臂抱着我，松开后就皱着眉头，像个疯子似的盯着我的脸看。他的眼镜歪向一边，胡子中杂着一截德国面条。

"是，"他温柔地说道，"那些浑蛋还什么都没看到呢。"

我的心怦怦直跳，膝盖发抖，呼吸变得急促。我与弗里茨、珍妮，还有安迪一起在草地中步行。扎帕被围在后台，他很兴奋，正在准备第三次返场。站立着的人群，在狂放的声浪冲击下有点眩晕。我越来越惊慌了。不一会儿我就要一个人了，只有我的六根弦和两个声带陪着我。

太阳缓缓坠入地平线时，我们向舞台走去，站在舞台椽子之下，躲在成堆的音响设备之后。黑幕布降下来，把舞台上的架子鼓、键盘和随处放的扩音器挡住。令人敬佩的舞台工作人员向我这个方向投来好奇的目光。他们里里外外地为将在我之后上台的创世记乐队重新布置舞台。在外边观众群里，我看到一些喝醉了的退伍军人和许多目光呆滞的年轻人，他们觉得自己是在伍德斯托克。是时候上场了。听天由命吧。

在黑幕布和麦克风之间，舞台的空间狭小而陌生。台下的人很热闹，他们还沉浸在扎帕方才的表演之中，只是礼节性地鼓掌欢迎我。我向他们问了声"下午好"，又问他们对摇滚来说这是不是很美好的一天。当我说到"摇滚"时，人群里传来欢呼声。我想至少在某些关键词句上，我们是可以交流的。

我唱的第一首歌没有引起反响，因为它不为人所知。我甚至不记得那首歌是什么了，我唱的是缩减版。我谈论起六十年代（欢呼声），伍德斯托克（欢呼声），还有青年人（欢呼声小了——这不是关键词）。接着我唱了《乔·希尔》。开始有反应了。和弦深深叩入年长者的心，那年轻人呢，那些在伍德斯托克之夏时已有十岁的年轻人也领会到了。一个喝醉了的老兵向后倒在另一人的双臂里。有人冲他发出嘘声。侧边的不少人向前排的人齐声呼唤着："Sitzen, sitzen!"——坐下，坐下。

"是的，"我以教导式的口吻说道，"如果你们可以坐下，每个人都可以看到我了。"他们在混乱中坐下，喊叫着、嘘着声、抱怨着，但还是坐下了。

"唱吧，琼！"有个声音喊道，我回应"接下来是一首鲍勃·迪伦的歌"。又一阵巨大的欢呼声响起。我要唱的是《爱只不过是个脏字》。他们并不一定知道这首歌，却能伴着旋律鼓掌，把目光与注意力贯注其中。等到要唱《所有的花儿都去哪儿了？》时，他们呼喊着表示满意，一起唱了起来。我注意到很多人的眼里涌出热泪。为什么？怀念当年吗？为了他们美化与模仿的美国"花儿"嬉皮士（flower children）吗？为了那属于他们的父辈，但不属于他们的记忆吗？也许吧。

我又唱了《摆动低点，可爱的战车》。现场的音响系统是世界上最好的。我的声音穿过人潮人海，似乎能远达落日，再传回回声。歌声穿过河对岸，可能在舞台的四分之一公里外，我注意到有百余人站在河边听着。我面向他们，高高地把手举起来，向他们大喊着："这一曲献给那边的人！"他们挥舞着手热烈回应，欢呼声传来时已很小，年轻人却伸长着脖子向那边望去，也挥着手欢呼。我面向河岸唱了一曲。泪水更多了，人们把双手举在空中，彼此手拉着手。

"琼！琼·贝兹！唱《我们将得胜》！"现在我感到泪水快要流出来了，我向台下瞥了一眼，看到珍妮和弗里茨在那儿微笑着，哽咽着，点头示意我继续。

我唱了好几首，以《我们将得胜》结尾。年轻人站起来，手拉着手高举在空中。在场的所有人独享着这德国落日的余晖，一起歌唱，一起哭泣。我鞠躬致意，用德语道了声"谢谢"，在震耳欲聋的欢呼声中走下舞台。弗里茨的眼睛红了，向我点点头。珍妮迷人的大眼也眼圈泛红，她接过我手中的古他。

紧接着，我们听到人群的欢呼声和顿足声之外，还有一个新的噪声传来：那是啤酒罐扔在舞台上发出的声音。

"你听！"弗里兹喊道，"这是他们要求你回去的声音！"他骄傲地站起来，伸手指向那些从幕布下滚进来的、四处乱飞的啤酒罐。

"蝴蝶，返场一次，如何？"

弗里茨穿过像冰雹一样飞过来的啤酒罐，对台下的观众说，只要现场安全了我就会返场的。啤酒罐停了。我上台唱了《在风中飘荡》，梦幻持续着。我见到眼泪、欢呼，还有泛红的脸颊以及微笑。我演唱时，大多数人不喝酒了，粗暴的举止也平息下来。在歌曲结尾处，我再次鞠躬致意，可一旦我离开，就感觉到狂欢节刚刚开始。啤酒罐四处乱飞，"大合唱"又开始了，人们跺脚、叫喊还有吹口哨。一切继续着。

在弗里茨最后声明不再有返场，且大家应把时间留给创世记乐队之前，我一共返场了七次。我们在一阵眩晕中穿过场地，往回走。弗里茨向我表示祝贺，我麻木地以微笑回应。是时候该享用一些德国香肠和薯条了。

次日的报纸上写着我把整场演出的时间给偷走了。在机场，我被更多人认出来。安检处的男子取出他剪下来的新闻剪报，上面有关于那一天的报道：那些乐队，那些年轻人，还有那位在台上待了足足一小时的女士。我拥抱弗里茨，掸了掸他 V 字领上的面包屑，然后就登机了。

地球上疲惫的母亲们

美丽的劳拉·波拿巴是一位来自阿根廷的精神分析师。她的丈夫是一位生化学家，1976 年 6 月 11 日，她眼睁睁地看着丈夫被拖走，从此再也没有见过他。她的女儿也"消失"了。当她出发去寻找自己的女儿时，她收到了一个装着她女儿的手的容器，让她做身份认定。

1981 年的春天，访问阿根廷时，我被催泪瓦斯袭击，被赶出酒店，被禁止公开演唱，两次媒体招待会也因炸弹威胁被迫中断。招待会上，防爆组来了，搜查出两枚炸弹。

失踪者的母亲们说，幸运之人属于那些已得知她们的孩子死讯的人。只有这样，她们才能哀悼死者，克服悲痛，然后重新开始新的生活。她们说最煎熬的是入夜时分，那时她们失踪的孩子的样子，就会从黑暗中浮现于眼前。

我在智利被禁了，但是学生们组织了一场音乐之夜。警察驱车前来包围大厅，他们通过外置的扩音器听到音乐会的实况。在持续两日的传单散发和口口相传之后，有七千人到场。云集在大厅里的有钢琴师、小提琴家、喜剧演员、合唱团成员、舞者、诗人、教授、作家和演员。在那里，也有曾被监控、入狱、被捕、被折磨的人——1973

年政变之后，这些人再也没有在公众中露过面。有人跟我说，这七年里从未发生过如此规模的文化事件。

最奇怪的地方是巴西。这个国家有新闻自由，我也能说想说的话，却不被允许公开演唱。

我只差一点就能去学生音乐会表演了，但警察来到酒店，跟我说我的证件不合要求。我们立即前往警局把该办的手续办好。警长就在场，所有外国人都站在他跟前向他挥舞着证件。我让他承认是他不允许我去唱歌的，然后走到楼前，站在辖区标志牌下，用我最大的肺活量唱了一首《因为生命》。

然后一位可爱的、有着迷离蓝眼睛的议员把我带到那个大厅，让我与听众坐在一起。这位议员也曾在那个警局里被虐待过。突然，大厅里彻底安静下来，于是我开始唱歌。这间拥挤的房间里的每个人，都跟着我一块儿唱。当我准备要离开时，他们也站起来，唱那首《行走》，还有用西班牙语唱的《在风中飘荡》。有些时候，善是不可能阻止的。

回国的路上，我们访问了尼加拉瓜。

演唱会间歇，一群年轻的保镖带着枪搜查完我更衣室的每个角落和衣柜，之后内政部长托马斯·博尔赫斯将军用西班牙语对我说道："大使可以等。"博尔赫斯比我还矮。他一边打量我，一边挑衅地抽着雪茄。我已告诉过他，演出结束后我必须去拜访美国大使。

"我可以与你共进晚餐，但你要答应我一个条件，"我向他说道，"掐了那根令人恶心的雪茄。"

他不只掐掉了雪茄，而且再也没当着我的面抽过。演出结束后，他又过来了。

他带我去吃晚餐，饭后又带我去参观监狱。监狱里挤满了索摩查[1]政权时期的国民警卫队成员。他走向一个污秽的黑暗囚室，那里收押着一些悲惨、无聊和肮脏的住客。他让狱警把门打开，让自己的警卫候在囚室外，径直走进去，走向一个蹲在高个儿囚徒边的矮个儿男子那儿。

"你多大了？"他询问道。

"Dies y seis（十六）。"

"你在这儿多久了？"

"Tres años（三年）。"那男孩答道，有些吃惊。

"你犯了什么罪？"

"我父亲是名'guardista'（卫兵）。在他被捕时，我恰好与他在一起，所以他们就把我也给抓来了。此外我没别的罪。"

"收拾好东西。你可以回家了。"

男孩愣在原地几秒，然后抓起自己不多的几样东西。

博尔赫斯先生看上去对自己很满意，在另外两间囚室，他重复了一遍刚刚做过的事。接着他带我们上楼，来到一个特别区域，这时他变得非常情绪化。他在一个空囚室前站住，沉默着。我知道将会发生什么。

"这里就是……这里就是他们曾经关押了我三年的地方。在这里

---

[1] 尼加拉瓜独裁者。1934年任国民警卫队司令时暗杀抗美民族英雄桑地诺。1936年发动军事政变夺取政权。后两度出任总统（1937—1947，1951—1956）。1956年被刺死后，他的两个儿子先后继任总统，其家族统治直到1979年才被推翻。

的六个月，我的手腕被拴在一起捆在那些栏杆上，所以没办法躺下来。我的头被亚麻布罩着，六个月时间里，什么也看不到。"

"为什么你要再回到这里，让这些东西再一次折磨你自己？"我问道。

"这样我就不会忘记这是一种什么样的滋味了。我答应自己，绝不能忘记这些。"

我们停留了很久，久到足以看到历史在重复着自己。在各领域的工人那儿，在每一次集会的青年那儿，在城市广场的每一次演习中，马克思主义已经开始扎根。而美国政府一如既往地，尽可能地让尼加拉瓜人建立起一支军队来反对我们。至于说到遗忘……这个政府已经忘掉索摩查了吗？或者有朝一日，史书上竟会给此人留下美名？

PART
SIX

"THE MUSIC
STOPPED
IN MY HAND"

The hours for once they passed slowly, unendingly by
Like a sweet breeze on a field
Your gentleness came down upon me and I guess I thanked you
When you caused me to yield

Because if love means forever, expecting nothing returned
Then I hope I'll be given another whole lifetime to learn

这一次时间变得缓慢，没有尽头
如同田野上甜蜜的微风
你的温柔降落于我之上，我如此感激
当你让我屈服之时

如果爱即永恒，无须任何回报
我希望用我一生去学习

做母亲，音乐和穆格音响合成器 1974—1979 [1]

1975 年，在伯尼的鼓励下，我决定录一张完全"非政治"的专辑。那个时候，伯尼是我的巡演经理、爱笑的伙伴、前爱人（《写给陌生人的情歌》事实上是为他而写的）。在录制《此刻你在哪里，我的儿子？》时，我亲自剪辑了十五盘磁带的录音，制作了专辑中一半的歌曲，演奏了钢琴配乐，还帮忙灌制唱片和编曲。

在制作《钻石与铁锈》时，我第一次只是为了音乐而深入做音乐，合成和演奏了电子乐。我为吉他写了点爵士小调。乐队非常喜欢，回去后他们就创作出三段歌词，让这段小调变成真正的歌曲——《孩子们及诸如此类》。我不与制作人戴维·基尔申鲍姆争执，也同意他的那些建议，关于什么样的音乐能卖得出去、什么样的不行。为了与他搞好关系，我只好妥协。然后，我们就不可避免地在要不要创作一些"向上"的音乐上产生争执。你得有些"向上"的歌。在我的音乐生涯里，我从未唱过此类"向上"的歌。这类歌不适合我，除非我出去与别的乐队厮混，或者喝上一两杯，或者用西班牙语唱。我们试

---

[1] 罗伯特·穆格（1934—2005），美国工程师和电子乐先驱，被称为"合成器之父"。

了二三十首"向上"的歌，其中我最不喜欢的是《蓝天》。这首歌的小旋律很美，是奥尔曼兄弟乐队（The Allman Brothers Band）的理查德·贝茨写的。虽然我不喜欢，但也不妨碍。我必须承认的是，《钻石与铁锈》这张专辑出来后反响热烈，在各方面都算是我出过的最好的专辑，最终上了畅销榜。

如果我不想拥有广泛的、世界性的听众，我就不必纠结于是否向制作人妥协了。事实上，不管是那时还是现在，我都不想被标签化地限制在某种音乐风格内。直到现在，因为这一坚持，我一直都不属于美国任何一家唱片公司。我那时还不知道，随着音乐潮流的变化，一个艺术家生存下去会有多难。在商业层面，民谣现在已经属于过去。

十来年前，我开始使用一种非处方药，也只用过这一种。我爱安眠酮[1]，发现只需很小的剂量，就能让我不怯场，还能增进情爱。只有当我再无法获得它时，我才停止使用。虽然我很怀念它，但再也用不了它，于我而言也是一种解脱。

伯尼在我的生活里变得越来越重要。他鼓励我放松，愉快一点，为歌唱本身而歌唱。我在美国和一支乐队巡回演出时，他给我介绍了一个很英俊的巡回乐队管理员——卡洛斯。卡洛斯是墨西哥裔，比我小十岁。一头鬈发，皮肤如丝绸般细腻，一双可以融化冰川的黑色大眼睛。他讲一个笑话能让我笑好几天，一旦我要上台，他就能突然地变化情绪，让我在台上行事得体。巡演很成功，所有事都考虑周全——比如，感觉自己被背叛而哭泣的民谣死忠、沮丧的政客，以及

---

[1] 适用于失眠症，久用成瘾，易引发精神病症状。

那些新来的、认为我还不够放飞自我的歌迷。我们在巡演中录制了一张名为《来自每个舞台》的专辑，于 1976 年发行。专辑里有两张唱片，其中一张是非合成版本，另一张则是含乐队和人声的版本。这张专辑还不错，但封面上写着一段令我尴尬的小声明："对待这张专辑的最好方式是……我正在休假。而且我已经有十年没休假了。"换言之，我为自己一天吃三顿饭、没有入狱、靠演唱会赚钱以及和卡洛斯做爱而内疚。

差不多也是在这个时期，我的声音出了一点麻烦。在这之前，我的"极致纯女高音"从未出过任何问题。现在有两件事开始变得越来越明显。第一，我不再是一个女高音歌手了，事实上，我从来就不擅长唱高音；第二，唱歌时我频繁地清嗓子。我自认为是不可摧毁的，所以接下来的那三年我就没在意这些问题。

1976 年的滚雷巡演时，我写过几首歌，其中最好的是那首《海湾的风》。这名字也是我下一张以及最后一张为美国 A&M 公司录制的专辑的名字。说实话，在我的所有专辑中，这一张并没有那么激动人心，但封面很漂亮。它是在夏威夷圣莫妮卡海滩的一个工作室里制作完成的。

伯尼成功地把我从曼尼那里撬过来。曼尼在本质上过去是、现在依然是一位民谣的主办人。当时，我想有所进步。不知不觉中，我已经开始要对抗时间和年龄了。我突然想变得嬉皮、时髦、酷，以及拥有所有过去不曾拥有的特质。伯尼在许多事情上是对的，除了这一次。在他的鼓励下，我做了职业生涯中最愚蠢的决定，离开 A&M，加入了当时很红的小唱片公司"肖像"（Portrait），据说这家公司会成为哥伦比亚广播公司的子公司。

我录了《随风而去》。这张专辑很好，但封面很糟糕。伯尼和我分道扬镳，多年以后又成为朋友。我的老朋友南希横跨欧洲和美国来找我，最终接手成为我的经纪人。除了我自己，每个人都清楚没有经纪人对我来说到底意味着什么。专辑《随风去吧》出来后，封面上的我穿着银色赛车夹克衫，戴着二战时期的飞行护目镜，夹克的袖子上有一面美国国旗。这么做原本是为了显得有趣，实际上只能反映出我对自己的音乐事业和人生的规划完全是错乱的。

人生的第三十九个年头，我决定请一位声乐教练。在帕洛阿尔托，竟然有三个人向我推荐同一人，于是我便小步跑向拉蒙娜街。我听到一个细长的嗓音在奋力地时高时低，没敲门就进去了。有着细长嗓音的学生离开后，罗伯特·伯纳德注意到了我。

"你的问题是什么？"

"我的声音不大对。唱高音时上不去。"

"你是专业歌手吗，还是仅仅是业余爱好？"

"我是专业歌手。"

"啊。我懂了。好，要不你试试这段……你叫什么？"

"琼——"

"哦，哈哈，琼什么，萨瑟兰？哈哈！"

"不是，琼·贝兹。"

"哦，天哪！老天！哦，真搞笑！我竟然不认识你！"他的脸红了，就像是番茄那样。他用手捂着嘴，尽力不笑出声。对歌喉来说，笑很不好。这可能就是上伯纳德先生的声乐课的有趣之处：我们不能笑。

当我的唱腔恢复过来时，我与"行业"的关系破灭了。《随风而去》卖得不是很好。我与肖像公司的主管度过了一个很不愉快的夜晚。据别人说，他是一个"非常了不起的家伙，你会爱上他的"。他建议我的下一张专辑，应当由当下熟知唱片市场状况的作曲家来写。这种侮辱已超出了我脆弱的容忍底线。直到我向他推荐我自己，他一直都没有把我包括在内，他说："哦，当然，有一首你的歌也是无所谓的。"我陷入了持久的、怒不可遏的愤怒。我恨这个来自肖像公司的大粗人，他的手指很肥，毫无礼貌。

事实很简单，我却一直没意识到：我不再是一个"红人"了。我前往（亚拉巴马州）马斯尔·肖尔斯市录制《真诚的摇篮曲》。为了这张专辑，我几乎要杀死我自己了。我们在零下十五摄氏度的天气里，往北去渥太华，只为了让约瑟夫·卡什[1]能给我拍一张专辑封面照片。照片很美。选入专辑的歌，曲风都很温柔。兴许在这样一个不断变化的、即将迎来重金属的时代，我的专辑不会那么好命。我尽可能地参加每一场能够推广新专辑的脱口秀节目。我讨厌推广专辑，最终还是明白，我必须这么做。所以我做了。

关于《真诚的摇篮曲》发布那天到底发生了什么，除了我所认为的是肖像公司放弃了它之外，还有各种不同的说法。其中一种说，因为我和哥伦比亚唱片公司的总裁不和，为此在纽约付出了沉重代价。

我要去以色列演出。哥伦比亚唱片公司把我安排进一个著名的音乐节。听上去这个主意很不错。直到我发现音乐节举办地是那时的一

---

[1] 约瑟夫·卡什（1908—2002），加拿大亚美尼亚裔肖像摄影大师，以为英国首相丘吉尔拍摄的肖像照获得盛名。

个被占领区。出于原则，我取消了合约。取而代之，我在特拉维夫和凯撒利亚举办了两场门票被售罄的演唱会。有少数人围堵抗议，但喜欢我的开明以色列人比我想象中更多。

从以色列回到纽约，我给哥伦比亚广播公司的总裁打了个电话。我们聊到了唱片，顺带提到他的人曾试图安排我去被占领区演唱。他大怒。我说的"被占领区"是什么意思？那块土地自古以来就属于犹太人，为了阻止那些该死的阿拉伯人占领此地，他们愿意战斗至死，而阿拉伯人将会把他们推到海里。

"你说的是哈德孙河吧？"我僵硬地说道。

我们中的一个挂了电话，可能是他。我禁不住想到，我再也没有资本和一位公司总裁那样说话还能保住自己的工作了，尽管说不说没什么两样。

差不多就在那个时期，我开始发现，尽管我在音乐世界里可能是不朽的，但至少在美国，我已经过时。这个发现的过程是痛苦且屈辱的。

PART
SEVEN

"Ripping Along Toward Middle Age"

And the winds of the old days will blow through my hair
Breath on an undying ember
It doesn't take much to remember
Those eloquent songs from the good old days
That set us to marching with banners ablaze

The sixties are over so set him free
And take me down to the harbor now

旧日的风穿过我的头发
在永恒的灰烬中呼吸
毫不费力就能记起
那些来自美好旧日时光的动人歌曲
激励我们举着燃烧的旗帜前进

六十年代已经结束，就让他自由吧
现在带我去港口

时间的考验

在 1966 年上映的电影《摩根》里，那个疯癫又可爱的男主角，向他深爱的有些古怪的女人悲伤地表达歉意。他对她说了这样一句台词："只有你才能让我为了梦想而活下去。"

我第一次亲眼见到马龙·白兰度，是在 1963 年的华盛顿争取民权大游行上。他站在离我大概有二十英尺远的地方，被新闻记者和影迷们团团围住。那时我光着脚，穿着紫色连衣裙，斜靠在美国国会大厦台阶旁的柱子上。我试图看清楚他的脸，希望他能够偶然间一瞥，与我对视。当他湮没在人群中的时候，我的心跳加速，身体也僵住了。

在我十三岁的时候，我们学校七年级的艺术课老师带我去看了一场电影，叫《恺撒大帝》。银幕上，那个有着弯钩鼻子的年轻人大步流星地走来走去。他说："朋友们，罗马公民们，村民们，听我说……"老师埃尔韦拉·特蕾莎·普罗布紧紧握着电影院椅子的扶手，哭了起来。我当时并不明白为何她会对影片的男主角产生这样的反应。当然，他确实有着一双野性的眼睛，也确实有着漂亮的胸膛。我俩在电影刚开始的部分看到了他的胸膛，之后他便走进罗马式的内室，换上长袍。

因为这个，在回家的路上，我一直在揶揄普罗布小姐。

大概两年之后，有人带我去看连续放映的两场电影：《欲望号街车》和《码头风云》。不久，我又看了《飞车党》。再见了，世界。我被那道蓝色的闪电击中。在电影里，他是一匹雄壮的黑骏马，是胜利者、傻小子、是受伤的孩子，是反叛者。他是我所见过的最具吸引力的男人。那是一场名副其实的关于性的华丽表演，坚硬而又柔软，如同铺就了大理石和绸缎。正是在这舞台之上，他才能表演出那些有魅力的角色；或者说，正因为他本人是充满魅力的，别人才认定他是一个了不起的演员。直到今天，我也不知道哪一个更接近真相。当然，这不重要。

这是我第一次彻底陷入对电影的迷恋。我几乎患上了热潮红，整日闷闷不乐，做着白日梦。我幻想并祈祷他能够骑着摩托车来到我面前，为我的黑色长发、棕色皮肤，以及我的清澈、善解人意的眼睛而迷狂。他会带我去个地方。哪儿都行。经过一场激动人心的长途骑行，我们抵达了那里，我的头发缠结在了一起，脸颊通红，马龙·白兰度会亲吻我。在我的那些幻想里，一遍又一遍，他会温柔而不失激情地亲吻我。在沙滩上。在榆树和橡树下。在沙漠的落日里。一天当中，在学校里的七个课时段我们都会接吻，还有晚上我做家庭作业的三个小时，还有我刷碗、做家务的时间。在和家人吃饭的时候，我必须谨慎地暂停这一切，这样我的家人就不会觉察到我的秘密了。这段爱情是真实的，而且是属于我的。

在那些幻想里，我身着带有珠链的印第安服饰。它用软鹿皮制成，上面装饰了流苏、皮带和羽毛，其精巧的设计能遮挡住我那无可救药的平胸，同时恰到好处地长及我的大腿中段，这样就能露出我那还算漂亮的古铜色瘦腿。我们只是接吻，并不干别的。（在五十年代中期，有很多人和我一样，十五岁时仍然是或基本是处女。"基本"的意思是，在无法控制的激情和困惑的状态下，在水星牌汽车的斜后座或者其他类似的地方，最好是在一块卷起并布满褶皱的垫子上，一些"经验丰富"的年长者用有力的大手使我们失去了珍贵的处女膜。但那会儿我们还没有完全明白什么是性交，这是毫无疑问的，至少暂时是。也许第二年的夏天我们就有机会明白了。）

我幻想中的马龙明白这一切，他很乐意从一个冗长的故事情节跑到另一个，骑着他那狂野的摩托车，永远保持着同样的热吻。虽然我的成绩和体重都因这段感情而下降，但它比和那些沉闷的少年进行一段真实的恋爱关系简单得多。我曾经能够接受他们的青春痘和种种缺点，但现在极其厌烦，甚至抗拒。我所见识过的那些当地帅哥，在马龙炫目的光芒下，都黯然失色。

我的激情持续了几个月，而且每看一次白兰度的电影，这种激情就会被重新点燃，不管是对他的新电影的一刷、二刷，还是去看他的老电影的重映。他是真正的王者。记得十八岁的时候，有一次，我和我妈一起偷偷溜出来观看《百战雄狮》。在电影院吃完一些融化的糖做的零食后，我和妈妈彼此吐露心声，原来我俩都迷恋了他很多年。虽然我爸爸曾拿马龙轻微后移的发际线开玩笑，但他对我偶像的诽谤丝毫没有影响到我。我当时看了四遍《百战雄狮》，主要是盯看他的颈项，看他那个安顿在脖子上的有着银金色头发的头顶。

在六十年代后期的某段时间里，我终于见到了马龙·白兰度，我当时因为某些原因需要找他筹钱，合情合理。当我走到他家门前问候他时，他拿着一朵栀子花，递给了我。在让人留恋的充满芳香的雾气中，我看到这朵白色的花。我敢说他是一个绅士，风趣而幽默。他似乎对一切事物都有点厌烦，有点难过，虽然他告诉我他很快乐。我们分享了那些关于我们遇到过的疯狂者的故事，最后这些人全都成了别人幻想的对象。虽然他那时已上了年纪，但将他的眼睛与那个年轻雄狮的眼睛，以及与我所有幻想中的眼睛匹配起来，并不算困难。时间是一层帷幕。回忆起那次相聚，令人感伤，如同栀子花散发着的幽香。

有人曾经说过，与明星相会，就像两艘轮船相遇，都要将自己的船头向下沉，好让对方通过。我认为确实如此。但有些幻想总归会跟随我的一生，穿过重重帷幕和障碍。

最近，我和一个朋友去看《码头风云》，这已经是我第五次还是第六次看这部电影了。它与《飞车党》联映。越过时间的隔阂，就像风撕开面纱，我回到了自己的青少年和那时的幻想之中。看着这些镜头，我激动地尖叫起来，其他几个女人也齐声尖叫起来。我咒骂着约翰尼那帮迫害者，并等待着片子结束前白兰度带着一丝微笑，骑车去往看不见的地方。这时镜头拉回，老旧的胶片停止闪烁。观众们鼓掌欢呼，大家都感到因这场电影，互相之间好像都很了解。我陷入某种虔诚的恍惚中，看着影片结尾，老旧的灰色、黑色和白色的印刷字反复滚动了上百万次，发出噼啪声。这就是《码头风云》。我在那儿坐了一个半小时，一直陷在眼前的魔幻世界里。泪水不害臊地、不断地流到我的下巴和外套上。再一次，我感到了一股无形的力量。它成了有形之物，就在我的手上，或者在我的眼前。它成了祖母绿项链，或者变成那位经典老派的男主角马龙·白兰度。

最近一次看完《码头风云》一个月后，我再一次见到马龙·白兰度本人。那是在一次慈善演唱会上，当时整个场馆里容纳了超过六万名观众。那天天色灰蒙蒙的，刮着大风，非常冷，而且眼看着就要下雨。在这场为美国印第安人筹款的演唱会上，马龙·白兰度也到场助阵。在当作后台使用的泥泞营地里，我听到了他的声音，一个模糊又熟悉、充满魅力又很有力量的鼻音，可以说是《恺撒大帝》中马克·安东尼"听我说"的更成熟版本。接着，好奇驱使我走向舞台。那时，他正动情地向大家讲述筹钱的原因。他说他将捐献五千美元，还说如果你没有钱，也可以在这场慈善演唱会上给予精神上的支持。我只能看到他的后脑勺。他的满头银发，很长，整齐地梳在后面。他在讲非暴力行动和"天下一家"的理念，说话的时候不时用颤抖的手指将头发向后抚平。演讲结束时，他向空中伸出手臂，握紧拳头并做出"力量属于人民"的手势。观众席里传来一阵竭力的嘶吼，六万人都在尖叫和呐喊。马龙走下台，走到台下等候已久的媒体和歌迷之中。人群中有一点小小的缝隙，透过这个缝隙，我看到了他的脸。那是一张苍白、疲惫却又威风凛凛的脸。那是一张老派的脸。时间的帷幕消失。令人吃惊的是，他看起来那么苍白，白得几乎透明；而我记忆中的他是黝黑的。现在，他身着淡蓝色的墨西哥 T 恤和敞怀的夹克，一条不太好形容的裤子和一双黑色的牛仔靴，看起来已经发胖。但我还是被他吸引着，他就像我多年未见的终生挚友。还不仅仅这样：他似乎就是我的亲哥哥。或者我曾经是他的妈妈。这些念头浮现在我的脑海中，这时他也看到我了，我对他微笑，因为我知道我即将拥抱他。他也微笑着向我走来，如同《圣经》中的摩西分开大海，人们都向后移动，让他通过。我拥抱了他，感觉我们像是共同经历了很多场战争的战友。他说我看起来很好，并问我是什么让我保持年轻的，是我的思想，还是别的什么？我告诉他，是我的思想以及与他的再次拥抱。他可真是胖呀，但是没关系。我很想告诉他，过去的二十年里，他于我而言，意味着什么。我想看他甜美的笑容。我想说一些风趣的话让他笑起来。这时我听到主持人在介绍我，我只得走上舞台，迎着风站在麦克风面前，面对着六万尖叫和呐喊的观众。

演出结束后，我穿过人潮，又和马龙待在一起了。我仔细看着他，为了盖过正在舞台上表演的摇滚乐队的噪声，我们只能互相高喊着说话。帷幕飘走了。我看到他嘴角的皱纹、细小整齐的牙齿，还有那双我已经在大大小小的影院凝视过上千次、又曾面对面看过的眼睛。我们站在时间的圆环中。我们已被时间围绕多年。那一次，我们一直在谈论现场的人群，谈论做慈善的原因，谈论这谈论那。想要完整地谈论一件事是不可能的，因为在现场我们根本听不清对方的声音。我想问他，为什么他决定这么早就变老。我想问问他的感受，问问他现在和从前的生活，问问他眼中的自己现在是怎样的，问问他是否快乐。现在的马龙，也许只是之前银幕中的那些男主角的幽灵，不过他仍然威风凛凛，甚至还有些睿智。马龙如同一头年迈的雄狮。他仍然是丛林之王。

我不会那么轻易放弃我终生的挚爱。我依偎在他怀里，在他的耳边说话。我告诉他，他曾经是我生命中很大的一部分，而且我经常想念着他，虽然在我的梦中有时他并未出现。我感谢他为我做过的一切。他看起来有些迷惑，跟我之间有点距离，因为他没有真的明白我的话。那天非常吵，非常冷而且混乱。我很快就发现我们已经被摄像师包围了，于是我只能再次向他微笑。我心中满满都是爱。也许对于像马龙这样年迈的雄狮们，人们并没有表达过足够的感谢，感谢他们将整个青春年华都献给了上百万他未曾谋面的观众。

最近我在法国

1983 年 7 月 14 日，法国国庆日，法国总统站在巴黎协和广场的方尖碑脚下检阅军队。接着，他站在被竖起的巨大木质平台上，向市民们致敬。我们得到允许，总统用过的这个台子可以继续保留，这样我就可以在 7 月 15 日举办一场免费的演唱会。这将是一场献给非暴力行动的演唱会。

我非常激动。我们必须利用好电台广告、海报、电视广告和舆论，来制造"一场大事件"。

那时我刚离开法国，去德国旅行，路上一直肚子疼。我在想，如果我在方尖碑脚下开的演唱会没人来看怎么办？我，独自一人站在那个大木台子上，周围的观众只有警察。啊，玛丽·安托瓦内特[1] 就是在那里被处决的。

在德国维尔茨堡，我收到来自巴黎的消息。政府部门出了乱子。抱歉，贝兹女士。警方不批准了。没有警方的批准就不能开演唱会。

这就是法国。

---

[1] 玛丽·安托瓦内特（1775—1793），法国波旁王朝国王路易十六的王后，于法国大革命期间被处死。

我确实冒犯过一些人。也许是文化部长，因为他想让我在国庆日盛典唱歌，我拒绝了他的邀请。也许是他的妻子，因为我不打算在为非暴力行动举行的演唱会上唱她为我准备的歌曲。

　　于是我给文化部长打电话。

　　"我很抱歉，贝兹女士，我们没有得到警方的批准。"

　　也许错在我那位法国推广人，她在电话里咒骂了法国官方。我说什么都没能阻止她。

　　日子一天天过去。我仍在旅行。每天早晨我都希望能接到来自法国的电话，通知我演唱会事宜已经准备好了。但演唱会一直都未得到公开的宣传。我们试图通过我在法国的所有关系，想要获得警方的批准。

　　从德国回到法国后，我需要休息一下。

　　于是我去了诺曼底的卡尼西，那里有我所爱的城堡。当然，事实上它不是我的城堡。它在八百年前就属于那位年轻伯爵的家族了。只不过伯爵的友好态度让我感觉这个城堡也属于我。他那时已经出门了，人不在卡尼西。那时，距离原定的演唱会时间只剩下一个星期了，仍然没有得到警方的批准。巴黎所有的警察在国庆日那天都将无比繁忙。两千名警察会被政府从外省借调过来。

　　还剩下六天。

　　我似乎徘徊了一个世纪，摘野花，骑骏马，还有做梦。

　　还剩下五天。

　　我给密特朗夫人打电话。她是法国总统的妻子，也是我的朋友。

　　但秘书说夫人刚刚离开法国。我用蹩脚的法语向她解释我的困境。

我对她说：夫人是我唯一的机会了（事实的确如此）。

我挂掉电话，忧虑地注视着这个十七世纪的房间里那王室风格的红窗帘。它在嘲笑我的软弱无能。夫人永远不会收到我的留言。我放弃了一切讨厌的烦心事，索性躺在城堡守卫居住的小房子前的草坪上，摘雏菊玩，然后给我那亲爱的马童"亲密朋友"（Cher Ami）一个飞吻。

"亲密朋友"八岁时就爬上了马背，抱着它又粗大又温暖的脖子，像风一样在时间的边缘穿梭，只能听见快速移动时的呼吸声和嗒嗒的马蹄声，脸只能感觉到马的鬃毛和眼泪。他十岁时经常和他的狗一起睡在雪地上，回到家后，他似乎把自己的心都落在了森林里，干活和吃饭都一声不吭的。在成为"我的亲密朋友"之前，他是"我的野蛮人"（Mon Sauvage）。他还捕捉毒蛇，然后把它们放在湖边的草地上，与它们聊天。去他妈的政府部门。我就一直这样躺着聆听蜜蜂的哼唱。今晚，当整座城堡陷入沉睡的时候，我要在睡衣外面套上一件毛皮大衣，和我的"亲密朋友"一起在月光下散步。他会在湖与湖之间的茂盛草地上等我。我们会去他建造在马棚上的阁楼，然后我会将头靠在他的脖子上，鼻子对着他俊美的下巴和柔和的脸颊。我会闻到干草和麦子上的尘土气息。谁想要巴黎和肚子疼？

当看到一百个太阳在城堡屋顶的石板上跳舞时，我咧嘴笑了。

"亲密朋友"卷起衣袖，露着希斯克利夫式的胳膊朝我走来。

"电话响了，贝兹女士。"

"找我的？一个亲密朋友？谁？"

"法兰西共和国总统。"他带着戏谑的口吻说道。透过他的长发，我看到他父亲正从石板房的窗口激动地朝我挥手。

"哈！"他大喊，"是你的电话！是法语！没错！他说他是弗朗索瓦！我的天哪！"这个淘气的老家伙咧开少了一颗牙的嘴朝我咯咯笑。他有着和儿子一样美丽的眼睛，只不过是蓝色的，眼角布满皱纹。他眨了眨眼睛，从木盒子里把电话递给我。

"您好！"

"您好，琼·贝兹？"

"对，是我。"

"我是弗朗索瓦。"

"弗朗索瓦什么？"

肯定是有人在和我开玩笑。

"弗朗索瓦·密特朗，法国总统。"介绍完自己后，他开始跟我讲话，但是那时我的大脑已经飘出了窗外。他究竟要告诉我什么？

"是这样的，您先冷静一下，您要平静下来。"他告诉我要放松，不要担心。他的法语十分清晰，我能明白一半意思，感谢老天。我想他是要告诉我，演唱会可以举行了。

然后他邀请我去总统官邸吃午餐。周三。我只能听懂这么多。

我不能再次让他跟我解释关于演唱会的事，所以我表示诚挚的感谢，然后挂掉了电话，仍在思考他的意思是说演唱会在今年还是在明年办。

我的推广人大叫："我不相信！总统直接给你打电话了？你在开玩笑吧！你太厉害了！"

"但我并不太明白他电话里讲的是什么。"

"我会搞清楚警方是否批准了。"叮，她挂断了电话。

丁零零。

"警察说他们什么都不知道。我要疯了。他们还是说没有演唱会。"

我回到房间，洗了一个泡泡浴。浴缸正上方天花板的灯光下，聚集了一些小苍蝇。我要穿着漂亮的衣服，穿过马厩，到老伯爵夫人的房子里去拜访她。当我们喝香槟的时候，我要告诉她我的悲惨遭遇，然后用我的马靴在瓷砖地面上设计出种种剪影。

老伯爵夫人有六十岁了。她是一个医生、一个保守主义者，当然，还是一个贵族。对于目前掌管这个国家的草率的社会主义者来说，她早已没有任何用处。在她还年轻的时候，德国人占领过这座城堡，并用作关押本地精神病人的收容所，之前那个已经被炸弹炸没了。

"那时候，每当月圆时分，你就能看到那些病人从窗户上跳下去。"她指着我的房间说，"当然，他们彻底疯了。"

我们一起在城堡的厨房吃晚餐，那里一个世纪以来都充斥着潮湿的霉味和布满蜘蛛网的酒瓶子。

我走在古老的走廊里，经过暗影和阴郁的画像。它们让我感到很搞笑。一个头戴白色假发的丑女人，苍白无力的手掌上有一块奶酪，一只小鸟停在她手上闻着奶酪的味道，她从小鸟上方观察着我。而我对着她吐舌头。这是个令人失望的日子，因为我现在确定演唱会只能在明年举办了。我在窗前凝视下面的湖水。天鹅绝妙地在湖上滑动，像两片白色的羽毛。

我的房间很乱。我必须收拾行李启程去巴黎，在爱丽舍宫吃午餐。

我对着浴室的镜子，那张沮丧的脸也从里面盯着我。这时，大厅里传来脚步声。

是老伯爵夫人，穿着她的短马靴正急匆匆赶来。嗖嗖，嗖嗖。

"琼，有你的消息！有人说演唱会可以举办了！"

"谁？"

"我不知道。"她站在我房间的门口上气不接下气，一小缕红发散开了，"一个什么部门的可怕的小男人。"

我们重新走过没有尽头的充满回声的走廊，我又陷入怀疑之中。我叹了一口气，再次用汗淋淋的手拿起话筒。是的，那个男人说，警察接到了命令，我们就要得到批准了。

我无法控制自己。我说，"噢，我想知道是谁下的命令……"

"噢！"他说，"这我可不能说，他们的级别非常高。"

"没错，我猜也是。"我扬扬得意。我很高兴。不仅高兴，我简直要昏倒了。

"亲密朋友"开车送我去巴黎的总统官邸吃午餐。他讨厌巴黎，但他记得从城堡到拉斐尔酒店的路线。

在酒店，我洗了一个澡，因为热气，以及即将与法国总统一起用餐的紧张，我的鼻子和额头又开始冒汗。我的亚麻长裤上有一块污渍，我带来的唯一一条腰带和我的高跟鞋也不搭。

那天早上，"亲密朋友"和我一起在黎明前的沙滩上赛马。然后我们骑着它们踏浪，来给马儿火热的两肋降温。我穿着一条紫色的印第安长裙，当白色浪花溅起的时候，它被浸湿变黑，重了一倍。不过我可不在乎这个。

穿过碎石，我大步向前走。我以前来过这儿，认识那个穿着熨烫得整整齐齐的上衣、脖子上挂着金钥匙链的男人。他一边微笑，一边用戴着白手套的手指引我在会客室等待。只剩我独自一人和白日出没的鬼魂和挂毯待在一起，直到那些穿得跟企鹅似的服务人员前来，带领我穿过大厅走到有壁炉的房间。

我第一次来这个房间，还是与那时的保守党总统喝茶。那时只有我们两个人，他坐在房间的另一边，离我很远，我几乎听不到他讲话。

我第一次拜访密特朗一家的时候，同样的房间，被他的家人占满，狗狗们在小地毯上打滚，惬意地伸着懒腰。

现在，房间里只有他们一家人的一个朋友，他和我交谈，直到总统先生和夫人到达。听到他们来了，我俩站了起来，然后我直接走过去拥抱了总统夫人。"非常感谢您能赶来帮助我。"我记得当时自己是这么说的。"您过得好吗，总统先生？原谅接您电话时的我，我当时特别担心自己忘记如何用正确的法语变位，您知道的，我怕用过于亲热的语气给您带来丑闻。"总统先生只是轻轻笑了一下。

我们都坐下。房间里到处是摄像机，一些戴着白手套的人用银质托盘为我们提供饮料。我喝了一杯加奎宁水的杜松子酒，忘掉了裤子上的污渍，然后谈论起甘地来。

总统彬彬有礼。他是一名战士，他对我说。

是的，我知道，我对他说。我也是。

达妮埃尔 [1] 在微笑，不过她始终在微笑。她可真是个小精灵。

---

[1] 即弗朗索瓦·密特朗的夫人。

我的黑色幕布该怎么办呢？我问。

可以，你可以使用你的黑色幕布。

我知道，警察不会让折断的手枪这种设计出现在幕布上……

总统夫人从中调解。不会，说真的，我先生不会允许他们阻止你的。

"国庆日的第二天！"他申斥我。我微笑。试试也没坏处嘛。

摄像机撤走了，但还有正式的手续要办。

我喜欢饭厅的服务生，以及摆放在大圆桌一角的精致的淡色花束。达妮埃尔坐得离我很远，总统则坐在我左边，他们的那位朋友坐在我的右边。今天除了翻译，没有其他人。

总统给大家讲故事，夫人用手肘支着脸颊，从桌子另一边看着他。她的手指微微陷入脸颊的皮肤里，有时候又拢在鼻子周围。当她发现自己讲错了什么后，就立刻用力摇头。她会问他问题。我觉得她真的很爱他。

总统问我是否想留在法国。我说，当我人在法国的时候，当然想了。他喜欢我，但是不知道该跟我说些什么。他是有教养的知识分子。我是有教养的灰姑娘。

咖啡在有壁炉的那个房间。

那次，我为总统唱了一首歌，因为他不会去演唱会现场。他看起来很高兴，他的夫人则笑得像一个小女孩，为他的高兴而高兴。

出门的时候，我在他们两人的两边脸颊上亲吻。拿着钥匙的勤务员带我走到一张桌子旁边并问我，能否请我在我的专辑上签名。我签了，然后还亲吻了他。

那天晚上，我接受了国家电视台的采访。他们拍摄了那个有壁炉的房间，并且问我和总统谈了什么。

"甘地。"我说。

总统接受另一个电视台采访。国庆日前夕，国家元首被问了很多问题。他们还问他，我们在午饭时谈论了什么。

"甘地，"他说，"琼·贝兹是一名严肃的艺术家，也是一名严肃的战士。"

第二天，我的"亲密朋友"和我走在香榭丽舍大道上。当卖冰激凌的小贩问我"您不就是琼·贝兹吗"，然后告诉她的朋友说我明天晚上将在协和广场举办演唱会的时候，我顿时感到轻松了很多。

7月14日清晨，这座城市充斥着坦克的隆隆声。"亲密朋友"和我难以置信地向窗外看去。

7月15日，我肚子疼得厉害。我确定将只有五千人来观看演唱会。报纸上没有任何相关消息。

"亲密朋友"笑话我的不自信，他打赌说那天会有超过五万人来。那时候我肚子疼得倒在舞台的瓷砖地板上，浑身冰凉，是他扶着我去了卫生间。但疼痛仍没有好转，我只好吃了片止痛药。

弗里茨和约瑟从德国飞过来看望我。那时候我面色苍白并且衣衫不整，还抱着一个蓝色热水瓶。他们是德国人，不了解情况，也不知道该对我说些什么，所以只能先离开我，前去检查舞台的搭建情况。我给伯爵夫人工作的医院打电话。她立刻背着吱吱响的背包赶来了。

"噢，我可怜的琼。不过这也没办法，你一定是太紧张了。"说着，她将手贴在我的额头上。

"我不是紧张。我快吓呆了。只剩下五个小时了。"

她检查了我的阑尾，然后给我一片药。她突然用另一种眼光看着我身上褶皱的被单。她的眼睛坏视整个房间。我能看到在她的思考中浮现了"亲密朋友"的形象。直到今天她才知道，她之前确实怀疑过，但是从来不知道。

"他有另外的房间，布里奇特女士。"我告诉她。

"那是，当然了。"她说，然后把他叫过来，训斥他，告诉他接下来要做些什么。

"是的，夫人；是的，夫人。"他说着，踩灭了香烟。夫人在两小时内再次检查了我的状况，并且告诉我，如果还疼的话就再吃一片药。

"亲密朋友"陪我在卫生间走进走出。我又躺倒在瓷砖地板上，并且吃了另一片药。

这时，恶心眩晕的感觉开始减退。"亲密朋友"提醒我说地板太凉了，并且像个医院护理员一样扶着我躺到了床上。这期间，我们只说法语。

"你怎么能爱上我呢？我看起来像苹果女巫，苍白得跟个土豆一样。"

"当你的牙齿都掉光、头上只剩三根头发的时候，我还会这样爱你。"

我开始大笑。

"那就变成了我祖母那样，她睡觉的时候张着嘴，苍蝇嗡嗡地往嘴里飞。"我笑得更厉害了。

"她脑子里空空如也。风从一个耳朵进去，从另一个耳朵出来。"

他靠着我，俯下身子握住我的手。感觉稍微好点了，我聆听着他的心跳声，这声音击退了我的歇斯底里，但我还没有恢复正常，我只是沉沉地睡着了。

七点钟的时候，我们开车来到纪念碑脚下。当时已经有五千人到场，他们都坐在距离舞台尽可能近的位置。

演唱会九点开始。我闭上眼睛，深深呼出一口气。

药片让我行动缓慢，我走上去检查麦克风。

轻轻拍了拍。

一个好奇的警察，他原本正在外省享受假期，眼下也被借调过来。他缓步走上前观看。当那些年轻人开始起哄的时候，我感到自己受了羞辱。

"别傻了！"我说，"警察是在假期里被调过来执勤的，在盛夏里汗淋淋地坐了三个小时的大巴，他可不像你们有的选。而且演唱会同时也是为他们准备的。"之后我在警察们的帽子上签名。很多很多警察的帽子。

人们从每条街道和人行道缓慢地向舞台移动。他们或安静或吵闹地坐着，在纪念碑周围形成涌动的人海。三分之二个银币形状的月亮高悬在橘黄色落日的蓝边上。凯旋门，我十岁那年和父亲骑车到过的地方，在汽车喇叭和愤怒的警察组成的疯狂圆圈中，依然沐浴在阳光之下，而在它三千米之外那橘色的尽头，则安静得如同老鼠都能过街。

我坐在拖车里给我的吉他调音，时不时跳起来看塑胶车门外的人海：日本人、德国人、美国人、英国人、斯堪的纳维亚人、东印度人、意大利人，以及许许多多其他地方的人，很快他们将变成一家人，唱着快乐的优美的歌，而我将成为美国版的伊迪丝·琵雅芙[1]。我已经算是一半移居到法国的土地上了，不是麻雀，而是反舌鸟，如果你愿意，它能模仿所有鸟类的语言。今晚将是辉煌的百鸟争鸣。

　　月亮在黑暗的夜空升起。灯光在通往凯旋门的路上闪烁，我的歌声被屋顶反射，消散在空中。

　　没有需要警察应对的"突发事件"。相反，警察聆听着音乐，甚至开始鼓掌。我为甘地、马丁·路德·金、在英国格林汉姆公地皇家空军机场示威的女人们和失踪者的母亲们，甚至为了法国总统废除死刑而歌唱。

　　我插上了白色的翅膀，从人群上空飞过，当我朝下看的时候，地上的一切都在闪耀。我看着成千上万的观众站起来唱最后的曲目。他们充满希望。希望是会传染的，像笑容一样。我从夜空的翅膀上看到希望、歌曲和笑容。

　　在成功的光芒下，我回到酒店，拥抱我的"亲密朋友"。他今天工作得可努力了。他赢了我们之前的赌局。到场的观众差不多十二万，总之十万是少不了的了。

　　因为睡眠的缘故，"亲密朋友"浑身的肌肉关节都在微微抽动。可我无心睡眠。

---

[1] 伊迪丝·琵雅芙（1915—1963），法国传奇女歌手，代表歌曲为《玫瑰人生》。

我走到装饰华丽的窗户旁，打开天鹅绒窗帘，用宽大的金色带子和褪了色的流苏把窗帘绑起来。在沙发上，我用三个枕头支撑住我的头，第四个给我的膝盖，然后美美地躺在我那条舒适的旧被单上，看着街灯在窗外的夜晚中闪烁，微风吹着马路对面的灰色楼房，在对我低语。我沉浸在自由舒畅的思绪中，或者说没有思绪。然后，万千的黎明跳跃着把我猛地拉起，一遍又一遍。每次我都会回过头来微笑，只为能够在清醒后的第一眼就能看到鸟儿从巴黎灰色的街道飞起而狂喜。

玛丽·弗洛尔在早上稍晚的时候过来看我，她拥有雪白的皮肤和棕色的大眼睛，瘦小的个子戴着围巾和面纱，小一号的泰坦尼亚[1]在去年夏天长大了。我十五年前在法国南部遇到玛丽·弗洛尔的时候，她还是个十岁的小女孩。她来的时候，我还沉浸在白日梦里，微笑着盯着墙壁。很快，玛丽·弗洛尔、"亲密朋友"和我就沐浴在清晨的阳光下，端着欧蕾咖啡，背后是大块的红色窗帘。

我们慢悠悠地打包行李，并且点了牛角包、草莓和鲜奶油。

今天是自由的。

绝对的自由。

"亲密朋友"开车送我们去城堡，不过我们都不着急。当我们嬉笑打闹着到了酒店大堂的时候，已经是下午了。

"我本可以整晚跳舞。"我突然用高音唱了起来，旋转着走过四楼的走廊，把大包小包随手扔在一边，"而且要求更多。"我的声音

---

[1] 中世纪传说中的仙后，莎士比亚《仲夏夜之梦》中的角色。

在"更"字上大大地用力。现在我们在楼梯口。两个女佣把头探出被褥间，一边偷看一边咯咯地讨论，后来她们倚着墙笑了起来。无论怎样，今天我可以做我想做的任何事情。

我在楼梯扶栏的顶部转了一个圈。

"我本可以伸展翅膀并且完成上千件事情。"我在法国的首次"飞翔"已经过半，玛丽·弗洛尔和"亲密朋友"就在我的身后。我继续，在客人的门口向他们点头鞠躬，一直走向主楼层。一跑一跳，最后我来到了接待处。"我本可以跳舞、跳舞、跳舞……一整晚！"一只手在空中，另一只手抱着黄铜的楼梯扶栏，我对着想象中的观众探出身体。

接待处的两个人鼓起了掌。我们付了账。我又一次从头演唱这首歌，因为典雅的走廊尽头有一大束鲜花，它需要我的歌声。然后我来到大街上，并没有停下演唱，直到跳着走到下一家店铺里的理发师身边，挨个儿拍了拍他们头上湿乎乎的蓬松头发，亲吻了这些在空中挥舞剪刀的同性恋。

外面是灿烂的天空，我们大笑着瘫倒在路边，我的头枕在"亲密朋友"的膝盖上。

"安托瓦内特小姐，对于你在协和广场上的不愉快经历，我很抱歉，"我对玛丽·弗洛尔说，"但就我而言，在方尖塔碑脚下的演唱是我一生中最重要的时光！"

旧日何等闪耀

1985 年的新年，我参加的第一场聚会，是 47 俱乐部演出二十五周年纪念，在波士顿交响乐厅连续开了三个晚上的音乐会。我本来不想去，但蜜蜜鼓动我也去，她提醒说毕竟我是在 47 俱乐部演出的第一位民谣歌手，某种程度上可以说是开创者。溢美之词会驱使你去任何地方，在最后一分钟，我终于还是收拾了行囊，和她一起飞去波士顿。

演唱会由进入市场的民谣歌手汤姆·拉什精心组织并巧妙推广，包括一些从来没有见过 47 俱乐部里面是什么样的新组合，还有相当数量的像我一样的老人，比如蜜蜜、埃里克·冯·施密特、吉姆·奎斯金水壶乐队（Jim Kweskin Jug Band）的成员（包括玛丽亚·马尔道尔）、查尔斯河谷男孩（The Charles River Valley Boys）、"基思和鲁尼"（Keith and Rooney）、杰克·华盛顿，以及其他以蓝草音乐和纯乡村乐出名的乐队。我就在舞台上观看演出，舞台上很贴心地放了些桌椅，看起来很有家的味道。曼尼坐在距离表演者最近的桌子旁，就像个老爷爷在他的生日派对上。这就是他的城市、他的地盘、他的音乐，还有他的观众。

我踱到更衣室，在那里遇到了一些十年甚至二十年都没见过的人。很大程度上可以说，我们都保养得很好。

贝齐·希金斯的头发在前几年就过早地变得灰白，现在已经白得如同雪花。她发现自己保养得最差，因为她在纽约运营一家每天要救济二百五十人的施食处。

埃里克·冯·施密特是一名艺术家、画家和音乐家。曾经浓密的红头发和胡子，现在变得就像是银黑色的丝绸。一颗掉了的上牙槽处已经换成一颗耀眼的金牙。由于微笑几乎没有离开过他的脸，我对他的印象就是哪里都闪闪发光：眼睛、头发、牙齿和灵魂。

迪尔·古蒂这些年增加的体重让他的脸变圆了，脸上的酒窝如同深陷的峡谷。他现在和多萝西住在一起，给公共电台制作影像，还必须在快车道上花时间——他得在杰西·杰克逊[1]的竞选之路上全程陪同。

比利·B现在是一名设计师，他制作了印有"47俱乐部"字样的大条幅，并且作为背景幕布悬挂在舞台后面。和我预料的一样，他几乎没有改变，一头多而浓密的鬈发，一双蓝色雕花玻璃一样的眼睛。我没有感觉到他有任何变老的迹象，不过……也许是因为他录音电话里的声音："嗨，这里是比利和苏·伯克的家。"

然后是库克，还是那么瘦，看起来像九十年代富国银行（Wells Fargo）的出纳员，包括小胡子、背心、黑帽子和其他一切装扮。"那么，"他在新年前夜的晚宴上祝酒，"我最好现在就说出来，以免我

---

[1]　杰西·杰克逊（1941— ），美国民权活动家，1984 年和 1988 年为民主党总统候选人。

喝醉了不知道自己说了什么，我深爱着你们所有人……"库克刚写完一部小说，他说小说有几百页那么长，所以关于那部小说，他也不知道该从哪里说起。

吉姆·鲁尼喝了很多酒，是晚宴上最有趣的一个人。之前我不是非常了解他，现在他体重也增加了不少，他住在纳什维尔，仍然是个左撇子吉他手，就是说，他这些年一直踟蹰不前，甚至退步了。

弗里茨用水壶、洗衣板和洗衣盆之类的东西当乐器，如同老橡树干那样干瘦而滑稽。在晚宴上，他点了一份二十一美元的龙虾大餐，把腿、爪子和肘部都吸得干干净净。

"玩冲浪的鲍勃"·希金斯是一名从麻省理工学院转到圣迭戈的生化学家，五弦琴手，踏板电吉他的奇才。他的眼角布满细致友好的皱纹，浓密的头发和睫毛如同笼罩在光环之下，身上所有的地方都被晒黑，尤其是那张加利福尼亚式的古铜色脸庞。

这些人都是城市里的乡村人。我之前没有意识到这些民谣歌唱家现在真的成了一家人，这是我在高中时代没能完成的事情。他们是我的第二家庭，在我爱上迈克尔和哈佛广场的那些年，他们逐渐聚集在一起。他们现在还在唱歌。也许这就是让我印象最深刻的：响亮、温柔、台上台下、独唱、二重唱、三重唱、合唱、五十年代摇滚、六十年代的西部乡村音乐、歌谣、民谣、赞美诗；所有人都在唱——右翼分子、自由派、和平主义者、改造过的吸毒者、雅皮士、向大城市流动的吉他弹奏者；我们所有人都还在唱歌。

最后一个晚上，音乐会在汤姆·拉什领着我们一起表演爵士乐中结束。然后我们彼此交换麦克风，演唱了完全没有彩排过的歌曲《奇异恩典》。我和蜜蜜、玛丽亚站在一起，库克正好也回来站到我们中间，所以我和他成了这首赞美诗的主唱。我们所有人带着灿烂的笑容从台上往前走。我拥抱了一个"新来的家伙"，我已经记不清他是谁了。杰夫·玛尔道尔带着孩子和我们一起。我两只手分别搂着蜜蜜和玛丽亚。玛丽亚是浸信会基督徒，或多或少，她看起来很像抹大拉的玛丽亚，"旧金山的梅布尔·乔伊"[1]，或者白皮肤的蒂娜·特纳[2]：穿着别人穿过的俗丽服装——发光的黄色羚羊皮女士长衫，朋克腰带，黑色短裙，菲拉格慕的高跟鞋；脸庞上闪耀着耶稣之爱的光芒，还有火红的粉底。她那双黑色的大眼睛长着天然的长睫毛，她精心修理过它们，所以看起来竟像是从折扣商店购买的；在这样的装扮之下，她的神情却总像是一个饥饿的卖火柴的小女孩，因为长时间盯着展柜里面的衣服和鞋子被扇了一个耳光。

> 奇异恩典，声音多么甜美
> 拯救像我一样可怜的人。
> 我曾经迷失，但现在被找回，
> 曾经盲目，但现在看得见。

我们是怎么一起唱的呀。我感觉玛丽亚快要飞起来了，库克的声音听起来像是拓荒者之子乐队（Sons of the Pioneers）里的男低音，蜜蜜和我不敢对视，怕停止自己对这个奇怪的天使乐队的思考。它是

---

[1] 出自美国创作歌手米奇·纽伯里（1940—2002）的一首歌曲，来自1971年的概念专辑。

[2] 蒂娜·特纳（1939— ），瑞士籍美国创作歌手，有"摇滚女王"之誉。

那么华丽，简直像浸信会的唱诗班。唱完《奇异恩典》，接着是《那不是强大的风暴吗？》。这首歌激起更多人舞动、挥手、摇摆，使气氛越发和谐。观众非常喜爱这首歌，并且大叫着要听更多歌曲，但那时已是深夜十一点二十八分。而之后的加时演唱会将于十一点半开始，所以我们只能回更衣室，那里的气氛迅速变得如同在棉花杯橄榄球赛（Cotton Bowl）中获胜的球队的更衣室。

聚会在科普利举行，我非常幸运地找到了最优秀的舞伴，上一次遇到这么好的舞伴还是十五年前，在巴黎的迪斯科舞厅，当时我被那些个子不高的委内瑞拉人的舞蹈迷得神魂颠倒。现在，我再次处于狂喜中，可以整晚跳舞。但没办法，我们身处波士顿，音乐必须在凌晨两点停止，我失望得快哭了。那时，我反穿着印有琼·贝兹字样的黑T恤、运动长裤和运动鞋，大口喘气，浑身燥热得如同乡村新鲜的牛粪。

但是，关于这次聚会的其他一些方面，也出现在我的脑海中，涉及一个和这次聚会完全不相关的、在那个特别的新年里得以化解的故事。

蜜蜜和我现在不经常见面了，至少没有她丈夫迪克还在世的时候那样频繁。那时她还是我的小妹妹。他去世的时候，蜜蜜才二十一岁，她必须重新开始自己的生活，只是这次她必须完全靠自己。她以前甚至连车都不会开。

她十八岁时离开自己的小巢，嫁给了理查德·法里纳。这是一个精力充沛的男人，在任何事上都乐意自己做决定，而且也乐意替蜜蜜做大多数决定。在她二十一岁生日那天，理查德被人杀害。在那之后的很多年，她都徘徊在自杀边缘，活在孤独和痛苦之中。她告诉我，在公寓里独自度过的第一个夜晚，她从噩梦中醒来大喊救命，一边喊一边用鞋跺地板，直到楼下的房客冲上来询问情况。

我记得她的第二次婚姻是在大苏尔民谣节期间举办的。她那时特别美丽，如同蒂芙尼水晶那样晶莹。迈兰人很好，长得像林肯，有着又长又密的油黑头发，身着丝绒礼服。蜜蜜头上戴着小雏菊花环，身穿白色礼服，这激发了我的灵感，创作了我的第一首歌《亲爱的加勒哈德[1]先生》。

蜜蜜和迈兰曾经住在电报山（Telegraph Hill）上一座有些倾斜的漂亮公寓里，现在它已经被拆除了。那时，蜜蜜开始拜访治疗师，深度挖掘自己尚未被自我发掘的另一面。她还学会了开车。她和"委员会"（The Committe）这个旧金山有名的讽刺团体一起工作。那时除了作为我的妹妹、迪克和迈兰的妻子，她还没有其他身份，于是她便开始给自己创造一个。三年后，她和迈兰和平离婚，开始称自己为蜜蜜·法里纳。

蜜蜜年轻时是一个舞者。当一个人自出生起，就具有像她那样的优雅和精致，那就叫天性。我们那时都认为她想"成为一名舞蹈家"。但也许是看到我的轻易"成名"，以及和迪克一起在舞台上演出体验到明星的感觉，加之她明白了成为一个芭蕾舞演员就意味着必须具有一种她并不具有的献身精神之后，她就变得不那么喜欢跳舞了……也许还因为她也确实是一位优秀的音乐家，因为蜜蜜选择了我所认为的

---

[1] 加勒哈德为亚瑟王圆桌武士之一，以高洁著称。

所有道路中最艰难的那条：她选择了用吉他自弹自唱。她选择的这条道路注定了她将永远只能以"蜜蜜·法里纳"的身份出场，而不是"琼·贝兹的妹妹"或者"理查德·法里纳的遗孀"。

自我结婚之后，我们之间的距离更远了。虽然大卫也喜欢蜜蜜，但他更多地投入在我们的工作上（也许我也一样），所以必须长期外出。而我则花了大量时间做这个世界上最挑剔的家庭主妇。自加布出生后，我就觉得蜜蜜变得越发不可理喻了。

回溯过往，我认为蜜蜜的所作所为也不难解释。我那时全身心都在加布身上，这个被宠爱的孩子，让我在讲话的时候都会轻柔地、慢慢地按音节发音。蜜蜜感觉被我抛弃了，她从来没做过母亲，因此对我的表现感到妒忌和厌恶。很多年以后，她给我讲了加布和我去她家的那个下午，加布穿着纸尿裤，在她卧室中央的地毯上拿着煮过的熟鸡蛋旋转。她试图和我聊天，而我一直盯着我了不起的孩子转鸡蛋，看着他让鸡蛋掉落在地毯上并踩上去。他很高兴，被他的情绪感染了的我问蜜蜜："他很可爱，对吗？"蜜蜜在那一刻不说话了，接着她说自己不知道该先枪毙谁，加布还是我。

那时，我获得了"民谣天后"的荣誉，或者像大卫叫我的"世界和平小姐"，也养成了骄傲的习惯，便对蜜蜜越发没有耐性。理所当然，我成了一个仁慈善良的女王，因为我敢冒险、做慈善、关心穷人、为了信念而进监狱，为了更多有意义的事情而放弃自己的事业。我也逐渐习惯了被特殊对待，在无意中养成了一些毛病，我现在仍然有这些问题，而且只有其他人温柔地提醒的时候，我才能意识到。

有一段时间，我和蜜蜜之间没有太多共同话题。当我们聊天的时候，我们的交谈是不自然的、谨小慎微或者虚伪的。她总是在生气，而我确信自己只是在做她不止一次地指控我的"罪行"——那就是，跟她讲我自己的事。后来，在七十年代的某一天，我们终于发现我们之间再没有留下一丁点多年前曾拥有的那种亲密无间的关系，便决定一起吃个午餐，好好地"聊聊"。那天我俩都迟到了，后来我们相互坦白，原来两个人都在见面之前吃了一粒安定片，好让自己能有勇气赴约。

关于那次午餐，我记得最清楚的是，蜜蜜根本不了解她自己的力量和成长。当我说她经常伤害到我的感情的时候，她认为我在吹牛或者撒谎。她始终认为我是充满力量、遥不可及的，而她自己是软弱无力、无足轻重的。那天我俩哭了很久，开诚布公地讨论以前的事到底谁对谁错，虽然大多数仍然没有定论，但那是一次真诚的努力，是恢复昔日亲密诚实友谊的漫漫长路的开端。

从那时开始，我俩尽全力保持亲密。我们都有了些事业上的成功，也有过一些失败。蜜蜜经营着"面包与玫瑰"，这个像梦一样美好的组织是她一手创立的，其宗旨是把娱乐带入医院、监狱、老年中心以及其他地方。她和她的组织在海湾地区家喻户晓且备受尊敬。很快，"面包与玫瑰"的分部也在美国各地建立，这在很大程度上取决于蜜蜜的天赋和坚持，以及员工们的努力工作。当然，她仍然用唱歌谋生，并且和大家一样，不得不相应减少唱歌之外的其他事情，因为市场对我们这种音乐的需求很小。她始终没有忘记迪克，外出旅行时，会跟他打电话告别，常常在旅行途中染上流感或风寒，或者其他什么毛病。

在我们飞往东部参加47俱乐部聚会的前一天早晨，她得了重感冒。她美丽、忧伤、风趣、顺从，而且还生病了。我感觉自己像个母亲一样，想要好好照顾她，这样当她走上交响乐厅的舞台时，能尽可能好起来。我们待在希尔顿机场，我希望我永远不会为金钱发愁，这样我就能像往常一样，开一间贵宾室，让男仆把我的豪华轿车停好。行李员认出了我们，他让我们把车停在距离房间很近的地方。我们很开心两人能分享一个房间，蜜蜜吃了阿司匹林和曲普利啶片。我们上升到了国家大使的级别，乘坐一架豪华飞机横跨美国，抵达后被安排在波士顿科普利广场酒店。汤姆·拉什盛情款待了我们，给我们报销了机票，并且提供了一个有大客厅和两间卧室的套房。

我眼看着蜜蜜的身体在抗拒工作。演出当天，她起床之后几乎不能讲话，头和鼻子都塞住了，胸闷，只能发出微弱的声音。她在发低烧。她那十八分钟的演出由两首歌组成，一首是和玛丽亚·玛尔道尔合唱，另一首是和我合唱。我忙着我在儿童演唱会演唱的那部分，那是给埃塞俄比亚难民的义演。（我讨厌给儿童唱歌。所有人都认为我就是皮特·西格，能够取悦任何年龄段的观众好几个小时，事实上我不能。）《我爱我的公鸡》这首歌又一次拯救了我。我还演唱了《你要对孩子们做什么？》。这首歌唱的是，什么人戳掉了孩子们的眼睛，把他们扔到墙壁上，再从墙上刮下来。不过孩子们还是喜欢听。

回到酒店，玛丽亚告诉蜜蜜没时间彩排了。我看着玛丽亚站在蜜蜜的卫生间门口，精力旺盛地谈论意大利面和体重，以及蜜蜜怎样穿衣服才能凸显她的小蛮腰。蜜蜜边听边涂眼影，忙着准备她的演唱曲目。玛丽亚继续讲意大利食物，而我向圣犹大祈祷，能够帮助我们顺利度过今晚。

我差点没注意到的是，尽管蜜蜜鼻塞、出虚汗、身体僵硬，但她仍然结实得如同一棵绿树，而且看起来十分平静。她和玛丽亚在女更衣室彩排。玛丽亚一直忘词，有人说她太紧张了，她说："我从来没有过紧张！只有这一次和蜜蜜在一起唱歌我才紧张！"我们大笑，不过我也意识到，她确实在害怕。在最后一分钟，节目的顺序改变，蜜蜜在巴斯金与巴托[1]后面演唱。这两个年轻人以擅长制造热烈的气氛著称，他们在舞台上讲了很多笑话，其演唱用钢琴、吉他和小提琴伴奏，格外提神。

"他们在我之前唱，"蜜蜜懊恼地说，"这不公平。"

我那时很紧张，就走出去观看他们的表演。演出即将结束时，人群向两翼聚拢，蜜蜜安静而优雅地在激动的人群中踱来踱去。她继续一边复习歌曲一边摆弄吉他。巴斯金与巴托正在演唱《弹奏小提琴的男孩》，这是一段用小提琴伴奏的华丽歌谣，分成两个部分，唱的是一个女士收留了一个男孩并且和他一起睡觉，早上醒来时发现窗户是打开的，只有小男孩的脚印留在露珠上。他们演出结束时，现场响起热烈的掌声，但我的肚子跟打了结一般。任何人都不想在一场热烈的、反响很好的表演过后上台。我搂着蜜蜜的腰，从后台门口穿过。

"把一切交给上帝吧。"我说。

"我已经这样做了。"蜜蜜说。

她穿着黑丝绸裤子，黑色高领毛衣外面套着一件亮蓝绿色丝绸外

---

[1] 大卫·巴斯金（1943— ）和罗宾·巴托（1948— ）组成的二重唱。贝兹称之为"两个年轻人"，但在 1985 年，两人很难称得上年轻。

罩，大步向前走，美丽得让人目瞪口呆。掌声平息后，她开始讲话。我不知道我在期待些什么，她确实雅致又大方。她讲了几个小笑话，观众用笑声回应。然后她开始唱第一首歌《老女人》，那是她写给老年人的歌："噢，祖母，他们说的是真的吗？生命之河奔流不息，时光会将我们带走……"她的嗓音有力、纯洁、平稳。下一首歌是清唱的，观众们和着节奏打响指伴奏。完美无瑕。

坐在黑暗中，我放松下来，我真的很钦佩我妹妹。当她突然说"今晚这个舞台上少了一个人"的时候，我不知道她会说出谁的名字——汤姆·扬斯，她的长期歌唱伙伴，死于车祸导致的内脏器官破损？还是最近刚过世的史蒂夫·古德曼，这个写出《新奥尔良城》的年轻人用了半生时间同白血病英勇斗争？或者是那六十多个已经去世的著名歌手中的一个，例如詹尼斯·乔普林或者杰诺·福尔曼？

"……那个人就是理查德·法里纳。他本应该和我们一起出现在这里。事实上，他没有走远……"我发现我的肩膀在轻微颤抖，她毫无防备地提起迪克，万千思绪涌了上来。我对她产生了敬畏，因为她在交响乐大厅的上万观众面前提起那个令她恐惧的人。这其中的一些人可能不知道迪克，但通过热烈的掌声判断，还是有不少迪克的崇拜者。接着，玛丽亚被邀请出来，演唱了一首我从来没有听过的美妙歌曲。是清唱，她们两个纯正有力的民谣嗓音交织在一起，跌宕起伏，演唱着迪克曾经为《兄弟情，这宁静的愉悦》所创作的歌词。我眼含热泪听完这首歌，我知道这两位女士正在做一件非常伟大的事情。她们的伤口正在愈合。她们在告诉我们一些有关女性生存的事。

当然，站在内圈的我们是最受感动的。但是谁能想到，当演唱会结束，大家聚集到后台的时候，玛丽亚的前夫，那个从我认识他开始就一直同我们保持距离，甚至还有点敌视我们的杰夫·玛尔道尔，竟在更衣室说："那首该死的《宁静的愉悦》，嘿，简直省了我五年的治疗费。我的意思是，我流了可不止一丁点眼泪，我……"他哽咽着开始啜泣。我从来没有见过他的笑容，我走过去对他说："我能要一个拥抱吗？我已经等了二十五年。"然后他给了我一个拥抱。古蒂满脸通红地演唱了结尾曲目《奇异恩典》，在一段歌词的中间，他说："这是蜜蜜——善良的基督徒！"他流着眼泪转身拥抱她。我继续微笑，惊讶地看着我的这个坚定、有韧性的妹妹打败了我们所有人。所有活着的人都在生存，但是有多少人能够做到不仅仅是活着？

塔利亚的幽灵

我姐姐宝琳在她四十七岁的时候说，她只活了人生的一半，希望后半生能在她的草药园里度过。她住在充满山狗和灰溜溜的蟋蟀叫声的山谷深处。她几乎寸步不离她的神圣山谷，在那里她可以不受电视和新闻的蹂躏。

宝琳，我想告诉你的事情很简单。那就是我爱你。你在我心里有一个很特殊的位置，你待在那里，就像住在你的山谷里那样。

从童年开始，我俩就是两个最不相同的个体。你不愿意在我这个充满旅行和探索的世界里做任何事情。我也不能理解你的隐居生活。

我敬佩你，你自己建造房屋、种植草药以及缝制漂亮衣服。我敬佩你竟和一个人共同生活了二十年。我爱你和佩顿生下的小女孩，当然她现在已经不再那么小了，但是仍然和她的名字一样美丽："珍珠"（Pearl）。我也爱你那帅气的儿子，他住在纽约下东区，化着朋克妆，穿着苏格兰格子短裙，和你一样容易害羞。不过你知道吗？他帮我拿过外套呢，而且当我带他和他女朋友去纽约一家装饰得很潮的餐厅吃饭的时候，他可乐意和我出门。

我从你为我制作的东西中了解你。十六年前的那床被子——金色灯芯绒镶着亮边，一件最华贵的礼物。在它的上面还盖着一件罩袍。有一年，我把我所有新的西班牙刺绣围巾送给了你，还有穿旧的丝质女式衬衫、旧的丝绒夹克、昂贵的首饰、珠子装饰的钱包、镶着人造钻石的腰带和流苏披肩。我还请你帮我做一件长袍。你做了一件珠光宝气、铺张华丽的长袍，我穿着它去剧院和化装舞会，见过它的每个人都羡慕得不得了。上次我去拜访你，那时我还在为加布烦心，而且肚子疼。下午三点，你从你和佩顿的卧室外的梯子上下来，给我沏了一杯又一杯新鲜的薄荷茶，和我聊天，给我带来了关于如何照顾小孩的令人欣慰的希望。你带我看你缝制衣服的格子间，那里有成堆的小饰品和薰衣草香囊。在里面，眼睛能见到的地方，几乎都堆着东西。你的胳膊从柔软的手工制作的衣袖里伸出来。我看到你的肌肉，有苹果那么大，每次你弯曲手臂的时候它就轻轻弹动。我注意到你完美的牙齿和淡褐色的闪光的眼睛，流泪了又擦干，流泪了又擦干。以前你是我的白人姐姐，现在我看你是我的印第安姐姐。我希望你在山谷中找到安宁。

诚实的摇篮曲

彻底的孤独是最容易被意识到的感觉——不是顾影自怜式的，而是敏锐地意识到，今天，在周末家长日，在圣马克校队的橄榄球赛上，我竟十分可笑地格格不入。

大卫和我飞回来参加加布的开学前活动，学校在波士顿城外的一个小镇，当然，我们是分别乘飞机来的。这些年我们合作得很好，在我的要求下，大卫承担了加布大部分的抚养责任。加布需要一只强壮男性的手支撑起他那十二岁的、前青春期的肩膀，也许有时候还要支撑他的臀部，他需要一个能理解考试分数和体育运动的人。最重要的是，加布需要一个家庭，这是大卫和他妻子莱西可以提供的。现在，他们家的小妹妹快要出生了。所以，我只能又一次试图带走我的儿子。

我想，把我的身体加入这一小群在看台上欢呼的父母，为雨中的这场比赛加油，是最为正确的事。当他看到自己的妈妈站在借来的白绿相间的圣马克大雨伞下，喊着"加油蓝队"，或者看到距离我三英尺之外的爸爸，站在同样是借来的红白相间的雨伞下，抱怨队员漏球，抱怨教练，并且大吼着"盯住他们，加布！"（那声音离老远都能听到），总有一天，加布会告诉我他当时是否觉得尴尬。那时圣马克队正在突破另一个在力量、身高和技术上都占优势的队伍的防守，已经乱哄哄冲到了球门区。

我和加布的女朋友丽萨为了给大卫找一把雨伞，围着满校园跑。她是个甜美、衣着优雅的金发女孩，来自上层社会，拥有奶白色的肌肤和纤细的脚踝。作为前妻，我认为今天最重要的安排就是和大卫一起出席这场比赛，当然今天的天气确实不好。

在第二个四分之一决赛开始一半的时候，我向赛场艰难走去。我穿着和湿绿草地形成鲜明对比的红色牛仔靴，一条中性风短裙，套衫外面露出白色衣领，大号蓝色牛仔夹克。希望我看起来是一个学院风和户外风混搭得很好的妈妈。这把雨伞大到足够五个人避雨。我走到赛场座位的时候，圣马克队已经得了一分，但是在最后几分钟，他们被客队反超。观看比赛的人十分稀少，只有最忠诚顽强的父母和朋友们还在看台上。其他人则穿着低跟的博柏利鞋，站在距离球门五十英尺外的图书馆干燥的阳台上。大卫站在看台上，头顶一个破碎的蓝色塑料布包，大喊："加油！迪伊！"我决定耐心等待，看看谁是"迪伊"。但我一直没搞清楚。

"大卫，你的雨伞呢？丽萨给你了。"

"噢。"他回道，目光始终没有离开泥泞场地，那里运动员的身体砰砰地猛烈相互撞击。现在回想起来，我意识到他当时就不希望我在身边。我对丽萨撒气，突然感觉她根本配不上我儿子，然后仍然想和大卫分享我的大伞。看台的座位都被雨水浸湿，所以大家只能站起来。大卫的身高有六英尺三英寸，他没有低下身子分享这把伞，把它举起来不要太容易，但他根本没有，因为他从来不管别人。

赛场上的男生们如同被大雨冲刷的战斗中的蚯蚓，穿着蓝色队服，戴着红色鼻锥。

"哪个是加布？"我问。

"85 号。加油蓝队！快，打败他们，打败他们！"

我扫视了球场边线。85 号很显眼，他穿着很白的裤子和有些脏的运动衫。他屁股上有块泥乎乎的污渍。

"那块屁股上的污渍意味着加布已经上场了一会儿吗？"我问大卫。

"不，嗯……嗯。那只是热身的时候弄脏的。"

"噢。"我说，然后心想，亲爱的上帝，让加布上场一小会儿吧，让他击倒一个比他高大的球员，并且把那家伙也弄得满身是泥。那时大卫正在抱怨，所以我猜圣马克队表现得不是很好。我决定集中精力看清楚赛场上发生了什么。

看来又是一个非常重要的球，因为赛场边的替补喊声更大了，而且大卫看起来又累又兴奋，对着比赛大喊，一只拳头在空中挥舞，另一只手稳稳地扶着头上那个破旧的蓝布袋。丽萨拿着那把红白相间的大伞来了。大卫很高兴，把防水袋扔在了湿漉漉的看台上。如果我站的地方靠近到离大卫三英尺之内的话，我们借来的圣马克雨伞就会撞到一起。我感觉大卫手中的伞就像烧烤用的叉子，赶紧挪开了一点。

加布的室友斯蒂芬来了，没有戴帽子，穿着时尚的扎染黑色裤子、T恤，戴着围巾。为了对周末家长日表示尊重，他的左耳没有戴耳钉，还刮掉了山羊胡。他和丽萨还有我站在绿白相间的大雨伞下面。他在一队人中看到了加布。

"太干净了，他的裤子太白了。"他说。

"嘘，他还没上场呢。"

"我知道。也许在我们等待的时候，他可以跳进泥水里打几个滚。"

我爱斯蒂芬，因为他和我对橄榄球的看法一样。虽然他爱加布，是他的好朋友，但他还是认为橄榄球是种野蛮的运动。

"他上场了。"斯蒂芬说。我看到加布跑向赛场。

我该如何解释作为一个和平主义者的母亲此刻的感受？我深爱我的儿子，超越了这个世界上的任何事、任何人。我不喜欢橄榄球，但是仍然满满地为他感到骄傲。他没有那么强烈的侵略性，现在的他，十五岁，六英尺高，甜美、耀眼、帅气。他可能根本不打算动一根手指头，因为一切都来得那么容易：朋友、机遇、各种女孩子、赞美、羡慕。现在，第一次，他要和自己惯常的被动作战了。橄榄球让他快速奔跑，冲向他人，可能会弄伤别人，当然也会让自己受伤。加布刚刚在对付一个比他高大的对手，当那个大块头把他摔在脚下并且扔出去的时候，加布一直抓着他的运动衫，愤怒地紧紧抓着，就像我在打架的时候抓着我妹妹的衬衫。他差点把那个男孩也弄倒。我都开始怀疑这是不是一场公平的比赛。我怀疑加布气急了真的会打人。或者被打。我记得斯泰格[1]漫画里面有一位住在布鲁克林的母亲，一天看着窗外她的小儿子和恶霸打架，大喊："打败他，约翰尼，捏碎他，

---

[1]　威廉·斯泰格（1907—2003），美国漫画家、雕塑家，后期成为童书作家。

打他的鼻子！"我现在算是真的理解她了。

斯托姆漫步来到我们这里。她和斯蒂芬一样，是圣马克"艺术社区"的一员。她脚上穿着大号男式懒汉鞋，双手插在宽大丑陋的大衣口袋里，亚麻色的头发贴在脑袋一边，另一边的耳朵周围被剃得很干净，能看到皮肤上起的鸡皮疙瘩。她一只耳朵上挂着黑色橡胶制成的蜘蛛形耳环，另一只耳朵上挂着一个珍珠饰品。她的问题都在她颓废的衣袖上表露无遗，她那大大的漂亮的脸庞有不少伤痕。她是教练的女儿。

"加布在哪儿？"她问，向我们走来。

"他正在比赛。"我说，然后我们一起注视着战斗中的蚯蚓，听着头盔和肩垫的摩擦声。

"噢，呸，恶心！这是一场糟糕的比赛！我的意思是，我不知道这可怕的撞击和骨头断裂背后有什么意义。天哪，我看不出他们在搞些什么！"她发现大卫看得那么聚精会神，便只能说："哦豁。"

加布又退场了，这次他全身泥泞，还好伤得并不重，感谢上帝。天渐渐黑了，不过雨小了，变成了薄雾，长椅快干了。加布转身看着我们头上的天空。我看到了他那双帅气的蓝色大眼睛在浓重的眉毛之下，十分锐利。他皱着眉头，好像在说，该死的天气毁了我们的比赛。不过我认为，他皱着眉头在想的是，我想知道爸爸认为这场比赛怎么样。当我忙着和斯蒂芬聊天的时候，加布正在朝观众席边看，我看到他正注视着他爸爸的眼睛。在那一刻，他那愤怒和担心的表情变成了一个灿烂的微笑。眼下的我停下打字，坐在打字机前想了十分钟，想象该怎么描述大卫以同样的微笑回复孩子的微笑时所蕴含的感情。骄傲、高兴，一种男孩们不可能以同等的方式对他们的父亲所表达的爱。

当时从我的角度看去，只能看到大卫脸庞的四分之三，但我知道他的微笑，和他儿子的微笑一样，宽阔、害羞、骄傲。就是这样，加布。生命是有关生存的，你正在学习如何生存。这和橄榄球本身没有很大关系，但你今天做得非常非常好，而且你今后会更好的。加布说，爸爸你看，我的运动服脏了，看起来有点傻吧，但是我很开心而且我知道你爱我，一切都很好，除了这场雨，不是吗？他俩忍不住大笑起来，接着，他们因为自己的笑声又开始窃笑。

圣马克输得很惨，但我们并不在意。他爸爸第一个手拿相机冲向赛场。他给了加布一个大大的拥抱，然后他俩站在那儿，踩着泥水打闹，我给他们拍照。加布摘下头盔跟爸爸和丽萨拍照，然后跟我和他爸爸拍照，他爸爸又给加布单独拍了两张近照。加布穿着巨大的垫肩，看起来好像脑袋陷在脖子洞里。坚持住，加布。你真的很棒。

一两句肺腑之言

1985 年，六个星期的巡回演唱。威斯康星州，麦迪逊。我们的厢式货车终于到达了目的地，但我不是特别激动，当时我和巡演经理玛丽，还有伴奏塞萨尔在一起。我们从芝加哥一路开了三个小时。在芝加哥，我们住在加拿大四季酒店。酒店经理的助手出于善意，给我们安排了一个高雅的淡蓝色套房，在房间里可以眺望远处的湖泊和教堂，如同拥有小鸟的视线，我们能看到布满云朵的天空。这个套房要五百美元一晚，我得支付一百一十美元，不然只能住进大厅朴素的单人间。我们用前一天晚上演唱会上的鲜花装饰房间：粉色郁金香、一篮水仙花、亮粉色杜鹃花，还有一捧由各种鲜花组成的花束，它被放在入口的桌子上，旁边是我那只毛绒鸭（桌子上还有我妈妈写的一张系着蓝丝带的黑色卡片，上面的图案是扬·勃鲁盖尔的画）。我决定把这个房间变成我的家，而不仅仅是"落脚点"。一个落脚点意味着没有鲜花、景色，只有难看的装饰、塑料水杯、狭小的卫生间，也没有足够的地方进行锻炼。

我们到达芝加哥的当晚，我略做祷告，感恩能够拥有这样的房间，然后洗了一个澡，把一些衣服挂起来。然后用我的小索尼播放器放了一些"空间音乐"（Space Music），用瑜伽里的半莲花姿势盘腿坐下，回忆当天发生的事，并且为明天理顺我的头脑。静坐几分钟后，我的身体自动地开始瑜伽练习，这样的练习可以在任何地方进行，一般要持续十五到四十分钟。我进入冥想和祈祷状态，沉静且专注于小小的感激、小小的请求。我再次打开与自己的沟通，试图发现我此世的目的。

任何冥想都是如此，有时平静，有时慌张。我回忆起我去过的地方。我在纽约开过两场演唱会，在波士顿交响乐厅开了一场。我看到我儿子出去跳舞直到凌晨三点才回来，第二天又去公园玩飞盘。我在波士顿遇到我那可爱的父亲，他刚从印度回来，正在阅读《薄伽梵歌》。我在演唱会闭幕时唱的那首《让我们打破我们脚下的枷锁》，让他很受感动。他对我说："这就是你来这里的原因，亲爱的。"他的意思是，我对人道主义精神的呼吁意义重大。我灵魂的外层是对儿子和父亲的爱与感恩，对他们的回忆使我泪流满面：加布穿着感恩而死乐队（Grateful Dead）的彩色 T 恤，在演唱会结束后的晚餐上随意坐下；而我那有着灰色浓密头发和黝黑脸庞的父亲，在波士顿待了两个晚上，我俩谈论着我们该如何共同成长……

在威斯康星州麦迪逊市举办演唱会的那天，雪花从灰之又灰的天空飘落。上午十点半，我和玛丽在喝咖啡，没想到 HBO 电视台放着贾森·罗巴兹的电影，那是一个关于即将去世的爷爷和他女儿以及外孙的故事。然后骑自行车锻炼，做了很多拉伸动作，洗了澡，做了一个长音练习，然后点了一个汉堡与玛丽分着吃，最后又给吉他重新装弦。我为了弹吉他而粘的三个假指甲掉了一个，就去酒店里的漂亮沙龙把指甲粘上。玛丽没在意我的着装：一条黑色绸缎短裙，黑色帽子，显眼的圣罗兰围巾，红色牛仔靴。我随身携带的包里装了苹果、燕麦卷、化妆品、录音磁带、备用吉他弦、备用袜子、一本关于中美洲的书、一本平装版的莫泊桑短篇小说原著、一本很小的法语词典、耳套和巧克力。

　　下午一点半，汽车开来接我们。塞萨尔感冒了。除了这个，在麦迪逊的旅程一切顺利。我们四点半到达剧院大厅，并没有人出来迎接，所以我们自己跟着指示牌走到更衣室，走到老剧院下面的走廊。玛丽放下衣服和包；我放下吉他，坐在箱子上，拿出一份《时尚》杂志，找拉夫·劳伦和 CK 的广告。组织者找到我们，把我安顿在我十八个月前就待过的那个更衣室，不过我对此并没有印象。舞台的工作人员都很好且乐于帮助我们，周围的声音很好听，气氛让人感觉舒适。那边是我的道具，吉他支架，一个麦克风给我演唱，一个麦克风给吉他。钢琴前面也有麦克风。我有两块显示屏，塞萨尔有一块。因为有一个不错的大厅和一群聪明的调音师，我们十五分钟就检查好了音响设备。我走到前舞台接受当地媒体的现场采访。我十分配合地回答他们。这是一次很有意思的采访。

　　主持人的介绍使我受宠若惊，都是关于我六十年代反对越南战争以及用音乐呼吁人道主义的事迹。主持人最后讲述了我最近的一次政治活动，就是我去拜访那些失去孩子的阿根廷母亲并且将她们的困境公之于众的事（一个四年前的老故事了）。

　　　生活在六十年代的感觉不错，但我也乐意不去想它们，而是集中注意力去找到某种方法让人们面对八十年代的现实。事实上，我在过去的七八年里仍然在尽力演出，演唱了很多歌曲，只不过大部分是在欧洲罢了。

为什么花这么多时间在欧洲？

因为在那里我有很多观众，而且，简单地说，我确实是被他们宠坏了。现在是时候回家并且认真投入我在美国的工作了。

我儿子对我的过去怎么看？

现在，我的历史已经变成了他的历史。事实上，最近一次，他曾告诉我，我出现在了他的历史课本上。我则对他说，我希望自己能够被公正地描述。

在我所有的成就中，哪一项是最值得骄傲的？

我的儿子。

我朝着学生报社的两个人走去。有个男的在非常认真地做笔记。麦迪逊城是个大的避难所，他这样告诉我。我很高兴。他的报纸直言不讳地反对七十年代的那场战争。这我倒是没听说过。我们谈论希望和乐观，谈论摇摆不定的事态，谈论新爱国主义，谈论"那场运动"。我告诉他，"乐观"这个词语是在危险和不稳定的世界里扭曲现实用的，"希望"这个词语则听起来更加温和与长远。我敢说，目前的局势是摇摆不定的，并且仍在摇摆，因此除了去适应这种局势之下的冲击波和震荡，我们什么都做不了。我们提到"新爱国主义"——这是在越南战争期间创造并不断被激发的、对于损害国家荣耀行为的一种歇斯底里的反应。我告诉他，我喜欢"在运动中"（in movement）这个表达，它描述了如何持续地反对武器、核武器，还有那些关注压迫、饥饿、折磨和一切战争的个人和组织。当没有一个强有力的理由能够把我们凝聚在一起的时候，定义"一场运动"是多么困难。在八十年代，只有采用一些新的、有创造力的方式，才能让年轻人远离以工作为导向的算计型生活，转而做一些对社会有意义的事情。

大厅很大很旧很可爱，我忍不住想，两个半小时后——表演开始时，这里的棕色天鹅绒座位能有多少被观众填满。我走到后台，大口嚼着生菜和酱汁，这些食品都是我在合同里要求的。在这个节骨眼上，我的情绪完全取决于我能否感受到自己的人生是有目的和意义的。如果大厅坐满了人并且气氛十分热烈，当然，我便会更容易地感到自信和被需要。如果只有三分之二的观众，我的工作就会变得很难。

今晚的情况介于这两者之间。我在上舞台前完全没有紧张或害怕。我茫然地思索谁会在舞台下观看我的演出，最后意识到自己最好还是只和自己对话。很多年前我就习惯了在演出前留出一段安静沉思的时间，只有这样才能尽量减少自己的自我。我怕我不能达到合同上的要求，为了战胜恐惧的情绪，我便安静地坐下请求指引，希望在上帝的安排下，我在舞台上的时间可以让人类变得更好。现在的我虽然在进行同样的仪式，但环境不同。我现在必须提醒自己，我很重要，而且我天生拥有美妙嗓音一定是有原因的。我提醒自己，坐在大厅里的每一位观众都很重要，我的工作就是去感动他们，给他们最大程度的温柔与关爱。我的工作是唱出我的心声，把今天当作我在世上的最后一场演唱会，毕竟这也不是不可能。观众在离开大厅的时候一定要大笑、大哭、歌唱，或者在内心找到一些新的东西，或者消除了内心的某些疑虑。

之后，在麦迪逊城，我吃了一盘生西蓝花蘸酱。现在，我已欣然接受了自己和观众。这些棕色天鹅绒座位，管它空不空呢。玛丽走过来，递给我一罐啤酒，我接受了，我们现在决定不换舞台装了。相反，我会穿着我现在穿的衣服：一条灯芯绒短裙，格子衬衣，红靴子，还有亮红色的皮领带。我很高兴。观众里的年轻人比通常情况下要多，我期待着他们的不拘礼节。

晚上将近八点钟，我焦虑地走了出去，准备开始表演。大厅里传来一阵令人愉悦的嗡嗡声。我认为观众会对我的表演有热烈的反响，我将拥有一段美好的时光。

八点十分，塞萨尔和我开始表演。第一排观众就在我的脚下，看到这些年轻的面孔，我备感精神。分配座位的员工十分忙乱，因为两个年轻女孩被两个狂热的歌迷抢占了座位，他们很明显没坐在他们原本该坐的位置上。我喜欢一点小插曲，我和前面两排的观众逗趣打闹，希望座位的问题能够得到很好的处理。但是并没有，而且我看到工作人员仍然没有停止查票，所以我邀请这两位年轻的女人上台。她们很激动，工作人员愣得说不出话，观众倒是很高兴。我对塞萨尔点头，然后我们开始表演。第一首歌是《请到波士顿来》，唱第二段的时候，我们用"麦迪逊"代替了"丹佛"。

这些家伙都是谁？我很好奇。今天的演出对我来说可真是个突破。整个大厅超过八成的座位都坐满了，而且还有一群激情四射的歌迷站在舞台下。他们对我的第一首歌曲反响很热烈，接着我便停下来稍微和观众们聊了一会儿，我说，这是我开演唱会的第二十六个年头，在接下来的两个小时里，我会用老歌和新歌带大家穿越回到那个曾经的年代。我告诉他们，今晚我会让他们忘掉这个世界上的烦恼，也会让他们铭记生活中美好的那一面。他们大笑起来。他们希望我停止讲话开始演唱，我便唱了《别了，安吉丽娜》。这些观众并不是特别聪明。他们的反应不是很快，但他们也绝不愚蠢。我对他们没有任何隐藏，只因为这里不是纽约。唱完《别了，安吉丽娜》后，我又唱了一首歌，歌词引用艾玛·拉扎勒斯[1]关于自由女神像的诗和《圣经》里的句子。这首歌也是《死刑台的旋律》这部电影里的配乐。我把这首歌献给来自萨尔瓦多和危地马拉的难民，献给"避难所运动"，献给那些为难民提供庇护、食物、衣服并且帮助他们避难，直到他们当中愿意返乡的（他们当中的大多数都是如此）能够安全回家的教会和人民。

> 把你的疲惫和贫穷给我，
>
> 你们团结在一起渴望自由呼吸，
>
> 热闹的海岸将你们无情拒绝，
>
> 将无家可归的人们，风暴般丢给我吧。

> 受迫害的人是有福的，
>
> 心灵纯洁的人是有福的，
>
> 仁慈的人是有福的，

---

[1] 艾玛·拉扎勒斯（1849—1887），美国犹太裔女诗人、活动家，自由女神像青铜牌匾上的铭文即来自她的《新巨人》。

哀悼的人是有福的。

忍痛离开祖先，

和家人朋友说再见是艰难的。

父母哭泣，

孩子不能理解。

但哪里有应许之地

勇者就会前去，其他人则跟随。

人的灵魂之美

在于尝试梦想的意志。

所以人们穿越海洋

来到和平与希望之地，

但没人听到一个声音或看到一张脸

因为他们在岸边跌跌撞撞，

也没人听到这样的回响，

"我在金色大门口高举我的明灯"。

　　我感受到了观众们的期待。他们对那些有意义的事情有着强烈的渴望。所以我又唱了菲尔·奥克斯[1]的《为了未来》，一首表达怜悯之情的六十年代老歌。场下的反应告诉我，观众里面有很多老一代的人。第一排观众那势不可当的激情让我根本看不到后面的观众，所以

[1]　菲尔·奥克斯（1940—1976），美国抗议民谣歌手。

我也不清楚都有谁在台下观看。不过没关系。我说着笑话，讲着故事，让观众大笑，然后为年轻人演唱了《八十年代的孩子》：

　　　　我们是八十年代的孩子但难道我们没有长大吗？
　　　　我们像莲花一样柔软又像石头一样坚硬，
　　　　我们在公园里天真烂漫……

　　　　我们喜爱六十年代的音乐
　　　　我们认为那个年代一定很酷，
　　　　有滚石、披头士，还有大门乐队，
　　　　有"花儿"、伍德斯托克，还有战争，
　　　　肮脏的丑闻、包庇，以及其他东西，
　　　　啊，不过想欺骗我们会变得越来越难，
　　　　我们不关心迪伦是否追随了耶稣。
　　　　吉米·亨德里克斯接替了他。
　　　　我们知道詹尼斯·乔普林曾经是红玫瑰，
　　　　我们还知道世界就是这样，
　　　　她怀抱着所有一切，
　　　　我们毫不惊慌……

　　　　我们是八十年代的孩子……

　　那个夜晚发展出自己的旋律。我什么都没做，只是唱歌和聊天。

我对于麦迪逊城的记忆就是棕色天鹅绒的座位、两个女人在台上观看演出，还有前排满满的年轻歌迷。

我过分沉溺于过去五年我所写的东西，不过它们应该都是真实的。我写的《好莱坞大道上的莫斯科》，是关于娜塔莎和沃洛佳的故事。他们是两个俄罗斯小孩，在他们短暂的生命中，一直在为参加奥运会做准备。当他们得知奥运会将在加利福尼亚举行的时候，他们的梦想破灭了。我唱歌的时候能见到娜塔莎。当然了，我给她化过妆。她长得很像纳迪亚·科马内奇[1]，只是头发是金色的，也没那么瘦。沃洛佳比娜塔莎高一点，头发是直的。我总是看到他们一边排队买热狗，一边指着 T 恤、小红旗和巴黎小古玩用俄语小声交谈。我认为俄罗斯是一个巨大的黑暗的神秘之地，那里有辉煌的财富、天赋、智慧、幽默和尖锐批判，它们不断地游走在地下网络之中，避开克格勃的控制。我想知道如果那片大陆不是那样多彩、充满艺术和华美，如果中央政治局崩溃，阳光照进洞穴，苏联会怎样。这天晚上唱歌的时候，我想起了我的那些苏联移民朋友，他们虽然站在里根、珍妮·柯克帕特里克[2]、尼克松、基辛格和匈人王阿提拉的一边，但他们是我见过的最为勇敢的人，我爱他们。虽然我厌恶他们对我的傲慢态度，因为这让我想到了萨尔瓦多人民所受到的摧残以及苏联的野蛮扩张。

这些是我唱歌的工具，一个装水的玻璃杯，一张皱巴巴的黄色纸片，上面是我潦草写下的歌曲。多么熟悉。多么简单。我喝了一小口

---

[1] 纳迪亚·科马内奇（1961— ），罗马尼亚著名女体操运动员。

[2] 珍妮·柯克帕特里克（1926—2006），美国外交官、政治学家，在里根政府的外交政策中扮演重要角色。

水，然后介绍《太阳的勇士》，这首歌是几年前我听马丁·路德·金演讲的磁带时脑海里浮现出的东西。我告诉观众们，这首歌是为了鼓励八十年代那些泄气沮丧的人——还有，顺便提一下，如果有什么人从来没有一丁点的泄气沮丧，那他一定是个十足的蠢货。他们听得很专注。我试着讲得明白些。我们谈论地球的生存，我认为目前人类的处境非常艰难。我批评美国时下处理一切事务的灵丹妙药，它叫作"自我感觉良好"，这是非常傲慢和肤浅的。我抨击里根政府的"盲目乐观"，我认为，这个世界正处在道德和精神腐朽的状态之下，濒临自我终结，因此这不是一个恰当的时机，去给人们灌输类似他们无敌于天下这样的乐观主义情绪，这是一个错误的感觉。但我仍然劝说他们不要放弃梦想和希望，不得不承认，我可能确实有点疯，可我一直在坚持我的理想，它值得我去努力。

> 我们是太阳的勇士。
> 我们战斗在从未胜利过的战后之战。
> 也许疯狂，
> 也许是最后的奔跑，
> 但是，我们是太阳的勇士。

演唱会悄然消逝着，我的白日梦也在悄然消逝。也许我确实是疯了，但也许这是最后一次。事实上，它很可能就是。我们是多么愚蠢，竟然认为自己可以使空气、水源和垃圾重新变得洁净，使那些濒临灭绝的生物恢复生命力。事实上，那种认为整个宇宙只有一个地球的观点，是多么自大！也许有一两个，也许有一两千个，它们围绕着天堂安静美好地旋转，因为那些星球上的生命形式没有进化成为人类这样贪婪的种族。我希望我能在这间屋子里，看得更远。

如果水源枯竭、大火弥漫的说法是真的，
八十年代的孩子会变成灰烬还是风华正茂？
如果我们不需要诺贝尔奖来警告我们即将到来的灾难
我们将会全部变成被太阳焚烧的战士。

我问观众想听哪些歌曲。观众异口同声地说《乔·希尔》《钻石与铁锈》《永远年轻》。还有些零星的声音说，想听一些更老的民谣以及一些我都已经忘记的歌，或者是那些只能带乐队演唱的歌。我演唱了《永远年轻》，我向大家介绍了一首我十六岁时从奥黛塔的唱片里学到的歌曲，我曾经为马丁·路德·金演唱过。十年后，我在河内的和平饭店的阳台上也演唱过，那时炸弹空袭还没有结束。我要向观众传达一些有关恐惧和信念的东西，并且用一种轻松的方式，表达什么是勇气。当我唱到"哦，自由"时，得到了观众空前的响应。这首歌的音飙得很高，但我是用真声唱的。有时候，比如今晚，我的灵魂也跟着飙了上去。

演唱会的上半场以一个有些蠢的总结和一首《飘逸黑面纱》结尾。在边弹吉他边演唱《飘逸黑面纱》的时候，我的手指在同一个地方连续两次弹错。这可真烦人。同样的和弦与指法在这首歌的结尾部分又出现了。当然，如果我集中精力，自然会搞定它的。但这时我正在带着大厅里的所有人走进我的心房，所以只能把这个小问题交给上帝处理了。这样一个对上帝特别的请求看起来是件小事。我的手指终于找到了正确的位置。歌曲结束，人们开心地使劲鼓掌，然后我走下舞台，品尝着我人生中第无数个中场休息。

1985 年在麦迪逊城举办的这场演唱会规模中等。我还得飞去参加一些其他的大型演唱会，人多得从人群中穿过就得花上很长时间。其中一场就在佛蒙特州的蒙彼利埃。它也属于我这次巡回演出的一部分，在麦迪逊那场之前两周。一般来说，在同一个地方的第一场演唱会上，会出现两种情况：要么和过去一样，前来观看的当地人还没有来往的邮差多，要么像蒙彼利埃那样。演唱会大厅放在了市民中心，那里只能容纳一千二百名观众。外面的天气特别寒冷，里面也不是很暖和。玛丽和我在大楼里徘徊，打算寻找一个舒适的地方作为我们的更衣室。我们在警察局找到了一个用来关押当地酗酒者的小房间，它附属于城里唯一的监狱。我并没有盛装出席，因为大楼里面太冷了。

演唱会一开始，观众很快就与我积极互动起来，这使我非常惊讶。我用玩笑和小故事开场，把所有能想到的东西都说出来。我每说完一句话，就迎来观众热烈的掌声和笑声。我演唱的歌曲和其他演唱会上的是一样的，但我的感觉很新鲜。很快，在我走到舞台边缘准备下场的时候，玛丽正在那儿喜笑颜开呢，我也以拥抱她的方式来表达我的喜悦之情。当我返场的时候，我和台下的观众一起合唱《奇异恩典》。他们唱的声音如此大、如此美妙，我一度认为自己回到了 1963 年亚拉巴马州那个挤满人的小教堂。我的皮肤热得火辣辣疼，所以只能使注意力越过人群，集中在大厅最后的那道门上，这样我才能不集中去看小小的蒙彼利埃城的灵魂和她的人民的面孔。我记得《美丽的美国》中的那句歌词，它将人群形容成琥珀色的麦浪。这真的就是聚集起来的人群的样子。广阔田野上涌动的麦浪，在风中吹着口哨唱着歌。歌曲里面的每个字再一次变得生动、鲜活、有意义、有疗愈的能力，没有什么比那一刻的歌唱和团结更重要了。

"我要去费城。"

"是吗？"我惊讶地问，"你上哪儿去弄票呢？"

"哦，我没有票。我只是到那儿。你知道，那是我们的伍德斯托克。"

空气中日益增长的关于摇滚世界的神秘气氛让我感到厌烦，好像大众都认为那些浮华世界的人，突然就愿意过牺牲奉献的生活，愿意分享自己的财富来改变世界。我不止一次地听到"终生奉献来结束饥饿"这一说法，它总是让我感到浑身哆嗦。

来自我们办公室的消息则说，国际募捐的策划人鲍勃·盖尔多夫可不会上那些独裁者、黑市商人和繁文缛节的当。他很聪明，因为知道饥饿不会在今天或者明天甚至五十年之内终结，除非我们从精神到经济上的一切都被重组。另一方面，在美国发展起来的修辞，直接来自埃哈德研讨会训练（EST）[1]的"饥饿计划"——这种"从今天开始做出承诺来终结世上的饥饿"之类的高度自我膨胀和不切实际的说法，给大众制造了一个极为错误的假象，好像在夜幕降临时，饥饿的概念以及我们中间那些有食物的人因此而感到的不安，将会在这个地球的表面消失。好像我们只需要做出这个神秘的承诺。好像摇滚乐手们现在已经站在了这个巨大社会变革的最前端。

事实上，自从伍德斯托克演唱会之后还不曾有过这么盛大的活动。现在的词汇是"棒极了"。"义助非洲"演唱会一定会棒极了。每个人都知道它。我们都想去那儿。我想象着经理们和比尔·格雷厄姆之间

---

[1] 该组织由维纳·埃哈德（1935— ）创办于 1971 年，他也是"饥饿计划"的联合创始人之一。

的讨价还价。只有格雷厄姆才有权决定谁参演谁不参演。所以记者们认为好像是我们这些艺人在自主做出牺牲,这让我感到尴尬。是的,我们连到费城的路费都要自己来付。一大早,我从纽约的肖托夸村(Chautauqua)到费城的唯一交通方式只能是租飞机,花了一千七百美金。但这笔钱不是什么牺牲。它只是一笔投资。

我开始思考我的那个六分钟。《奇异恩典》是开场者最显而易见的选择。但是大多数年轻人并不知道这首歌,而且,他们只会跟着唱那些他们喜欢的摇滚歌曲的副歌部分。我准备演唱一首他们都知道的歌,歌里面有可以一起唱的副歌部分,甚至有一些社会问题的暗示。我把《私人舞者》的磁带从索尼录音机里拿出来,再把《天下一家》放进去听。太好了,我先为老一辈的观众和摄像机唱两节《奇异恩典》,然后转入为年轻人演唱的《天下一家》。如果幸运的话,至少会有四万到四万五千人一起跟着唱。我拉下耳麦,冲着墙上的镜子咧嘴笑。我说:"早上好,八十年代的孩子们!这是你们的伍德斯托克!"然后开始跳舞。这样,我的整个六分钟就出来了。我一边站着听磁带,写下歌词并用一个秒表计算着一个简短演讲的时间,一边向外看海恩尼斯港那些蠢笨的泡沫天鹅船,这是我现在在马萨诸塞州的住处。《奇异恩典》:认识和感激我们的天赋的恩典,感受别人需求的恩典。感动是在善良的灵中被善良的灵触及。八十年代的孩子们需要在一个宏大而联合一致的层面上去体会何谓善良。也许,只是也许,这即将到来的媒体盛事,将会在某种程度上感动一些人。我兴奋得就像是一个马上要去寻找复活节彩蛋的六岁大的孩子。我一直将这种状态保持到7月13日,甚至在之后的几天仍然没有完全消退。

到达费城的时候，并没有人接机。东印度公司的出租车司机带我们路过体育场时，我看到停车场泊满小汽车、厢式货车和拖车。袒胸露腹的年轻小伙子们坐在车顶上搂着袒肩露背的年轻女人（露背是"义助非洲"和伍德斯托克之间第一个可见的区别），他们喝着优质的美国啤酒，吃着东西，彼此之间叫喊着，催促着日出的到来。出租车司机问我们是不是因为音乐会来这儿的。我们说是的。你唱歌吗？他盯着后视镜看。他问我的名字，当我告诉他时，他差点撞到一棵树上。他告诉我他妻子有我所有的唱片。他非常非常高兴，并且关闭了计费器，摇晃起他的头。他悄悄地把我们带到四季酒店。我没有被那些排队对着米克·贾格尔、蒂娜·特纳、唐·约翰逊以及杜兰杜兰乐队（Duran Duran）大喊的年轻人认出来。我对着自己笑了，拥抱了一下出租车司机，并把一张送给他妻子的亲笔签名交给他。四季酒店依旧像往常那样雅致和完美，但是今晚大堂挤满了摇滚乐手、新闻工作者、流行乐队迷和小混混们。两点钟，我到了房间，又累又紧张，并且一直在想着该穿什么衣服。我把手提箱翻过来，衣服被我扔得地板上到处都是。我想好好看看我收集的所有过时的破布和羽毛。三点钟，我终于熨平了一条黄色降落伞裙和一件钻蓝色衬衫，找出了带着大银圈的腰带以及用长柄勺穿成的项链，还有价值十九美元的饰有水钻的黑色凉鞋。我又花了二十分钟找我的半身裙，但找遍了整个行李箱并且倒出了所有随身行李之后，才发现它被卷在之前挂在衣柜里的一件衣服里。我倒在床上，很快就睡着了。我的兴奋很快就输给了"晕海宁"和疲惫。

像一个战士那样，我在起床号前几分钟就醒了，接着愉快地接了五点三十分的叫早电话。我尽力让自己的声音听起来好像我已经起来好几个小时了。我很快地冲了个澡，并且做了些发声练习。我高兴地发现，虽然我的声音还没时间休息，但并没有出现一大早的哑嗓子情况，自从昨晚的演唱会之后它仍然很松弛。我边唱边穿衣服，化妆并且叫了咖啡、鸡蛋和吐司，但是只把吐司吃下去了。玛丽在擦我的勺子项链。珍妮和其他人在七点钟到达大堂。她们的脸色都比平时要苍白，就连黑人的脸色也是如此，比如说四顶尖合唱团，她们也是在七点半的时候匆匆赶往体育馆。但还是会有平时的那种欢闹，因为只要摇滚乐手还活着，他们就喜欢说俏皮话。

七点半的时候，外面已经有华氏80度（约26.7摄氏度）。我们绕着进入体育场，和那些被卢尔德喷泉挡在外面的人一样。一个很长的蛇形队伍拿着票，缓慢地靠近主入口。大多数人看起来整洁又美好。我们迅速进入后台区，在那里他们提供给我一个带空调的厢式货车。我可以一直使用它，从我到达到我演出结束后的一个小时，然后下一组将会使用它。在那之后，我就可以用我的后台通行证随意走动。汽笛乐队（The Hooters），这个费城正当红的摇滚乐队的厢式货车就在我的旁边。我们彼此打了招呼，然后我听到了来自这些年轻的摇滚乐手见到我后的通常话题："我是听着你的歌长大的！""我妈妈有你的所有唱片"和"很荣幸见到你"。小伙子，如果你知道我正在想着你可爱的小嘴，你就不会这么说了，所以我也没回答什么。但我给了他们每个人一个恰当的母亲般的拥抱，并且让他们相信他们理应得到它。回到我的拖车后，我让所有人都安静一下，至少安静三十分钟。我一遍遍地练习我的表演部分。问候，认识八十年代的孩子们，新潮的祈祷，还有歌曲。突然，我感到肚子不舒服且眩晕。一个医生朋友让我喝点水，然后尽量放松。我喝了一点苏打汽水，在车厢里来回走。我已经在那儿一个半小时了，但感觉只过了五分钟。

他们进来护送我到演员休息室。一路上，我感到嘴里的所有口水都蒸发掉了。我特别想去卫生间，但它太远，而且就算去了也没什么帮助。所以我坐稳下来，喝了一小口水，并且告诉玛丽不要让任何人和我说话。

是时候离开演员休息室了。我们被领着走下长长的地道，然后走上台阶到舞台上。我被带到一个角落拍照，但它影响到了我的注意力。所以我说"现在不行，可能得等一会儿"。我又坐下来，重新进入恍惚的状态。最后，我被引导至左边舞台的幕布那边，玛丽拉着我，珍妮推着我，就像父母带着一个孩子去看牙医。我看见《飞越疯人院》的男主角杰克·尼科尔森，他正在练习九点钟要对观众做的欢迎致辞。我单膝跪地，想着这样靠近地面会让我感觉安全一点。我发现比尔·格雷厄姆也在我的左边单膝跪地。他看起来很不错，才刮了胡子，穿着一件干净的白色衬衫。自从"迪伦/桑塔纳/某个她"[1]巡演以来，我们就一直关系不太好。但是今天他主动向我打招呼，笑得像个紧张的孩子，我也在对他笑。我走过去拥抱了他，并且吻了他的脸颊。

杰克被领了出去，来到巨大而美丽的彩绘薄纱幕布前，这一天真的开始了。喧闹声让我想起第一次见到披头士乐队的场景，那是

---

[1] 贝兹对她当时在巡演中的地位的自嘲。

1965 年在科罗拉多州丹佛市的红岩露天剧场。他们跑到舞台上的时候，天空被闪光灯打开，夜空像正午一样明亮，年轻人就像眼下这样大喊着。我发现自己正用手捂住耳朵，也跟着喊了起来。如果所有坐轮椅的人能够站起来跳华尔兹转圈，我也一点不会感到惊讶。

杰克在说着什么，但是因为从人群中发出的喧闹声，我听不清。我的心脏在胸腔里怦怦跳。透过纱幕，我能看见数千人人头攒动且挥舞着手臂。"主、上帝、圣父、圣母，我把自己的命运放在你手中。"我对自己说。幕布打开，我拥抱了杰克·尼科尔森，这位有趣的、可爱的《五支歌》[1] 的主演，现在我坐上了过山车，系好安全带，按钮被拉下。我转过身面对观众，第一印象是我面前的整个场景和我之前的想象大体一致。体育场尚未满，可已到的观众们已经疯了起来。唯一震惊的是人群统一的美好神情，这是美国式的热情。YUMARFs——奋力向上的美国年轻摇滚乐迷们。

"早上好，八十年代的孩子们！这是你们期待已久的伍德斯托克。"人们对我的致辞发出巨大的欢呼声，"很高兴的是，你们口袋里的钱将会喂养那些饥饿的孩子。我想没有比一起说'感恩'来开始新的一天更荣耀的方式了，那意味着我们感谢彼此，感谢他或她自己的神，因为在一个许多人一无所有的世界上，我们却拥有诸多赐福。当说到感恩的时候，我们也深入自己心灵和灵魂的深处，告诉自己，必须从舒服的生活中改变一点点，来体谅他们的受伤、痛楚和不安。这样将会让他们的生活更好一些，也让我们的生活变得真实。'奇异

---

[1] 二十世纪七十年在美国上映，杰克·尼科尔森在其中扮演的角色从小立志成为钢琴演奏家，二十年后却放弃音乐成了一名石油工人。

恩典，声音多甜蜜……'。"

我对观众的回应感到满意，尽管当时的人们非常兴奋，以至于可能对什么都会欢呼。不管怎么说，这天上午那儿有一个好的灵魂在广为流传，一个好的慷慨的灵魂。直到很久之后，我也不知道当时我说的和唱的是否感动了一些人，但这种感动是我想要的一切。

我离开舞台的时候，外面已经有华氏90度（约32.2摄氏度）。我和我的团队走进四顶尖合唱团（The Four Tops）的拖车，在那里一边笑一边大口喝咖啡。而这四个漂亮的黑人女人睡意蒙眬地透过她们凝固的睫毛，盯着奥兹·奥斯本[1]看，好奇他是否真的吃蝙蝠头，或者具体是怎么做音乐的。我走到自己的拖车，吃了一个肉桂圈，一边想着我那六分钟的效果到底怎么样。那时候正好是采访时间。很多很多的记者——有的在太阳地里，有的在角落里，有的在盆栽旁边，有的在拖车后面。每一个记者都在寻找故事，尝试了解"义助非洲"真正的意义以及它在历史中的地位。我感觉恶心和头晕，想着我酒店里那个凉爽的房间。玛丽·特拉弗斯穿着垫肩夹克和随行人员一起走进主入口。对彼得、保罗与玛丽组合来说今天可不是个好日子，因为他们没有被邀请演唱他们自己的歌曲，只能在最后时刻和迪伦一起演唱，甚至连那都没有唱成。她对我这么早演唱并且可以唱这么高的音表示祝贺。我拥抱了她，心里想着，玛丽，你和我将永远被印在历史书里，诉说六十年代民谣音乐的繁荣。我拥抱了有着漂亮颧骨的海滩男孩乐队成员，并且对他的颧骨开玩笑，之后他离开，在一棵植物后面消失。

---

[1] 奥兹·奥斯本（1948— ），英国摇滚歌手，黑色安息日乐队主唱，有"重金属教父"之称。

我听到他正在回答令人尴尬的问题，问的是他们能参加这样一个盛大的世界性的摇滚活动，感受如何。现在是享受成果的时候了。我感到疲惫，并且比以往更感到虚无。"饥饿计划"工作人员那种埃哈德训练信奉者的做派让我抓狂。我不相信他们说的任何话。我的思绪闪回到了伍德斯托克：

> 每况愈下，困于污泥
> 却被万有环绕，
> 棕酸，身体彩绘，
> 令人恶心的，裸奔的，
> 有胡子的，美丽的，
> 波提切利少女们，
> 处女嬉皮士们，
> 裸体沐浴，她们
> 为爱而倾倒
> 她们将永远那样倾倒……

我想打个盹。我话正说到一半，正好看见《迈阿密风云》里面的唐·约翰逊。就像他的数以百万计的女性观众那样，我发现自己一下子就清醒了，一股潮热随之而来。我停下谈话，绕过用餐帐篷里所有的桌子和椅子、音乐家和场务，差不多是一路看着约翰逊。我走到他跟前，他的眼睛闪闪发光。有些人喜欢柔软的皮肤和细细的绒毛，我没有因为他演员公会式的蓄了五天的胡楂儿而迟疑哪怕一个节拍。天

天下一家

当我得知自己有机会参加全球有史以来最大的摇滚演出的美国分会场表演时，无耻地假装自己一点都不激动，可需要点老练世故的能力。这种能力我是没有的。他们给了我六分钟表演时间，离黄金时间早了十一个小时，这意味着我将在一个不怎么满的体育场里表演。但至少，我将会被每一个国际电台和广播新闻，还有每家都有或没有截稿日期的报纸和杂志提起，只因为我是整场表演的开场者。尽管我的那些加州的朋友早上六点还在睡觉，而我在法国的朋友们要到下午三点才能看到开场，但无论如何，我有六分钟的时间去创造一个别样的"历史性时刻"。我有六周时间来准备我的六分钟。毫无疑问，我的时间很充足，可以将台词和歌曲很好地结合起来。我感到欣喜若狂。

邀请函送达的时候我正在巡回演出。所到之处哪里都在沸腾。电视台的记者们浮想联翩地让我比较伍德斯托克与"义助非洲"，问及在两次演唱会中间的这些年发生的任何事。房间服务员和街上的人们交换着各种小道消息，都是关于谁是最新的被邀请者、谁的出现将是一个惊喜之类的。一个十九岁的女孩站在马萨诸塞州安杜弗市的街道边对我说话，她充满梦想且信念坚定。

哪，我迷恋他并非因为克里斯·克里斯托弗森这个角色，我想，他是一个真汉子，而非外表是男人的男孩。看着他闪闪发光的眼睛、拉夫·劳伦式的发型和并非完全不感兴趣的吃惊表情，我直接对他说："你好，大帅哥。我们能不能谈一下强暴的可能性？"为什么，你已经很久不是超级明星了，唐·约翰逊，但仍然有些东西就像丁香水一样新鲜。然后，幸运的是，他笑了。我们在外面走了一小会儿，某个人拍了我们的照片，我不知道他是怎么看我的，但至少我是真诚的。

又累又热、浑身黏糊糊的我，在走向开回酒店的车时，被一个熟悉的歪脸截住。眼镜是歪的或者眼睛是歪的。我认出了肯·克拉根，他是一个在美国为非洲录制节目而获得巨大收益的策划人，我从未被他的节目邀请过。他说他必须和我谈一分钟。"里奇从加州给我打来电话，"他说，边说边用手肘推着我离开人群，"他将在终场的时候飞过来，他想让你参加！他今天早上看见了你，觉得你棒极了！我也这样想。你真是太棒了。无论如何，他想让你在终场的时候来。我们会以《天下一家》结束整个节目，这是当然的。这就是这场演唱会这么好的原因，你知道，开场的时候你演唱了这首歌，简直完美！无论如何我们五点钟的时候会彩排，莱昂内尔也在那儿，他真的想让你也来，他让我亲自告诉你。"这个人已经不顾一切了，我心想。哦，是的，我想起来了，顿时豁然开朗。史蒂夫和迈克尔·杰克逊（两个黑人超级明星政治家，我听说过）联合起来抵制他的这个演出，布鲁斯·斯普林斯汀和辛迪·劳帕也不能参加。迪伦可能也不想来。我想，他们正在四处找替代者。我累了，真的不知道自己能不能回来，我告诉他，我要去睡觉了，然后可能会在酒店里看电视。但是我当然会让他知道，我非常感谢他的邀请。我感到沮丧，我本应该感觉"很棒"的。

酒店就像一个绿洲，我可爱的房间正盛装等待我。它有着大落地窗，浴室里满是那种很棒的泡泡浴、洗发水和身体乳。电视遥控器就在我枕边。我躺下，打开电视，把三个枕头放在头下面，完全沉进去。我放松下来或者打个盹，又或看了会儿电视上的节目，或者只是听个响儿。我勉强地看着电视，但我的眼皮很沉。二十分钟里，看完第三遍莎莉·菲尔德之后，我睡着了，甚至连背景音乐都听不到。我醒来时，看见格雷格·沃克正主宰着整个桑塔纳乐队。我为他感到高兴。我又一次睡着时是笑着的。下午的某个时候，我被保罗·扬的《每当你离去》弄醒，然后又睡过去了。

当我开始从沉睡中醒来，我在屏幕上看见了一张我认不出来的脸。他一定来自英国，因为观众中挥舞的是英国国旗。歌手穿着黑衣，留着长长的有一点乱的棕色头发。他满脸是汗，几缕头发像公路图一样贴在脸颊上，搞得我真想帮他把头发弄回去。这首歌曲调宏大、神圣，轻快而有力。歌手跳至半空中，继而将厚重的靴子跺下来。他没有像其他摇滚明星那样费力地摆弄麦克风，以为技术可以让他们把自我扩展至数以万计的人群中。不，这个年轻人看上去极度认真，他用如此温柔的方式来表达自我，这足以打动我的心。他对着观众呼喊，他们也呼喊着回应。他用他那独一无二的嗓音演唱了几首来自五六十年代的歌曲，观众们也跟着唱。他正在指挥一个合唱团，他的观众合唱团，他和他们互相传达情感。我能做到这样吗？有可能。他的乐队的名字出现在"义助非洲"标志的旁边，和他那神秘的舞蹈叠加在一起。U2，来自温布利体育场的现场表演。这个乐队是我那些十五岁的歌迷曾建议我去看的。他们说这个乐队是政治性的，和平主义的。歌手朝人群走去，他跳到了舞台下面的一根窄木边上。他朝观众打手势，冲面朝他的人们挥手。他进一步走进乐池，继续用手语发出邀请。最终，一个年轻的女孩起身，翻越隔离他和观众的围栏。她直直地走过去，就像一个祭品。她站在他的脚边，揽进他的胳膊，然后两人一起跳舞。她可能又惊又喜，头甜蜜地低下，接下来的几秒钟，他把她抱进了怀里。

在我的一生中，我再无法回忆起什么事情能和这场表演相比。它是一个表演，但又不是。它是一个私人时刻，被七万人允诺的私人时刻。舞蹈很短，性感且温柔得令人心碎。他和她分开，并帮她回到舞台的下面。接着，另外一个女孩出现，像上个女孩那样跳舞。整个过程中，打击乐和令人催眠的吉他不断抒情地演奏着。伴随着的是观众们前前后后不停地挥舞着他们的手臂，作为仪式的一部分。歌手回到舞台上，继续挥汗如雨地演唱。他的声音没什么特别，不稳定且有破音，但引人入胜，正如他本人一样。他身上的那种严肃感迷住了我。

摇滚明星可以看起来很严肃，但通常这是他们的自我或者自我膨胀出的形象。我们没有一个人可以站在数十万人面前还能听到我们自己（和乐队）的声音，那些声音是被放大的、被篡改的、有回声的，并且顺滑地溜进丝绒般的宇宙万物之中，这不得不让我们产生出自大的妄想。但是，这个爱尔兰小伙子进入了某种超越自我扩张的状态。当然，他的自我非常完整，他是一个非常出色的表演者，但在他这里，还有更多的一些东西存在。并且我想知道那是什么。毫无疑问，我也想像那个英国女孩那样依偎在他的手臂里。如果我的直觉是正确的，有些东西比与他调情更为重要，有些东西比他或我或我们的组合，甚至比我们的音乐的组合还要大。关于政治、孩子们、鲜活、突破，还有爱。

这一天结束时，我看到的几个小时的"义助非洲"演唱会中，最精彩的部分就是见证了 U2 的奇迹。是他们感动了我，而不是别人。他们用自己的新异、青春和温柔感动了我。

我打电话给我的亲人，他们整天在观看（当然，断断续续的）演唱会（看得很仔细），为他们的小女孩感到骄傲。我问父亲我应不应该参加终场演出。他说："哦，亲爱的，这是件好事，这一天值得回忆。"他选择同意，我的母亲则拿起电话大喊："是的！他们需要更多你这样的，亲爱的。"我笑了。我知道他们一直爱我，并且我也愿意上终场演唱。我只是因为那些浑蛋没让我参加"天下一家"的聚会而感到受伤……但那已经是过去的事了。

我冲了个冷水澡，穿上一件干净的 T 恤衫。我想重温这十年一度的媒体盛事，顺便逛那么一下。对于一个超级明星来说，从一顶帐篷到另外一顶帐篷和人们交谈一点都不酷。真正炙手可热的明星，像蒂娜、米克和麦当娜都藏起来了。其他人恨不得藏起来。我知道我能四处闲逛，并且我喜欢拜访人们，和他们见面聊天。我将会看着电视上的表演，和伯尼在"硬石"餐厅喝杯啤酒，并且到处巡游看人。

犹大圣徒乐队（Judas Priest）的主唱穿着牧师领、皮衣，戴着链子，一个小小的银十字架挂在右耳上，他尽可能庄重地与我握手，并且对一个传奇人物聊些恰当的话题。我拥抱了他，他问我知不知道犹大圣徒乐队翻唱了我的《钻石与铁锈》。我笑了，并在他耳边说，是的，我很久以前就听了，在我儿子知道之前。他的经纪人正站在两英尺外，说"我不相信，该死的，我真的不相信"。我在不计其数的演员间飘过。尽管这块地方被作为"演职人员专区"，但仍然有很多闯进来的朋友和家人、迷妹、嬉皮士和讨厌鬼。杜兰杜兰乐队的成员们被女孩儿围着，滞留在一台闭路电视屏幕前的矮沙发那边。我坐在地板上，挨着一个很有吸引力的年轻男人。一个漂亮的小歌迷喋喋不休地问他问题，搞得他昏昏欲睡。他站起身来，当发现我是谁时，很礼貌地向我打招呼，然后开始问我政治问题。我们谈论了中美洲，还聊了很多关于里根政府的事，我俩聊得很有劲。人们认为当他们遇到我的时候，就应该谈论政治。不过我也不介意，今天我宁愿在这里随便玩玩。我遇到了来自《旧金山纪事报》的乔尔·塞尔文。他戴着一顶印第安纳·琼斯[1]式的帽子。我们闲聊了一会儿。你意识到没？他问，"义助非洲"演唱会的名单上只有四个"演员"在伍德斯托克的名单上出现过。说真的，我说，很高兴。有我，谁人乐队，克罗斯比、斯蒂尔斯和纳什乐队（Crosby, Stills & Nash），以及桑塔纳乐队。乔尔笑话我，因为我的喜悦之情已经溢于言表。

我决定去看一下终场演出的排练，然后就撞上了肯·克拉根。

"太棒了！"他说，"我们刚好可以把事情放在一起！你将和麦当娜一起演唱头两行的合唱部分。"他转过身带我走向排练车，"然后希娜·伊斯顿将接着唱'我们在做一个选择……'。"他开始闲扯些别的，希望我没有注意到自己是被强迫的。麦当娜？为什么不呢？让

---

[1] 冒险电影系列《夺宝奇兵》的主角。

我们马上给世界两个麦当娜，这也是文化冲击的一个绝佳案例。

排练车是一场流动的盛宴：玛丽·特拉弗斯、狄翁·沃里克、杜兰杜兰、希娜·伊斯顿。我给了希娜一个大大的拥抱，因为我以为她是麦当娜，之后我想她可能会因此而不高兴。我在一张沙发的一角坐下，右边是约翰·泰勒的椅子，我和他说笑起来。

一个埃哈德训练信奉者模样的人负责把我们组织在一起。我可以这样描述他们：他们看来已经经历了埃哈德研讨会训练，并且知道该如何表现自己。你需要和这样的人合作，去面对一整车古怪的、中暑的、注意力不集中的歌手。他大声喊着指令。当哈里·贝拉方特演唱完前奏后，我和麦当娜将一起走向那个红色麦克风演唱"天下一家"，等等。然后希娜·伊斯顿将演唱"我们在做一个选择，我们将拯救我们的生命"。最后我们三个在结束时一起唱"这千真万确，我们在创造更美好的明天，只有你和我"。对了，麦当娜在哪里？她不来参加排练吗？我想是的。就在这时，《迈阿密风云》里的约翰逊出现了，他喜形于色，邋遢但光彩夺目。我拍了拍沙发让他坐在我旁边，他坐了下来，我决定继续逗逗他。他那愉悦且吃惊的表情可能表达的意思是，他从没有想过我是个这么活跃、有趣而且非常爱闲扯的人。

我很享受这个男人的陪伴。约翰·泰勒是一个典型的自恋狂。他长得很完美，漂亮的白脸上留着黑色的鬓发，过分可爱的眼睛就像廉价小说的软皮封面，充满倦怠的身体随意披着夹克。他带着一种达达尼昂[1]式的新潮，尽管不热情，但相当诙谐。他已经使我的注意力恢复了不少。而约翰逊的电视节目代表了我用自己的一生都在反对的东

---

[1] 大仲马《三个火枪手》中的主角。

西——也就是说，对暴力的赞颂和辩解——是的，他是个很有男性魅力的人，有着触不可及的永恒的青春活力，像马龙·白兰度和詹姆斯·迪恩那样的孩子气。他永远有着他这样的男人的那种强烈情感和性吸引力，但他可能缺少深度，他用穿着来弥补这一点。他是一个奋力向上者的代表，穿着价值几千美金的、一定会皱的亚麻料子的衣服，并且，我想，他脚上穿的肯定是定制的鞋子，甚至 T 恤衫也肯定是纯天然染料染制，石磨面狩猎衫样式，绝不会低于五十美金。我盯着他的迷人酒窝想，如果他系着配枪皮带就好了。我喜欢自己现在这样的兴奋状态。我感到自己都不知道如何在男人周围自处了。

我们的聊天小组得解散了。因为肯·克拉根告诉我们，哈里将会在大西洋城演唱会的间隙飞过来，莱昂内尔也马上就到，我们将会和一个由四十个孩子组成的合唱团一起上台。真是完全混乱，我想着，很不情愿地离开我所喜欢的男人。我走过去参观舞台，正好遇见汽车乐队（The Cars）的主唱，那个可爱的小恶魔。他之前唱了一首很完美的曲目，现在正被一群电视台记者采访。我用朋友式的方式吻了他的脸颊，打断了他那个正经的采访，并且称呼他为可爱的小恶魔。我没等他回应就走了。真的，我心里想着，我无法无天了。谁把我放出了笼子？我在里面待了多久？高兴的是，这个可爱的小恶魔和他的妻子之后找到我，告诉我，他们认为我棒极了。我为之前的行为向他们道歉。

我经过一面电视屏幕，看到了麦当娜表演的重播。你将会怎样，宝贝儿，当聚光灯暗下来，早上的阳光发现了你哭红的眼睛？来看看这个苍老的麦当娜，谁将会温柔地给你沏上一杯茉莉花茶，并安静地回答那些从你炙热的生命灰烬中挣扎出的、不成熟的问题。"我明白，亲爱的，我明白。"但是现在，在钻石般成功的光辉中，你穿着紧身迷你裙跳舞唱歌，闪亮的项链彼此碰撞叮当作响……某一天也许你的那些英俊的花花公子小哥，将会发现一种更接地气的生活目标，而你会发现一个更为充实的人生……第一次放下架子去超市购物并不容易。

我四处闲逛，继续找人闲聊。在视线的角落，我瞥见大屏幕上的德国摇滚明星乌多·林登伯格。我把下巴放在膝盖上，想着德国，想着我在那儿买的那条降落伞裙。我听到乌多用浓重的口音读了一段非常有政治性的陈述，在内心默默为他喝彩。是的，他说，为饥饿的人举办一场演唱会很好，但真正的问题是，与饥饿和饥荒密不可分的是武器装备、不公平的财富分配，以及之类的话。

尽管他的演讲有一点左翼，并且对我来说有些傲慢，但我仍然很高兴听到，并且乐意看到我与我的朋友及同胞，还能有些共同之处。事实上，我就像生活在另一个世界，我是这么想的。它没有让我不快乐，却让我感到孤独。当乌多结束演讲，我情不自禁地大声鼓掌。我是我自己国家的陌生人，一直指望着在不出卖灵魂的前提下，让自己感到舒服。

今天，我只想好好享受快乐。不久之后的某天，我将有个唱片合约，我将做一张漂亮的专辑，它情感强烈且富于旋律，令人兴奋，里面有三首我自己的歌。封面是我的一张非常棒的照片，灰色的跑鞋，还有别的一切。你打开它的时候，会看到附赠的一张我的大照片。照片中，我穿着从诺德斯特龙商店买来的黑绸缎晚礼服，左胸上覆盖着埃及式亮片，左肩的紫色鸵鸟羽毛至少有一英尺长。晚礼服没有右肩，只有我那条晒成棕黄色的瘦胳膊屈着手肘，手掌冲着摄像机，像只大鸟一样翻转着奔向美国各大唱片公司。

是时候回排练车了。但兴奋仍在增加。里奇已经到了，还有帕蒂·拉贝尔。她的出现像道电流，迅速占领了整个房间。哈里和朱莉·贝拉方特从大西洋城赶来。哈里还和五十年代一样帅，那时他们不让他和佩屈拉·克拉克在屏幕上牵手。我被告知节目安排改了，我将和克里西·海特一起演唱。好的，我想，考虑着克里西·海特是谁，并想着麦当娜那儿发生了什么。克里西·海特人不错，但有些紧张（"麦当娜不能来，所以你得带上我了"），所以我和她多聊了会儿，那时候排练车已经满了。杜兰杜兰乐队回来了，彼得·亚罗走过来抓住我的手，然后只是不停地摇头，我猜是因为他还没想好该对我说些什么。他是个好人。自 1960 年一起在一个电视节目中演唱，我就认识他了。现在，他头顶上一根头发都没了。我想到《神龙帕夫》就笑了，然后给了他一个拥抱。我不记得他和我说过一句话。

"迈阿密风云"先生不见踪影。保罗和玛丽没来。其他一些电影演员以及帕蒂·拉贝尔的密友梅丽莎·曼彻斯特也没有出现。我们开始了我们这些"底层人"（ragtag）的排练，听起来简直是以前一起在帐篷里的日子的重现。我们仿佛站在高翔的鸟儿的翅膀上，唱得棒极了。而我们的合唱指挥显得惊慌失措，正在确认每个人是否都是来参加表演的，如果不是就请离开房间。帕蒂·拉贝尔的那一大群孩子以及几个随从极不情愿地被带到了隔壁房间，孩子们站到门口，仍瞪大着眼睛看着我们。雪儿（Cher）的尖头从门缝里露了出来，她穿过我们的派对走到沙发那边。和我一样，她也有印度手绣。

小小的排练车就像装满钻石的钱包，切割的和尚未切割的，打磨好的和未加工的。我们无时无刻不在唱歌。我们唱歌是因为快乐。我们真的爱唱歌。帕蒂·拉贝尔兴奋坏了，对着每个人唱。费城是她的家乡，"义助非洲"演唱会对她现在的复出没有一丁点损害。她数次唱到高音 G 调，使我们的脑袋眩晕，但这仍然不及她即将在舞台上的装扮——她穿着黑白礼服，黑白色波尔卡舞鞋，头上有一些翅膀形状的新玩意儿，像一顶两边插着带褶皱的鲨鱼鳍的头盔，鱼鳍在不同的方向扇动着，上面全是圆点花纹。一想到整个头盔竟是她的头发，我们都觉得不可思议。我差一点就想摸一下其中一个鱼鳍，但我害怕如果我这样做的话，她会回来砍掉我的手指。她的手指甲有足足一英寸长，和面团一样白。但是，好家伙，她能唱。我告诉她我愿意在舞台上挨着她站，然后才意识到那个位置已经专门留给了梅丽莎，所以我就不说了，但帕蒂很亲切且很好说话。确实，她给了我一整边的地方，帕蒂·拉贝尔那边的空间也很宽敞。

我们至少把歌重复唱了十遍，都快发疯了，像一群参加橄榄球总决赛的孩子。肯大喊着新的指示。现在我们所有人必须去演员休息室，休息二十分钟后才上台。我们闲谈着，四处溜达着，准备开始……我在后台听到迪伦的声音。他和滚石乐队的两名成员在舞台上。但直到两周后，我才在录像带上看到他们的表演：他们三个看起来像是在老式的文森特·普莱斯 [1] 电影中扮演亡灵的临时演员。梅丽莎和我一边

---

[1] 文森特·普莱斯（1911—1993），美国演员，以恐怖电影著称。

聊，一边往演员休息室走。她一只手的中指上戴着银色戒指。戒指上有一条链子连接着她手腕上的手镯。这是我第一次见识所谓"被束缚的手指"，我很欣赏这个新发明。她告诉我她现在的生活很不一样，现在她和街头帮派混在一起。

我们乖乖地待在演员休息室，被电视台记者摄像机的强烈光线照着。我们彼此聊着天，尝试在屏幕上看起来自然一些。迪伦正在演唱。但他的表演很快就要结束，我意识到我和梅丽莎一定是迷路了。我们快速穿过拥挤的人群，绝望地寻找我们组的其他人，但目力所及之处一个也没发现。

我跑向一个保安，问他是否在别的地方有另外一个演员休息室，但他也不知道。梅丽莎和我就像在送别的夜晚，找不到火炉来尽情歌唱的两个露营者。我抓着她的胳膊，开始奔跑着寻找通往台上的入口，可这就像个噩梦，我俩不知道它在哪里。我的一只手仍然拉着梅丽莎的胳膊，一只手抓住另外一个保安，对他说："请带我们到台上去。"虽然他不能离开自己的岗位，但他给我们指明了方向。于是我们飞快地跑起来，我的勺子项链叮当作响，她的发卷也在晃动；我们仍然紧握着手。我们及时到达楼梯顶，看见银河里所有的星星从帘子隔开的地方朝着台下倾泻，看起来就像一群马戏团更衣室里因为走散而发狂的孩子。我和梅丽莎最后开着玩笑，尽力寻找着克里西。在我的心里，我是一个善良的小小露营者，总是尝试按照自己的方式去执行命令，直到意识到那命令本身就是错误的。

终于，我们在幕布后面集合，那里非常混乱。我在音响设备中寻找着应该为我们准备的"红色麦克风"，但没有找到。

迪伦正要演唱《在风中飘荡》的最后一节。我听到肯·克拉根说："当鲍勃快要结束《在风中飘荡》的时候，莱昂内尔将会在后面的幕布里出现，然后搂着鲍勃的肩膀说，'鲍勃，我们今晚在这儿还有一些你的朋友'，然后幕布就会打开，我们就出场了！"我大声地笑了出来。迪伦会讨厌这样的安排的。他不能忍受任何在他背后搞的什么惊喜。

我们笑着拥抱着，等待着这个伟大的时刻。我找不到克里西。我时不时地看向那些明星，寻找我的演唱搭档。迪伦结束了他的演唱。我找到克里西并抓住她的胳膊。幕布打开。带着笑容的迪伦挨着莱昂内尔，看起来既困惑又瘦小。熟悉的旋律开始，我疯狂地寻找"红色麦克风"。莱昂内尔开始唱歌，观众们大声尖叫。明星们在整个舞台上分散开来。现在轮到哈里演唱了，但是我们听不到他的声音。他一定是在大西洋城把嗓子唱哑了，我想。然后我最后一次扫过舞台寻找红色麦克风，但是仍然没有找到。很快就轮到我们演唱了，我拉着克里西，她非常平静，在整个演出中显得非常愉悦。贝拉方特的麦克风是用起来最保险的，因为它是最后一个打开的。我们能听到他那轻柔、沙哑的声音。他站在最后一排，就在我们进场的那个主入口的前面，所以我拉着克里西，从哈里背后走了上去，就像一只寻求注意的小狗从他的胳膊下钻过去。他那好看的眉毛因为吃惊而轻微地挑动了一下，但我只能简单地说声"不好意思"，因为很快就轮到我们演唱了。我用手抓住一个麦克风，克里西紧紧抓住另一个，我们用尽全力地演唱。

不幸的是，舞台设计师们有另一套指示——可能我们应该在红色麦克风那里——我们只得听命，可是麦克风刚起头的几个音符竟然没有声音，后来就有声音了，而且听起来很不错。我尽量把麦克风朝向克里西，因为我知道我有独占麦克风的习惯，然后希娜出现在我们的左边。在我们刚刚完成自己的小小贡献后，希娜便凶猛地拿过麦克风，侧身背对我们。两行极好的歌词却让她感到挫败，因为那不像唱出来的，倒像是女主持人说出来的。好吧，不仅仅是她的挫败。她拿麦克风的方式像是发现了什么家族传家宝，原本的三重唱唱成了她的独唱。我尴尬地朝向够不到的麦克风，克里西更是完全够不到。

不过所有这一切都无关紧要。我们正在举行一个欢乐的歌唱盛宴，观众们陷入了疯狂。

我茫然地认为自己应该去找帕蒂·拉贝尔，只是为了和她的声音一起飞会儿。但我意识到台上的那些明星也都在拼命靠近麦克风，我感觉这根本不像是一场公平的竞争。所以我转过身走向第一排，走进舞台的人群中。我撞上了彼得、保罗与玛丽组合。彼得在喧闹声中大声喊着，问我是否愿意和他们挽着胳膊，但是我摇头拒绝并感谢他。然后我穿过队列到达第二排。杜兰杜兰在那里。我走过去站在约翰·泰勒旁边，他是那么光彩夺目，他让我舒适地依偎在他的臂膀里，然后我们站着，与之前提到的站在舞台最后面的那四十个小孩子一起纵情歌唱。

我非常高兴。事实上，我真的能一整晚都待在那里。我们能听到帕蒂和狄翁的声音、梅丽莎和莱昂内尔的声音，以及剩下的声音大杂烩。莱昂内尔向我们挥手示意收声，让观众们自己唱。接着，除了帕蒂和狄翁外，每个人都不唱了。我听着这些兴奋的、被晒伤的、汗水浸湿的观众的歌声，心里想着今天对他们来说意味着什么，在未来它又将继续产生什么样的意义。又该轮到我们演唱了，所有人都在拥抱、亲吻、歌唱和跳舞，即便演唱已经结束。所有的明星都成了普通人，所有的普通人都成了明星。这一天也结束了。

我拥抱约翰·泰勒，走向舞台左边，和每一个人击掌，咧嘴大笑并且拥抱。鼓声再次响起来，我们再一次开始合唱。我跑向米克·贾格尔，他正伴随着鼓声调皮地跳着性感的蛇舞，我和他跳了一分钟。记者们的相机突然出现，我担心他会觉得我跟着他跳很烦，但和他跳舞真的很有意思，我跟他跳着，直到他扭着蛇步走进人群。我发现了蒂娜，就在她后面跟上去，用我的胳膊搂住她那穿着皮革衣服的身体。她顺着肩膀看过来，表情紧张，看到是我，才放松地大笑，大声说："啊哈！"接着我拥抱了她，她也把头倚在我的肩膀上。我俩就这样整整唱了一首歌，诉唱着和谐的旋律直达明月。唱完后，她纵情大笑起来，我松开了胳膊。她从头到脚完全沉浸其中，热到快沸腾。如果你打开水管浇她，她一定会发出滋滋作响的声音。她假发上的两缕头发贴在了她湿透的胸部，我想帮她弄出来，但不想让她尴尬，好吧，有个人走过来护送她下台。我的演唱会经纪人和朋友彼得·格罗斯莱特突然出现，带我悄悄溜走，走到那些筋疲力竭、满身灰尘、正努力工作的舞台工作人员和保安中间，接着穿过他们，走到满是名人、经纪人、大人物、小人物、迷妹、摄像师和记者的后台。到处都是表演者在掩护下跑掉。

彼得已经在巴士上给我留了个座位，蒂娜、蒂娜的经纪人罗杰以及他们的家属们已经坐在上面。我们挤在一起，之后切维·蔡斯上来了，再后来是肯尼·罗金斯。我们坐在车里喝着温啤酒，开着玩笑，不停狂笑。蒂娜穿着一件薄薄的、带数字图案的白色折边衣服，看起来不像礼服，更像是睡衣。每次笑的时候，她右边的肩带都要掉下来，然后费力往回拉，但总是拉不上去。我觉得她没穿内裤。是什么让你变得这么单纯，特纳小姐？我模仿她那刺耳的说话声，讲故事让她笑，看着她那绝美的棕色脸庞和在后台安全灯的发射光中闪耀的完美牙齿。

"迈阿密风云"约翰胳膊里抱着他的孩子，从我们的车前跑过，一群兴奋的影迷就像彗星的尾巴那样跟随着他。我喝完了也不知是谁的温啤酒，然后把头靠在罗杰的肩膀上，合上眼睛。我回想起蒂娜胸口的两绺头发，还有像小公路图一样的头发贴在那个长得像基督的年轻人的脸上，那个来自爱尔兰 U2 乐队的歌手。

我写下这段文字的时候，已经是演唱会后的一个半月。我仍然有那时的感觉，那个时刻以及娱乐产业的人们的行动，决定了所有人分享的"义助非洲"演唱会这一天，只是一次性的。我希望，那个辉煌的 7 月 13 日马戏团里的歌手和舞者们，将会一次又一次地去分享，而非总是期待大帐篷出现。我请求人们能将自己政治化，毕竟他们愿意分享一点便足够了。也许我总是要求太多。

海湾的风

我妈妈坐在池塘尽头的树荫里。我爸爸站在池塘边的太阳下。我面向父亲，一只脚在水里晃荡。他们十年前就分居了，现在的关系相比之前可好太多了（在我看来）。我听他大声说着关于外面世界的想法，思考起他的一生。

他现在生活在一片沼泽地里，那是一个生态保护区，周围全是用水、泥土和坚韧的盐碱地水草建造的臭烘烘的小房子。通往他前门的唯一方式是一条长长的、历经风吹雨打的木板路。来找他的都是他的朋友。而他的其他朋友则从世界各地飞过来拜访他：他的妻子、他的女儿们、鸭子们、大蓝鹭、雪白的白鹭、白羽鹮以及普通拟八哥。普通拟八哥会发出凄凉的叫声，他说，最开始听到这声音总会令他感到悲伤。

一只青蛙从池塘的边缘跳下，熟练地游到池底。

我父亲曾为 X 光显微镜学做了很多起步性工作，他是 X 光全息术的先驱之一，曾在斯坦福、哈佛以及英国白金汉郡的开放大学执教。后来加入联合国教科文组织在巴格达的工作，使他开始了对不发达国家科学教育的深度参与。他主持的委员会以及参与制作的科学教育电影，轻轻松松就能写满一张纸。除了西班牙语和英语，他又学习了法语。他到世界各地参加演讲和主持会议，对于他认为的现如今最重要的问题——人口（population）、贫穷（poverty）、污染（pollution）和核武器扩散（proliferation of nuclear weapons）——发展出了自己的相关理论。二十年之后，他用四个"C"来理解和解决四个"P"：好奇心（curiosity）、创造力（creativity）、技能（competence）和同情心（compassion）。在今天，在池塘边，他说，可能没有时间去补救人类对地球的伤害了。

他谈到了"快爆炸"（the fast bang）和"慢爆炸"（the slow bang）。"快爆炸"是大屠杀、最终的垮台和第三次世界大战。"慢爆炸"是由地球居民的贪婪和无知造成的地球资源的稳步消耗。他认为"慢爆炸"更具威胁性，或者说它已经是一个不可逆的过程了。而"快爆炸"虽然是可以避免的，但机会也越发渺茫。随着新的想法在他的头脑中形成和发展，我父亲额头上的纹路加深，皮肤起皱，眼袋突出。在不安的一刻，他的肩膀突然变得特别窄小且浑圆，外表一蹶不振。他说话的时候用胳膊抱着肩膀。看到他向来所具的开朗眼下已经荡然无存，这让我感到生气。之后，他不会记起自己曾用过的一个词：绝望。

太阳继续在我父亲的脸上跳跃。

眼下，我想起罗纳德·里根，他和我的父亲一样年纪，在很多方面很像，在精神上都很年轻、开朗，身体保养得很好并且乐观。除了这些，我只能找到显著的差别。

总统要么不知道，要么不关心我和我父亲之前提到的世界顽疾。

他对任何关于美国可能要对这些疾病负责的担忧，有种十分特别的免疫力，就像他不喜欢任何超出他自己的好人与坏人定义的麻烦思考，也不喜欢让自己变得沮丧。看他那副令人愉悦的、装模作样的举止，当然更喜欢基辛格和柯克帕特里克的恐怖效率。但是从另一个方面来说，他也卷入了同样黑暗血腥的行动之中，一切都在同样的大背景下，打着万能胶般适用的反共旗帜进行。他认为上帝站在他这边，他做的事绝不可能是错的。

激起我好奇心的是，这个男人和他的追随者们，怎么能够抹除掉像我父亲这样的人。父亲抗议对亚马孙森林的肆意践踏、对我们河流的污染、对自然资源的滥用和消耗、对孩子们呼吸的空气的毒害。像父亲这样的人，竟被定义为一个振腕高呼的灾难预言者、抑郁症患者和悲观的自由主义分子。

看着父亲睿智的脸庞，我为那些学者、那些有良知的男女在美国社会中遭到的贬低感到惊骇。对四个"P"的抗议并未推动当下势潮向着光辉的新爱国主义发展，无论这种爱国主义是什么。

父亲并不知道我正在悄悄地将他俩做比较：这个帅气的矮个儿墨西哥科学家仍在参加贵格派祷告会，带着全球化思维，关注全人类的进步；那个魁梧的牛仔会读路易斯·拉穆尔[1]的书，看电影《第一滴血》，并认为比勒陀利亚已经没有了种族隔离制度。尽管父亲可能会因我的想法感到高兴，但他可比我好多了，他不会陶醉其中。此刻，他正在忙于寻找我们谈话的灰烬中的一点光，他说话的时候不断微笑并且频

---

[1] 路易斯·拉穆尔（1908—1988），美国小说家，作品以西部小说为主。

频点头，他那一排齐整的牙齿就像萨帕塔沼泽（Zapata）中的任何闪闪发光的事物一样，他的眼中闪烁着无法平息的乐观主义。他用感叹大自然的积极力量，总结出一个充满希望的念头："感谢上帝赐予我们这片水草盐碱地。"

你应该住在村子的中心，爸爸，在那里接受所有居民的敬仰。我应该和他们一起，在一天结束的时候，为你奉上一块色彩明亮的毯子、一杯茶和一些你在我出生时送给我的王冠珠宝。喝完茶之后，我会告诉你我从你那里学到了多少，然后我们一起为那个牛仔的灵魂做一个小小的祈祷。

鸣　谢

感谢南希·吕佐孜孜不倦地处理了来自编辑、律师和我的那些模糊问题。感谢曼尼·格林希尔提供了大量相关细节以及拍摄于1959—1975 年间的照片。感谢母亲把自己的所有文件倾倒在起居室的地毯上，帮我挑选照片。感谢父亲借出他文档里的照片。感谢阿瑟·塞缪尔森的督促、激励和倾听。感谢史蒂夫·乔布斯把一台打字机放了我的厨房里，强迫我使用它。感谢很多亲友帮我唤起记忆，提供了很多我自己已经忘却良久的信息。

仅仅做音乐对我来说是不够的。

如果我的生命中不是行动和音乐并行,

那么那些声音再动听,也与这个世纪唯一、真正的问题毫不相干。

必须有人去拯救世界。而且显然,我感觉自己适合这项工作。

——琼 · 贝兹

一頁 folio

始于一页，抵达世界

Humanities · History · Literature · Arts

出品人　范　新

监制策划　恰　恰

特约编辑　苏　骏

版权总监　吴攀君

印制总监　刘玲玲

装帧设计　COMPUS · 汐和

内文制作　陆　靓

Folio (Beijing) Culture & Media Co., Ltd.
Bldg. 16-B, Jingyuan Art Center,
Chaoyang, Beijing, China 100124

一頁 folio
微信公众号

官方微博：@一頁 folio　|　官方豆瓣：一頁 folio　|　联系我们：rights@foliobook.com.cn

图书在版编目（CIP）数据

钻石与铁锈：琼·贝兹自传 /（美）琼·贝兹著；朱丽娟译 .
-- 北京：北京联合出版公司 , 2020.7
ISBN 978-7-5596-4126-7

Ⅰ . ①钻… Ⅱ . ①琼… ②朱… Ⅲ . ①琼·贝兹—自
传 Ⅳ . ① K837.125.76
中国版本图书馆 CIP 数据核字 (2020) 第 057713 号

钻石与铁锈

作　　者：[美] 琼·贝兹

译　　者：朱丽娟

责任编辑：龚　将

特约编辑：苏　骏

装帧设计：COMPUS·汐和

内文制作：陆　靓

北京联合出版公司出版

（北京市西城区德外大街 83 号楼 9 层　 100088）

北京华联印刷有限公司印刷　　新华书店经销

字数 339 千字　 787 毫米 ×1092 毫米　 1/32　 14.25 印张

2020 年 7 月第 1 版　 2020 年 7 月第 1 次印刷

ISBN 978-7-5596-4126-7

定价：68.00 元